自我的关系实在论
基于大脑与环境关系的自我观

Relational Realism of the Self
A View of the Self Based on the Relation between the Brain and the Environment

徐嘉玮　著

中国社会科学出版社

图书在版编目（CIP）数据

自我的关系实在论：基于大脑与环境关系的自我观 / 徐嘉玮著 . —北京：中国社会科学出版社，2024.5

ISBN 978 – 7 – 5227 – 3449 – 1

Ⅰ.①自… Ⅱ.①徐… Ⅲ.①自我意识—哲学理论—研究 Ⅳ.①B0

中国国家版本馆 CIP 数据核字（2024）第 079495 号

出 版 人	赵剑英
责任编辑	李　立
责任校对	谢　静
责任印制	张雪娇

出　　版	中国社会科学出版社
社　　址	北京鼓楼西大街甲 158 号
邮　　编	100720
网　　址	http://www.csspw.cn
发 行 部	010 – 84083685
门 市 部	010 – 84029450
经　　销	新华书店及其他书店
印　　刷	北京君升印刷有限公司
装　　订	廊坊市广阳区广增装订厂
版　　次	2024 年 5 月第 1 版
印　　次	2024 年 5 月第 1 次印刷
开　　本	710×1000　1/16
印　　张	17.75
插　　页	2
字　　数	254 千字
定　　价	108.00 元

凡购买中国社会科学出版社图书，如有质量问题请与本社营销中心联系调换
电话：010 – 84083683
版权所有　侵权必究

出 版 说 明

为进一步加大对哲学社会科学领域青年人才扶持力度，促进优秀青年学者更快更好成长，国家社科基金 2019 年起设立博士论文出版项目，重点资助学术基础扎实、具有创新意识和发展潜力的青年学者。每年评选一次。2022 年经组织申报、专家评审、社会公示，评选出第四批博士论文项目。按照"统一标识、统一封面、统一版式、统一标准"的总体要求，现予出版，以飨读者。

全国哲学社会科学工作办公室

2023 年

前　言

我本质上究竟是什么？是真实存在的东西，还是一种虚构或幻觉？自我问题，这是一个历史悠久的哲学难题。早在古罗马时期，哲学家奥古斯丁就明确提出了该问题，近代哲学之父笛卡尔更是将它推至知识之基础的地位。自我问题与意识及其统一、心脑关系、知识的可能性、道德责任归属等问题紧密联系，对它的解答是心智哲学、认识论、道德哲学乃至新兴的人工智能哲学等领域研究的出发点或不容忽视的关键。

近代及以前，对自我及其本质的研究主要局限在哲学领域；如今，自我及其本质不仅受到哲学家的持续关注，还成为心理学、神经科学、生物学、认知科学、精神病学等诸多科学学科的重要课题。例如，神经科学家安东尼奥·达马西奥、心理学家布鲁斯·胡德等，纷纷依据经验发现构建了自己的自我理论——过程论与幻象论。与此同时，受经验证据的启发，当代哲学家也提出了多种新兴自我观。对自我本质的跨学科研究已成为哲学领域的新热潮。

不过，这些新兴自我观鲜有跳出解答自我问题的三种经典思路：它们要么主张自我是实体，要么主张自我是意识的形式或内在属性，要么认为自我不过是幻觉或虚构，这分别能在笛卡尔、康德和休谟的自我理论中找到其根源。例如，帕特里夏·丘奇兰德提出我们的大脑就是我们的自我，丹·扎哈维主张自我至少是意识体验的我属性，而丹尼尔·丹尼特强调自我不过是虚构的叙事重心。

然而，本书将大胆突破上述三种经典思路，论证自我既非实体或形式/属性，亦非虚构，而是一种关系，自我作为特定关系真实存在。因而，本书的主标题为"自我的关系实在论"。更具体地说，本书将主要依据神经科学中关于自我相关现象的神经元基础的最新发现与理论，特别是神经科学家格奥尔格·诺瑟夫的意识时空理论，论证作为各种自我相关现象之统一基础的自我是一种前认知的大脑—环境时空对准关系；再结合哲学中对关系/结构实在论的讨论，进一步论证关系的自我在认识论甚至本体论上优先于个体的自我存在。本书所论述的对自我的具体看法构成其副标题——"基于大脑与环境关系的自我观"。

笔者开始探索自我的关系本性的机缘在于，从一些文化心理学文献中了解到文化塑造着大众的自我观念：受西方文化（个体主义）影响的受试者倾向于将他们的自我定义和知觉为独立于他人和环境的实体；而受东方文化（集体主义、家庭主义）塑造的受试者则更多用关系来定义和理解自身。就像一些实验哲学研究发现挑战了哲学家对专名指称的直觉判断那样，这些文化心理学研究发现提醒我们，西方传统自我研究对自我的预设具有文化局限性，我们不应不加辩护地将作为自我相关现象之统一基础或核心的自我预设为单一、持续、稳定且原初地区分于非我的东西，即某种独立的、个体化的存在（如特定实体或性质）。作为基础或核心的自我，究竟是一种个体化存在，还是一种关系存在或其他，抑或自我相关现象之间根本没有共同基础或核心因而自我是一种虚构，这都是有待检验的、对自我问题的可能回答。

通过进一步研究，笔者发现，过去试图基于某种独立自我及原初的自我—非我区分统一解释各种自我相关现象的自我理论，都存在难以克服的缺陷。例如，主张自我是区别于物质实体的精神实体的传统实体观，除了本身是无法得到辩护的独断论，它还会导致身心关系、自我—他人/环境关系如何建立成为难题。为了阐明这些关系得以建立的方式，传统实体观不得不牺牲其理论内部的融贯性。又如，主张存在某种最小自我——如意识体验的第一人称视角/我属性、具身体验主体——作为意识统一和经验自我建构之必要基础的最小自我观，它难以与经验相适应。来自意识改变状态和精神疾病的案例表明，无论哪种形式的最小自我对意识体验或经验自我来说都是非必要的，如非清醒梦中的离散体验和精神分裂症中的思想插入（患者将自己的部分思想归属于他者）表明体验可能丧失我属性，而科塔尔综合征（患者宣称自己的身体不存在或已死亡）表明经验自我可能（部分）丧失具身性。即使坚持体验总是作为我的体验被给予，我属性本身也无法为意识体验的离散、经验自我的异常和自我—非我区分的变化和崩溃提供解释。再如，主张自我是大脑或特定神经网络的科学实体观，虽然可能在认知或神经元水平上为形形色色的经验自我变体提供机制解释，但越来越多证据表明不仅大脑本身，它与周围环境之间持续的、无意识的交互对意识的产生、认知功能的实现来说也是必不可少的，而科学实体观忽视了后者。总的来说，这意味着要么作为自我相关现象之统一基础或核心的自我不存在，要么它不是任意独立自我。然而，如果就此否定自我的存在和实在，不但反直觉，而且会带来高昂的代价，如使得知识的规范性和道德责任归属等变得不可能。另外，如果自我是纯粹建构或虚构的产物，即它不是自然类，那么我们将不可能拥有任何关于自我的科学定律。

于是，笔者转向关注由东方受试者自我概念提示的另一种可能性——我们的自我作为特定关系存在。这种可能性在过去没有受到足够的重视，关系的自我只被看作由某种独立自我所派生而不被认为具有基础性地位，其主要原因是西方自我研究普遍受到独立自我预设以及更深层的实体实在论（实体优先于关系存在）的束缚。相反，自我作为关系存在的想法在中国文化语境下是十分自然的，它早已植根于中国传统文化——在儒家文化里，自我总是人伦关系中的自我；而在道家文化中，自我始终作为自然的一部分与自然合一，而非与自然分离。更重要的是，近年来越来越多经验证据与新兴理论表明，作为自我相关现象之统一基础的自我是一种有机体（大脑）与环境之间的持续交互关系。例如，格奥尔格·诺瑟夫的意识时空理论指出，大脑自发活动与身体和世界在时空结构上的对准与嵌套，是使意识成为可能的先决条件。同时，一系列神经科学与精神病学研究证明，这种大脑—环境时空对准关系的失衡和中断（大脑自发活动不再对准于或过度对准于环境），与意识改变状态和精神障碍中呈现的意识水平及其统一程度下降、第一人称视角的紊乱、各方面经验自我的异常与丧失、自我—非我区分的崩溃等密切相关。此外，一些有关脑间同步的研究表明，大脑之间的耦合与对准可能是共同理解、社会协作和亲密关系等建立的神经基础。这些理论与发现共同指示着，自我相关现象（意识体验的产生与统一、第一人称视角的生成与维持、各方面经验自我的联结与变化、自我—非我区分、社会认知等），均以大脑、身体与环境在时空结构上的适度对准为必要基础。由于这种时空对准关系优先于认知的自我—他人/环境关系并作为其必要基础，所以笔者在本书中称之为"前认知的大脑—环境关系"。考虑到基于前认知的大脑—环境关系有望为各种自我相关现象尤其是形形色色的经验自我变体提供统一的解释，我们可以合理地认为，自我从根本上说是关系的存在，是一种前认知的大脑—环境关系。这种观点与近年在科学哲学中兴起的认识论结构实在论、本体结构实在论，以及一般形而上学中的关系实在论相兼容：认识的结构实在论认为，我们所能认识的只有关系/结构而非实体；本体的结构实在论和关系实在论甚至主张，在本体论上关系/结构比实体和性质更基础，实体的性质完全由其所处的关系/结构决定。同样地，本书也将论证和揭示作为前认知大脑—环境关系的自我比个体自我更基础，个体自我由关系自我派生。以上便是本书写作的因由与基本思路。

本书旨在通过打破传统自我研究中的两大约束，即独立自我预设与实体实在论进路，为解答自我问题提供一种更具经验适当性与理论合理性的新方案——自我的关系实在论。希望本书能够帮助读者从崭新的视角理解自我的本质，认识到自我的关系本性，从而启发读者对意识、心智、心脑关系乃至知识与道德等产生新的思考。

由于自我问题是当代心智哲学中最核心又最困难的问题，同时跨学科研究具有较高的门槛，笔者对已有的自我哲学研究与自我科学研究的认识还远不够深入和全面，因而本书还有许多不足之处，望读者多多批评指正。

徐嘉玮

福建，厦门

2023 年 8 月 25 日

摘　　要

自我是什么？这是千百年来一直困扰着哲学家的未解之谜。在当代，它成了哲学与科学共同关注的重要课题。解答自我问题的意义，一方面体现在它与对意识统一等诸多现象的解释密切相关，且服务于对知识和道德相关问题的探讨；另一方面体现在它能为人工智能开发、精神疾病治疗等指引方向。

对自我问题的传统回答可分为三类：实体观、最小自我观与各种无我观（如虚构观、叙事观）。前两类可统称为"自我实在论"，尽管它们的实在标准不同。它们与第三类自我观在近代和现当代分别进行了一场论战：（1）是否存在形而上学实体自我作为意识统一的基础；（2）是否存在最小自我（形式的、具身的或自然的）作为经验自我建构的基础。在这两场论战中，一种独立自我预设——如果自我是实在的，那么它必定从基础上区分于他人和环境，优先于关系——及更深层的实体实在论思路始终被大多数西方自我理论坚持，尽管该预设具有文化局限性，缺乏辩护和经验适当性，甚至会导致理论内部矛盾。受中国传统关系自我观和关系/结构实在论的启发，以及得到最新实证发现的支持，本书将尝试突破独立自我预设和实体实在论进路，构建一个能更好解释自我相关现象的双层关系自我模型，并为一种自我的关系实在论辩护。

（1）自我从基础上说是关系的自我，是大脑与环境的前认知对准关系。它可以被描述为一个关乎大脑—环境对准程度的连续统。大脑与环境的前认知对准是意识体验及其统一和经验自我建构等自我相关现象的共同必要基础，它们的对准或平衡程度差异与意识的统一程度差异和经验自我的变化密切相关。在这个意义上，大脑—环境前认知对准可以被合理地看作基础的自我。对该底层关系自我的忽视加上认知（如概念化）的作用，才导致了不同经验自我变体、自我概念的区分。

（2）自我作为前认知的大脑—环境关系实在。各种"独立自我"、自我—环境二分则不是实在的。它们只是锚定于大脑—环境对准连续统上不同位置的派生实例，而不是传统上认为的自我的最小或原初形态。

关键词：认知科学哲学；心智哲学；认知神经科学；科学哲学；自我；大脑；关系实在论

Abstract

What is the self? This is an unsolved mystery that has puzzled philosophers for thousands of years. At present, it has become an important topic and a common concern in philosophy and science. The significance of solving the problem of the self is that, on the one hand, it is closely related to the explanation of many phenomena such as the unity of consciousness, and contributes to the discussion of knowledge and morality-related issues; on the other hand, it can provide guidance for the development of artificial intelligence and the treatment of mental disorders.

The traditional answers to the problem of the self can be divided into three categories: the entity view, the minimal-self view, and a variety of no-self views (e. g., the fictionalist view, the narrative view). The first two views can be collectively referred to as "realism of the self", although they have different standards for reality. They have a debate with the third kind of self views in modern and contemporary times respectively: (1) whether there is a substantial self as the basis of the unity of consciousness; (2) whether there is a minimal self (formal, embodied or natural) as the basis of the construction of empirical selves. In these two debates, an independent-self presupposition—if the self is real, it must be differentiated from others and its environment at a basic level, and has priority over the relations—and a deeper idea of entity realism have always been upheld by most western theories of the self, although the presuppos ition has cultural limitation, lacks defense and empirical adequacy, and even leads to internal contradictions in the theories. Inspired by the Chinese traditional relational view of the self and relational/ structural realism, as well as supported by the latest empirical findings, this book attempts to break through the independent-self presupposition and the entity realism approach, build up a two-layer model of relational self that can better explain self-related phenomena, and defend a kind of relational realism of the self.

(1) The self is a relational self at a fundamental level, which is the pre-cognitive alignment between the brain and the environment. It can be described as a continuum concerning the degree of brain-environment alignment. The pre-cognitive alignment between the brain and the environment is a shared necessary basis for self-related phenomena such as conscious experiences and their unification and the construction of the empirical self; differences in the degree of their alignment or balance are closely related to differences in the degree of unity of consciousness and changes in the empirical self. In this sense, the brain-environment pre-cognitive alignment can be reasonably regarded as the basic self. The neglect of the underlying relational self and the contribution of cognition (e. g., conceptualization) lead to different distinctions of empirical self-variations, self-concepts.

(2) The self is real as a pre-cognitive brain-environment relation. But various "independent selves" and self-environment dichotomies are not. They are only secondary instances anchored at different positions on the brain-environment alignment continuum, rather than minimal or primitive forms of the self as traditionally considered.

Key Words: Philosophy of cognitive science; Philosophy of mind; Cognitive neuroscience; Philosophy of science; Self; Brain; Relational realism

目 录

导 论 自我问题 ……………………………………………… (1)
  第一节 自我是什么？ ……………………………………… (1)
  第二节 自我本体论问题与自然主义进路 ………………… (6)
  第三节 传统自我观与它们之间的核心争论 ……………… (9)
  第四节 传统自我观的共同预设：独立自我预设与实体
           实在论 ……………………………………………… (15)
  第五节 新的思路：自我关系实在论 ……………………… (19)
  第六节 研究目标、创新点与意义 ………………………… (25)

第一章 自我实在论与反实在论之争 ……………………… (32)
  第一节 自我研究与传统实体观：从萌芽到诞生 ………… (32)
    一 实体观的萌芽：古希腊灵魂论 ……………………… (32)
    二 实体观的诞生：自我存在论证与漂浮者实验 ……… (34)
  第二节 近代自我实在论与反实在论争论 ………………… (40)
    一 实体观的成熟与它的缺点 …………………………… (40)
    二 反实体观的挑战：自我是虚构 ……………………… (52)
    三 实体观的收缩及其影响 ……………………………… (59)
  第三节 现当代自我实在论与反实在论争论 ……………… (66)
    一 纯粹自我观与反思建构观之争 ……………………… (66)

二　从纯粹自我到最小自我：对反思建构观的回应……… (73)
　　三　最小自我观与社会建构观之争……………………… (82)
　　四　最小自我观与叙事观之争…………………………… (86)
　　五　最小自我观、科学实体观与模型观………………… (92)
第四节　西方传统独立自我预设 …………………………… (102)
第五节　突破独立自我预设的自我观 ……………………… (104)
　　一　西方自我研究中的关系自我理论 ………………… (104)
　　二　中国传统的关系自我观 …………………………… (108)

第二章　基于大脑与环境关系的自我模型 …………………… (112)

第一节　从独立自我到关系自我 …………………………… (112)
　　一　独立自我模型的文化局限性 ……………………… (112)
　　二　关系的生物自我 …………………………………… (117)
　　三　关系的认知自我 …………………………………… (123)
　　四　关系的具身自我 …………………………………… (126)
　　五　现象自我的变化与丧失 …………………………… (128)
第二节　基础的自我：前认知的大脑—环境对准关系 …… (132)
　　一　自我与静息状态神经活动 ………………………… (132)
　　二　大脑与身体、环境的时空结构对准与自我 ……… (137)
　　三　关系失衡与经验自我异常 ………………………… (149)
第三节　双层关系自我模型 ………………………………… (154)
　　一　关系自我模型的两个层级 ………………………… (154)
　　二　基于模型的解释与预测 …………………………… (157)
　　三　自我的概念化 ……………………………………… (159)
第四节　小结：关系自我论证 ……………………………… (161)

第三章　作为关系实在的自我 (163)
第一节　自我关系实在论论证 (163)
一　科学实在论与悲观元归纳 (163)
二　认识的结构实在论 (165)
三　本体的结构实在论、关系实在论与建构的结构实在论 (169)
四　从结构/关系实在论到自我关系实在论 (173)
第二节　自我信息结构实在论 (175)
一　自我是信息结构 (176)
二　贝尼与加拉格尔之争 (179)
三　信息结构实在论的不足之处 (181)
第三节　自我关系实在论与其他自我理论的比较 (183)
一　与信息结构实在论的异同 (183)
二　自我关系实在论的优势 (185)

第四章　双层关系自我模型的实证应用 (188)
第一节　双层关系自我模型对实证研究进路的启发 (188)
第二节　研究实例：静息状态脑—脑对准程度的跨文化差异 (189)
一　研究介绍 (189)
二　样本 (193)
三　结果报告与分析 (195)
第三节　实证研究的哲学意蕴和启示 (205)

第五章　双层关系自我模型的理论应用 (208)
第一节　关于自我同一性的诘难 (208)

第二节　基于关系自我的表征与知识 …………………… (211)
第三节　基于关系自我的道德责任归属 ………………… (216)
　一　道德责任归属的一般条件及其认知诠释 ………… (216)
　二　关系自我与道德责任 ………………………………… (218)
　三　虚拟现实中的道德责任归属 ………………………… (219)

结语与展望 ………………………………………………… (224)

参考文献 …………………………………………………… (230)

索　引 ……………………………………………………… (255)

后　记 ……………………………………………………… (259)

Contents

Introduction The problem of the self ·················· (1)

  Section 1 What is the self? ····························· (1)

  Section 2 The ontological problem of the self and the
naturalistic approach ························· (6)

  Section 3 Traditional views of the self and their debates ········· (9)

  Section 4 Presuppositions shared by traditional views of the self: The independent-self presupposition and the entity realism ································ (15)

  Section 5 A new approach: Relational realism of the self ······ (19)

  Section 6 Aims, innovations and significance ················· (25)

Chapter 1 Debates between realism and anti-realism of the self ································· (32)

  Section 1 Studies on the self and the substantialist view: Origin and emergence ························ (32)

    1 The origin of the substantialist view: Ancient Greek theories of soul ································ (32)

    2 The emergence of the substantialist view: Augustine's cogito-like argument and Ibn Sīnā's Floating Man argument ···································· (34)

Section 2　Modern debates: Realism vs. anti-realism of
　　　　　 the self ……………………………………………（40）
　　1　Cartesian substantialism and its shortcomings …………（40）
　　2　The challenge from anti-substantialism: Fictional self ……（52）
　　3　The deflation of substantialism and its implications ………（59）
Section 3　Contemporary debates: Realism vs. anti-realism of
　　　　　 the self ……………………………………………（66）
　　1　Pure ego vs. reflective construct ………………………（66）
　　2　From pure ego to minimal self: Responses to
　　　　reflective constructivism ………………………………（73）
　　3　Minimal self vs. social construct ………………………（82）
　　4　Minimal self vs. narrative self …………………………（86）
　　5　Minimal self, scientific entity vs. phenomenal
　　　　self-model ………………………………………………（92）
Section 4　The independent-self presupposition in Western
　　　　　 tradition …………………………………………（102）
Section 5　Beyond the independent-self presupposition ………（104）
　　1　Relational self theories in Western studies on
　　　　the self …………………………………………………（104）
　　2　Relational self views in Chinese tradition ………………（108）

Chapter 2　A self model based on the brain-environment relation …………………………………………（112）

Section 1　From the independent self to the relational self ……（112）
　　1　Cultural limitations of the independent-self model ………（112）
　　2　Relational biological self ………………………………（117）
　　3　Relational cognitive self ………………………………（123）
　　4　Relational embodied self ………………………………（126）

    5   Alterations of the phenomenal self and its loss ············ (128)

Section 2   The basic self: Pre-cognitive brain-environment alignment ··· (132)

    1   The self and resting state activity ························ (132)

    2   Alignment of brain, body and environment in their spatiotemporal structures and the self ···················· (137)

    3   Imbalance of the relation and anomalies of the empirical self ··· (149)

Section 3   A two-layer model of relational self ················ (154)

    1   Two layers of the model ···································· (154)

    2   Explanations and predictions based on the model ········· (157)

    3   Conceptualization of the self ······························ (159)

Section 4   Conclusion: A relational-self argument ············· (161)

Chapter 3   The self as relational reality ······················ (163)

Section 1   Arguments for the relational realism of the self ······ (163)

    1   Scientific realism and pessimistic meta-induction ·········· (163)

    2   Epistemic structural realism ································ (165)

    3   Ontic structural realism, relational realism and constructive structural realism ····························· (169)

    4   Relational realism of the self supported by structural/relational realism ··································· (173)

Section 2   Informational structural realism of the self ········· (175)

    1   Self as informational structures ···························· (176)

    2   Debates between Majid Beni and Shuan Gallagher ······ (179)

    3   Disadvantages of the informational structural realism ··· (181)

Section 3　Comparisons between the relational realism of the self and other self theories ················· (183)
　1　Similarities and differences with informational structural realism ······················· (183)
　2　Advantages of the relational realism of the self ············ (185)

Chapter 4　Applications of the two-layer model of relational self in empirical studies ················· (188)
　Section 1　Inspirations by the two-layer model for empirical approaches ····························· (188)
　Section 2　A study on cross-cultural differences in the degree of resting-state brain-to-brain alignment ············ (189)
　　1　Introduction to the study ···························· (189)
　　2　Samples ··· (193)
　　3　Results and analyses ······························ (195)
　Section 3　Philosophical implications and insights from the empirical study ····························· (205)

Chapter 5　Applications of the two-layer model of relational self in theoretical problems ···················· (208)
　Section 1　Objections involving self-identity ················ (208)
　Section 2　Representations and knowledge based on the relational self ································· (211)
　Section 3　Attribution of moral responsibility based on the relational self ································· (216)
　　1　Standard conditions for the attribution of moral responsibility and their cognitive interpretation ············ (216)
　　2　Relational self and moral responsibility ··············· (218)

3 Attribution of moral responsibility in virtual reality ······ (219)

Conclusion and prospects ·· (224)

References ·· (230)

Index ··· (255)

Postscript ··· (259)

导 论

自我问题

第一节 自我是什么？

自我（ego，self），一般来说，是个人使用主格"我"（I）、宾格"我"（me）和"我自己"（myself）这一系列第一人称代词时所试图指称的对象，是落于"我的"（my/mine）范畴内的一切属性、关系、事物所归属的核心，是使我之为我的根本。

自我对我们每个人而言都既熟悉又陌生。不妨来想象日常生活中的小片段：周末，我与朋友在茶楼喝早茶，此时我伸手拿起桌上的青瓷茶杯，看见茶汤金黄清澈，随即我将杯沿送到自己嘴边，一边闻着茶香，一边品茗，其间我不禁向坐在对面的朋友感叹，"我在茶楼没喝过这么清香甘甜的茶"，饮毕我将茶杯放回桌上。在这一过程中，我感觉着环境中的事物和他人，觉知着自己的身体及其各部分在世界中的位置，认识着自己与周遭环境和事物之间的动态关系，通过行动改变着环境中的事物，回忆着过去的经验，诉说着当下的感受。不难发现，这一切都离不开我与我对自身的意识与认识。如果没有作为主体的我，是什么在感觉、认知、记忆、反思、行动和与他人交流；如果没有作为核心的我，是什么把瞬息万变的印象联结成喝茶的经验；如果没有持续存在的我，是什么把一切统一成连续且有意义的事件。我们似乎都很肯定有这么一个持续存在的东西，它值得被我们视为自我，它与桌上的书和茶杯同样真实，而且我们有信心每当使用"我"时都能准确地指向它。然而，一旦我们开始反思并试图阐明自我是什么时，就会立马发现我们原以为十分了解且最为亲密的自我竟如此难以把握。

我们的自我是大脑或整个身体吗？直觉上，任何其他可感事物都不如身体与我们亲密——"我的身体始终能被感知，而我能转身离开桌子和台灯"[①]；生活里，头盖骨与皮肤常常被我们视为自我和非我最为自然和明确的分界线；当代医学中，脑死亡被广泛用作衡量人的意识、自我意识及生命不可逆地丧失的标准；当代神经科学更是向我们揭示，形形色色的自我相关现象（意识、自我连续性、自我表征、情感、叙事、社会认知等）都与大脑神经元活动密切联系。自我的存在离不开大脑和身体是如今人们普遍的共识，但我似乎又不等同于我的大脑或整个身体，我相信是我而不是或不仅仅是我的大脑或身体在写作。那我究竟是什么呢？

"我的本质是什么"，或者说，"自我是什么"（下文简称"自我问题"），是一个困扰了哲学家千百年的哲学难题。早在一千六百多年前，古罗马教父哲学家奥古斯丁就在其著作《忏悔录》中发问道："我究竟是什么？我的本性究竟是怎样的？"[②] 据称，奥古斯丁是最早明确提出自我问题的哲学家。[③] 自我问题的提出无疑是人类思想史上的重要里程碑，是人类发现自我、认识自我的开端。不过，在随后漫长的中世纪岁月里，在经院哲学重神性轻人性的学术环境下，奥古斯丁的发问没有引起哲学家的广泛关注。真正使自我问题广受关注、推动关于自我的哲学研究迈进黄金时期的是近代法国哲学家勒内·笛卡尔。众所周知，笛卡尔引领哲学发生认识论转向，因而被称为"近代哲学之父"。他通过普遍怀疑的方法为知识寻找牢靠的

---

① [法] 莫里斯·梅洛-庞蒂：《知觉现象学》，姜志辉译，商务印书馆 2001 年版，第 126 页。

② [古罗马] 奥古斯丁：《忏悔录》，周士良译，商务印书馆 1963 年版，第 201 页。

③ 参见维之《人类的自我意识》，现代出版社 2009 年版，第 45 页。

根基，以求在怀疑之风盛行的大环境下重建知识大厦。他最先找到的确切无疑的东西是"我思"之"我"的存在，于是他把自我推到知识之基础的位置。更重要的是，他系统地构建了心物二元、主客二分的心智图景。在这样的图景下，"我"作为认识主体被从环境中分离出来，"我"在认识论上的独特地位和价值得到彰显。自那以后，自我问题成了多数哲学家绕不过的基础问题——在讨论"认识如何可能"时，不可避免会涉及"作为认识主体的'我'是什么"的问题。自我一旦被从世界中"抛出"，哪怕是致力于打破笛卡尔式二元框架的哲学家（如马丁·海德格尔），也不得不通过重新诠释自我或其基础（如"此在〔dasein〕……在世界之中"①）来构建新的理论体系（如存在主义哲学）。但是，至今自我问题仍然没有获得普遍令人满意的回答。

在当代，随着科技的发展、经验研究手段的进步，尤其是脑成像技术的出现，自我问题不再是专属于哲学领域的重要问题，它还是生物学、心理学、认知科学、神经科学、精神病学等众多科学领域关注的课题。例如，精神病学家发现，许多精神疾病（精神分裂症、双相情感障碍、分离性身份识别障碍等）的主要症状均为自我体验（self-experience）的异常。因此，他们致力于比较不同自我变体（如精神分裂症自我与健康自我）在心理学和神经元水平上的差异，研究它们在两个水平上的特征之间的关联，以探索自我体验形成的基本机制，从而寻找调节异常自我体验的有效途径。② 为了推动

---

① ［德］马丁·海德格尔：《存在与时间》，陈嘉映、王庆节译，生活·读书·新知三联书店2006年版，第48页。

② 这类研究有许多，详细可参见 Louis A. Sass and Elizabeth Pienkos, "Varieties of self-experience: A comparative phenomenology of melancholia, mania, and schizophrenia, part I", *Journal of Consciousness Studies*, Vol. 20, No. 7–8, 2013, pp. 103–130; Georg Northoff and Shankar Tumati, "'Average is good, extremes are bad'—Non-linear inverted U-shaped relationship between neural mechanisms and functionality of mental features", *Neuroscience and Biobehavioral Reviews*, Vol. 104, 2019, pp. 11–25; Stefano Damiani, Laura Fusar-Poli, Natascia Brondino, et al., "World/self ambivalence: A shared mechanism in different subsets of psychotic experiences? Linking symptoms with resting-state fMRI", *Psychiatry Research: Neuroimaging*, Vol. 299, 2020, 111068。

自我研究的发展，多个学科的科学家还联合成立了自我与同一性国际学会（International Society for Self and Identity）。自我的多学科研究如今呈现蓬勃发展的态势。

不过，不同学科通常从不同的视角着手研究自我。有学者指出，哲学关注从第一人称视角直接通达的体验及作为体验主体的"我"；神经科学观察受试者的行为和神经信号，即从第三人称视角间接研究受试者的自我感及相关神经机制；而精神病学和精神治疗涉及患者的第二人称视角认知，即患者对自身体验进行的审视和判断。[①] 而且，不同学科往往以自我的不同方面——自我意识、心理过程、神经关联物、社会交互、认知与行动等——或不同的自我[②]为研究对象。这导致不同学科的自我研究成果难以直接对应和整合。然而，事实上，它们以特定方式不断相互影响、相互渗透着，共同推动自我观和自我研究方法的变革。一方面，哲学家对自我进行的概念分析常常是科学家明确研究对象、选择研究方法的基础。例如，受当代哲学中的"最小自我"（minimal self）和"叙事自我"（narrative self）概念影响，认知科学着重从施动感（sense of agency）、拥有感（sense of ownership）及情景记忆（episodic memory）等方面入手研究自我。[③] 另一方面，科学家的实证研究发现往往是哲学家推翻传统

---

① 参见 Georg Northoff and Alexander Heinzel, "The self in philosophy, neuroscience and psychiatry: An epistemic approach", in Tilo Kircher and Anthony David, eds., *The Self in Neuroscience and Psychiatry*, Cambridge: Cambridge University Press, 2003, pp. 41 – 42。

② 不同学科研究的是同一自我的不同方面还是不同的自我取决于对自我问题的回答。

③ 参见 Shaun Gallagher, "Philosophical conceptions of the self: Implications for cognitive science", *Trends in Cognitive Sciences*, Vol. 4, No. 1, 2000, pp. 14 – 21。"最小自我"，又译作"最低限度自我"，通常指作为体验主体或主体性的自我；"叙事自我"则指由叙事建构的自我，自我作为主角将各种事件按时间线串联成大体融贯的故事，不过围绕"我"的叙事既包含发生过的事件，也包含一些虚构的事件或对事件的错误诠释，后者与虚假记忆、想象等有关。"施动感"指感觉到自身是进行思维或做出行动的主体或行动者，"拥有感"指感觉到自身是身体活动或心理活动的拥有者；"情景记忆"指对某时某地发生的情景和事件的长时记忆，自我叙事主要是在情景记忆基础上的整合和加工。它们分别与哲学中的最小自我和叙事自我密切相关。

自我观、提出新自我观的依据。比如，当代哲学家托马斯·梅青格（Thomas Metzinger）在其著作《无我存在》（*Being No One*）①中，借助有关精神分裂症②、科塔尔综合征（Cotard syndrome）③等的精神病学发现，论证自我不是实在的，而只是由亚人水平表征进程实现和调节的现象自我模型（phenomenal self-model），以反驳各种有我观。尽管学科间的交互存在种种困难，但自我及其本性已成为目前最能体现哲学与科学紧密合作的研究方向之一。

更具体来看，传统哲学中以笛卡尔为代表提出的自我实体观（自我是精神实体）与以大卫·休谟为代表主张的自我虚构观（自我是想象的虚构），是对自我问题的两种最为经典的回答；而当代哲学与科学的交汇孕育出对这两种经典回答的新发展。例如，当代神经哲学家帕特里夏·丘奇兰德（Patricia Churchland）主张的"我即我脑"，可以被看作对前者的自然主义修正；而认知科学家、哲学家丹尼尔·丹尼特（Daniel Dennett）提出的叙事自我观——自我是叙事的虚构重心，可以被视为对后者的延伸。

本书将乘着当今自我研究的跨学科热潮，进一步突破传统，基于认知神经科学中最新的理论与发现构建一种自我关系理论，提出并论证自我从根本上既非实体亦非虚构，而是一种关系，是一种前认知的大脑—环境对准关系；作为关系存在的自我比个体自我更加基础和基本。然后，本书将在这种自我关系理论的框架下，重新思考自我的实在性，以及探讨自我研究的方法论。

---

① 参见 Thomas Metzinger, *Being No One: The Self-Model Theory of Subjectivity*, Cambridge: MIT Press, 2003。
② 精神分裂症患者的典型症状是幻听、思想插入和妄想等，他们会认为部分体验、思想和行动不属于自己，或者不是由自己产生和控制的。
③ 科塔尔综合征患者的典型症状是认为自己的身体或身体的部分不存在，或者自己已经死亡，是一具尸体。

第二节 自我本体论问题与自然主义进路

自我问题最初是作为一个本体论问题在传统哲学语境下被提出的，它期待获得的是一个阐明自我本质的回答。就像笛卡尔主张自我是一个有别于身体和其他物质实体的精神实体（心智或者说灵魂），思维是自我唯一的本质属性。但当自我问题进入科学语境后，它更多表现为一个描述性问题。科学家专注于在特定水平上观察和测量自我相关现象的特征，以期发现进而刻画这些现象的结构与规律，即描述特定水平或特定方面的自我。例如，心理学家使用二十项陈述测验（Twenty Statements Test）测量大众的自我概念及其维度的跨文化差异[①]，神经科学家透过脑成像技术研究某类自我相关认知进程的神经机制和神经关联物[②]。这些研究都不涉及对自我本质的探讨。

不过，在科学文本尤其是跨学科文本中，也不乏对自我本体论问题的自然主义回答。简单来说，就是在自然范围内，在科学承认存在的东西中探寻使各种自我相关现象得以可能的基础或联结它们的核心方面，甚至阐明自我现象产生的具体机制和过程，并主张这样的基础或核心应被视为实在的自我本身。比如，美国心理学之父、

---

① 例如，比较非洲语使用者和英语使用者的自我概念差异，可参见 Liberty Eaton and Johann Louw, "Culture and self in South Africa: Individualism-collectivism predictions", *The Journal of Social Psychology*, Vol. 140, No. 2, 2000, pp. 210–217。在二十项陈述测验中，受试者需要写出对"我是谁"（Who am I）这一问题的二十个回答。

② 例如，自我脸部识别的神经机制，可参见 Lucina Q. Uddin, Jonas T. Kaplan, Istvan Molnar-Szakacs, Eran Zaidel and Marco Iacoboni, "Self-face recognition activates a frontoparietal 'mirror' network in the right hemisphere: An event-related fMRI study", *NeuroImage*, Vol. 25, No. 3, 2005, pp. 926–935。又如，大脑皮质中线结构作为自我建构的神经关联物，可参见 Georg Northoff and Felix Bermpohl, "Cortical midline structures and the self", *Trends in Cognitive Sciences*, Vol. 8, No. 3, 2004, pp. 102–107。

哲学家威廉·詹姆斯，一方面，将自我刻画为由作为主我（I）的纯粹自我（pure ego）和作为客我（me）的经验自我（empirical self）构成的复合体，而经验自我又包括物质自我（如身体、财产）、精神自我（意识流）与社会自我（如他人的认可、名声）三个部分。① 另一方面，他指出，精神自我乃至经验自我的核心，即"'自我之自我'（self of selves）主要由头部或头和喉咙之间的这些特殊的［调节］运动组成"②。同时，他主张与大脑调节运动共存的、不断流逝的思想本身可以被看作可检验的、现象层面的主我（思想者），不需要假定存在超越思想的形而上学实体自我作为主我。③ 这意味着主客体自我统一于特殊的大脑运动，自我是以这些大脑运动为基础和核心构建的复合体，而非笛卡尔式精神实体。又如，对智利生物学家、哲学家弗朗西斯科·瓦雷拉（Francisco Varela）来说，自我是联结不同水平、不同方面（细胞学的、免疫的、认知的、社会语言学的、集体的）局部自我（regional selves）的生命系统，即有机体，而那个有别于生命过程的、幽灵般的"我"不过是叙事的建构。④ 他们的观点都是潜在的对自我本体论问题的自然主义回答。本书同样希望站在一个本体论自然主义立场上为自我问题提供一种新回答。为此，本书将在关注哲学家围绕自我问题展开的讨论与争辩的同时，发掘隐藏在经验科学中的自然主义回答和重要启示。

然而，哲学家探讨自我本体论问题的意义在于什么？纵观哲学史，哲学家探讨该问题的目的不仅在于获得自我知识本身，还在于

---

① 参见 William James, *The Principles of Psychology*, Vol. 1, New York: Dover, 1950, pp. 291–297。

② William James, *The Principles of Psychology*, Vol. 1, p. 301.

③ 参见 William James, *The Principles of Psychology*, Vol. 1, pp. 341–342, 346。

④ 参见 Francisco J. Varela, "Organism: A meshwork of selfless selves", in Alfred I. Tauber, ed., *Organism and the Origins of Self*, Dordrecht, Netherlands: Kluwer Academic Publishers, 1991, pp. 79–107。

为若干现象提供解释。这些现象包括但不限于意识体验及其统一、知觉经验的联结、各方面经验自我①的整合（如心身统一）、自我的历时同一性或连续性、自我—他人/环境区分、自我—他人/环境交互等。在此，可统称它们为"自我相关现象"或"自我现象"。大体上，"自我是什么"这一问题可以转化为"意识统一的基础是什么""联结属我的各个方面的核心是什么"等一系列问题。最理想状况下，哲学家希望通过分析自我的本性，为这一系列问题提供融贯一致的回答。换言之，自我问题实际上问的是，各种自我相关现象是否有统一的基础或核心。当代心智哲学的发展历程也体现了解答自我问题是解释上述现象绕不开的核心：心智哲学发展早期（20 世纪 50—90 年代）主要对诸如意识、知觉等现象分而治之，到 20 世纪 90 年代末开始又不可避免地回归到对作为核心问题的自我问题的探讨上。②

其次，对上述现象的解释最终又服务于对知识和道德相关问题的解答。若缺乏自我的联结，那么只有离散的印象而无关于对象的经验，关于事物的知识似乎是不可能的；若无自我的统一，那么决策与行动无关，行动不是自我做出行动决策的后果，那么自由意志和道德似乎也是不成立的。对自我问题的不同回答常常会带来对知识和道德的不同看法。例如，当我们坚持一种笛卡尔式自我观，把自我视为独立于物质实体的精神实体时，很可能将知识的可能性与可靠性建立在自我心中的观念与外部事物之间的直

---

① "经验自我"指作为认识对象的、归属于"我"的各个方面。除了威廉·詹姆斯的物质自我、精神自我和社会自我，还有具身自我（对身体的觉知和知觉）、生态自我（与自然及自然中的其他生命交互的自我方面）、集体自我（作为集体中的成员与其他成员相关联的自我方面）、道德自我（涉及道德特征、道德判断与道德行动的自我方面）等。

② 参见刘高岑《自我、心灵与世界——当代心灵哲学的自我理论研究》，科学出版社 2018 年版，第 24—25 页。

接或间接的稳定语义关系之上，主张语义关系在逻辑上优先于认识关系，这是早期近代哲学家在解答知识的可能性与可靠性问题时普遍采取的策略；但当笛卡尔式自我观遭到休谟等近代哲学家的质疑，持续同一的自我不再被看作形而上学实体而被视为虚构时，其他策略——如强调感觉印象及它们之间的认识关系是原初的——也应运而生。

总之，对自我问题的思考与对诸多现象和哲学基本问题的解释或解答息息相关。这一方面表明研究自我问题具有重要的理论价值；另一方面表明一个对自我问题的好的回答，即一个好的自我理论，理应能合理且融贯地解释上述现象，进而还应能为解答知识和道德相关问题奠定扎实的根基。

第三节　传统自我观与它们之间的核心争论

自我到底是什么？过去，学者们对该问题做出了各种各样的回答。这些回答可以大致分为以下三类：实体观、最小自我观和无我观，分类依据主要是它们对意识统一等自我相关现象做出了明显不同的解释。

第一类是自我实体观，或称自我实体实在论。这类观点主张自我是持续存在的单一实体——形而上学实体（substance）或科学实体（scientific entity）。[①] 形而上学实体观（下称"传统实体观"）的

---

① 哲学术语"substance"与"entity"通常都被译作实体，意思均为独立存在者。前者是后者的特例，一般只有被承诺作为现象的终极解释项、事物之本质和世界之基本单元而真实存在的"entity"才算是"substance"。本书将"substance"译为形而上学实体，以示区分。"科学实体"在此特指科学共同体（科学家）承诺存在且能通过经验方式进行研究的对象，如物理学中的原子。传统上，"实体观"指形而上学实体观（the substantialist view）；而本书在广义上使用"实体观"（the entity view）一词，将科学实体观也包含在内。

代表人物有笛卡尔、莱布尼茨、贝克莱等著名哲学家；科学实体观的代表人物有威廉·詹姆斯、帕特里夏·丘奇兰德等现当代跨学科学者。根据实体观，意识、知觉经验以及自我的其他方面都统一于自我实体，以自我实体为基底，它们只是依附其上的属性、模式、功能或关系，它们的存在依赖自我实体的存在。作为实体的自我从本质上独立且区分于其他实体（他人、环境中的事物），它需要通过身体来与其他实体互动和建立关系。自我实体观（在西方文化语境中）是最符合日常直觉的自我观，自然而然地，它也是西方哲学史上最早诞生和发展成熟的自我观。然而，传统实体观是缺乏有效辩护的独断论，它的本体论代价十分高昂。为此，康德通过一种本体论收缩策略对传统实体观作出修正，他仅承认作为单一逻辑主体使意识得以统一的自我必然存在，而不对它的本性进行断言。科学实体观虽然只是把可经验研究的对象（如有机体、大脑、特定神经网络或神经机制）看作基础的或核心的自我，主张通过对之进行研究来解释自我现象，但同样面临着诸多质疑：有观点认为自我不是孤立的生物或物理实体；[①] 有观点（功能主义）指出自我不是特定生物或物理实体而仅是由它实现的功能，就像软件是由计算机硬件实现的功能一样；[②] 而最主要的挑战则来自，自我相关心理现象（尤其是意识及其主观性）与生物过程、物理过程之间的

---

① 例如，传统生物学观点认为个体自我是免疫系统、大脑或基因序列等生物实体；然而，近年来自微观生物学的证据表明个体自我不是这些生物实体本身，而是它们与微生物群持续交互的产物。（参见 Tobias Rees, Thomas Bosch, and Angela E. Douglas, "How the microbiome challenges our concept of self", *PLoS Biology*, Vol. 16, No. 2, 2018, e2005358）

② 参见 Patricia Churchland, "Self-representation in nervous systems", *Sciences*, Vol. 296, No. 5566, 2002, p. 309。另外，前面提到的梅青格的现象自我模型理论就是这种观点的典型代表。

解释鸿沟。①

第二类是最小自我观。这种观点主张自我至少作为意识体验的内在属性存在。更具体地说，它强调意识体验总是"作为我的体验被给予"，因此自我至少作为体验的"主体性"②（subjectivity）、"第一人称视角"（first-personal perspective）、"第一人称被给予性"（givenness）或者说"我属性"（mineness）存在，并因此"具有体验上的实在性"（experiential reality）。③ 这是由当代哲学家丹·扎哈维（Dan Zahavi）明确提出的自我观。扎哈维认为，体验的第一人称视角/我属性对自我来说是必不可少的，因此它"值得被称为最小自我（minimal self）或核心自我（core self）"④。所以，这种自我观被称为"最小自我观"。相对实体观而言，最小自我观的本体论代价低，它仅在意识层面而不超越意识理解自我的存在；同时，由于它在最低限度上保留了自我的"实在性"（作为体验的内在组成部分实在地被给予），因而具有与实体观相近的解释优势。对最小自我观

---

① 如果科学实体观支持者采取约翰·塞尔（John Searle）的生物自然主义立场，就能一定程度上避免这个挑战。塞尔认为，意识本身就是自然世界的一部分，它不能还原为其他自然过程；更具体地说，他主张"意识是大脑系统较高水平的生物特征"，"由较低水平的大脑过程导致"，即他否定了心理与物理特征的二分，而只承认存在不同水平的生物/大脑过程。（John Searle, "Biological naturalism", in Susan Schneider and Max Velmans, eds., *The Blackwell Companion to Consciousness*, Second Edition, Malden, MA, and Oxford: Wiley-Blackwell, 2017, pp. 327–336.）如此一来，解释鸿沟问题就被消解了，或者说被不同水平的大脑过程之间的关系问题取代了。不过，塞尔本身并不主张自我就是大脑，意识是其属性，而是认为自我是"统一意识场的形式特征"。（John Searle, "The self as a problem in philosophy and neurobiology", in Todd E. Feinberg and Julian Paul Keenan, eds., *The Lost Self: Pathologies of the Brain and Identity*, Oxford, New York: Oxford University Press, pp. 7–19）这更接近于康德的逻辑主体以及下文提到的最小自我。

② 通常也译作"主观性"。

③ Dan Zahavi, *Subjectivity and Selfhood: Investigating the First-Person Perspective*, Cambridge: MIT Press, 2005, pp. 46–47, 61, 106, 126.

④ Dan Zahavi, *Subjectivity and Selfhood: Investigating the First-Person Perspective*, p. 106.

来说，离散的意识体验得以统一成意识流，正是因为它们都以同一模式即从第一人称视角被给予；这样的意识流原初地区分于他人意识，因为他人的意识体验只能透过"我"的体验间接被给予（如"我感觉她很开心"）。另外，各方面经验自我的整合、自我与他人/环境关系的建立正是在最小自我的基础上，即以第一人称视角为起点，通过具身（embodiment）、共情（empathy）、叙事等方式才得以实现的。换言之，第一人称视角的存在被认为是意识统一、自我—非我区分、经验自我建构等自我相关现象共同且必要的基础。不过，除了扎哈维意义上的最小自我，还有其他学者的最小自我：比如，盖伦·斯特劳森（Galen Strawson）的短暂体验主体（一个体验同时是一个体验主体，不同的体验是不同的体验主体），理查德·梅纳里（Richard Menary）的具身体验主体，加拉格尔的拥有感和施动感等（详见本书第一章第三节）。不过，各种最小自我都离不开对体验的我属性或第一人称视角的强调，因此能与扎哈维的最小自我归作一类分析。

第三类是各种无我观，包括休谟的反实体观或者说虚构观、乔治·米德（George Mead）的社会建构观、丹尼特的叙事观、梅青格的现象自我模型观等。它们的共同特征是否认自我具有任何形式的实在性，主张自我只是虚构或纯粹建构的产物。它们要么认为没有统一的意识或经验，要么认为意识或经验的统一不依赖任何实体自我或自我形式。例如，休谟主张，没有恒常存在的自我观念和连续统一的意识，自我只是一束瞬息万变、相互分离的知觉，它们根据特定经验原则松散地联结起来，持续同一的自我不过是想象的虚构，它的实在性无法得到辩护。[①] 然而，一方面，这类观点很反直觉；另一方面，它们很可能使具有规范性的知识、道德和意义等一并沦为虚构。

---

① 参见 David Hume, *A Treatise of Human Nature*, Vol. 1: *Texts*, David Fate Norton and Mary J. Norton, eds., New York: Oxford University Press, 2007, pp. 164–169。

自近代以来，坚持实体自我或最小自我存在的第一、二类自我观与否定自我存在的第三类自我观一直处于博弈状态。它们之间的争论可统称为"自我实在论与反实在论之争"或"有我观与无我观之争"。自我实体观与最小自我观都认可自我具有实在性，只是它们的实在标准有所不同。前者认为现象背后的实体是实在的，意识依赖实体而存在；后者则认为直接被给予的意识体验本身是最确定和实在的，"实体"只作为意识中的显现和构造而非超越意识的东西存在。

近代（十七八世纪）在哲学领域内，发生了第一场自我实在论与反实在论之争。争论双方为传统实体观与反实体观（虚构观）。这场争论主要围绕"是否存在持续同一的形而上学实体自我作为意识及其统一的基础"这一核心论题展开。从笛卡尔论证自我是区分于身体等物质实体的精神实体开始，到休谟指出只有瞬息万变的知觉没有持续同一的自我达到高潮，到康德"发现"思维的单一逻辑主体结束，整个过程持续了百余年。康德的自我理论是这场论战的重要理论成果——康德放弃了对自我进行形而上学断言，区分了不变的作为逻辑主体的纯粹自我与变化的作为内外感官对象的经验自我，论证了意识的统一、经验自我的建构以及对象知识的形成必须以纯粹自我的存在为形式基础。康德的自我理论同时容纳了自我的变与不变，调和了争论双方的观点，从而终止了这场论战，但又为下一场论战埋下了伏线。

在康德自我理论的影响下，自我研究的焦点转变为"是否存在某种（形式的、具身的或自然的）最小自我或核心自我（主体自我）作为经验自我（对象自我）建构之基础"，这个转变使得科学也能参与其中。第二场自我实在论与反实在论之争由此产生。争论主要发生在最小自我观与各种无我观（社会建构观、叙事观）之间，从20世纪初开始持续至今。例如，社会建构观主张，自我概念（包括主我与客我）形成于以话语为基础的社会交互过程，是社会交互的产物，并长期为社会文化所不断建构。① 不存在任何独立或优先于社会交互的自我和自我概念。与之相反，最小自我观认为，社会交互本身必须在最小自我（体验的第一人称视角）存在的前提下才是可能的，自我的社会建构恰好证明了最小自我的必然存在。② 换言之，最小自我的存在是优先的、基础的，社会交互及其对自我的建构则是作为补充的、次要的。最小自我观与社会建构观均兴起于20世纪初，它们的争论在20世纪末至21世纪初达到高峰，原因是近二三十年不少发展心理学、认知神经科学与精神病学研究为它们各自带来了一些积极证据和威胁。例如，有关情景记忆并非自我生成的必要条件的发现以及有关前语言时期自我的发现，对叙事观、社会建构观分别造成了威胁，反之它们与最小自我存在的观点相容（详见本书第一章第三节）；而许多精神疾病案例在一定程度上挑战了具身与非具身的最小自我观，因为基于任意一种最小自我都难以为精神疾病显示出的形形色色经验自我变体提供合理和统一的解释（详见本书第一章第三节、第二章第一节）。由于双方均在解释一些自我现象上面临困难，而且仍缺乏决定性证据，所以它们的争论至今仍在继续。

此外，科学实体观也参与了这场现当代论战——"是否存在特定的生物系统、认知系统或神经系统与主体性的生成相关联，能作为自我系统而区分于非我系统"是科学实体观与无我观更具体的议题。科学实体观与最小自我观有相近之处，科学实体观也承认存在某种核心自我（自我系统）。在面临无我观的挑战时，它们可以相互支撑。不过，科学实体观的核心自我是可以从第三人称视角研究的

---

① 社会心理学家、哲学家乔治·米德就持有这样一种观点。参见［美］乔治·H·米德《心灵、自我与社会》，赵月瑟译，上海译文出版社1992年版，第120—201页。

② 扎哈维曾明确论述过该观点。可参见 Dan Zahavi, "Self and other: From pure ego to co-constituted we", *Continental Philosophy Review*, Vol. 48, No. 2, 2015, pp. 143 – 160。

对象，而最小自我观的核心自我或者说最小自我则是第一人称视角本身及只能从第一人称视角把握的内容。这与它们把什么（生物/物理实体还是意识）看作实在的密切相关。像上文提到的，科学实体观的困难就在于，它需要把包括第一人称视角在内的自我现象还原为第三人称视角可观察或检验的过程。

第四节　传统自我观的共同预设：独立自我预设与实体实在论

尽管坚持实在论与反实在论（有我与无我）立场的自我观看起来是截然对立的，但实际上它们共享着一些重要预设。如果这些预设本身不合理，那么自我将难以被准确把握，自我研究也会备受掣肘。

结合两场自我实在论与反实在论争论来看，大多数传统自我观共享着如下关于自我的预设：如果自我是实在的，那么（1）它必定是持续稳定甚至单一不变的东西；（2）它与他人/环境的区分是原初的、基础的，与他人/环境的关系则是派生的、构成的；（3）它是意识统一、经验自我建构等自我相关现象得以可能的统一基础。自我实在论者所论述的自我，无论是精神实体、逻辑主体、体验的第一人称视角、大脑还是特定的神经机制，都基本符合上述自我预设。反实在论者则认为，我们所能认识的自我不符合上述预设，或者我们没有理由相信符合预设的自我存在——自我只是变动不居的知觉；社会关系优先于自我的产生；自我不是意识统一的基础而是意识建构的对象等——因此自我不是实在的东西。总而言之，过去的自我研究基本是围绕这些自我预设展开的。

然而，近三十年的文化认知研究表明，这种理解自我的方式不具有跨文化普遍性。文化心理学家黑泽尔·马库斯（Hazel Markus）和北山忍（Shinobu Kitayama）最早提出，受西方个体主义文化塑造的人（西欧或北美人等）更可能持有独立自我构念（independent self-construal）①，即西方人更倾向于把自我看作单一、有界、稳定的东西，强调自我与他人和环境的分离，并通过内在属性来定义自我；而受东方集体主义、家庭主义文化塑造的人（东亚人等）更可能持有互依自我构念（interdependent self-construal），即东方人更倾向于把自我看作无界、可变、适应环境的东西，强调自我与他人和环境保持和谐一致，并通过与他人的关系来定义自我；上述差异在东西方受试者的动机、认知和情感等方面均有所体现。② 这个自我文化变体（cultural variations）理论后来得到了大量来自不同水平、样本以及研究手段的经验证据的支持（详见本书第二章第一节）。

前文概述的各种自我观都是在西方文化语境下提出的，它们隐含的自我预设的前两点与西方人展现的独立自我构念非常相近，因而本书将这些预设简称为"独立自我预设"。由此可见，多数西方学者与大众一样持有一种独立自我构念，他们采取的自我研究进路与提出的自我理论均体现了这种自我构念（详见本书第一章）。同时，他们的自我理论又成为西方文化的组成部分，继续塑造着后世学者和大众对自我的理解。就像马库斯和北山忍构建的文化与自我相互建构模型所主张的那样——文化塑造着人的自我构念，同时人的自我构念加强和影响着文化。③ 独立自我预设因此在西方自我研究史中长期占据统治地位。

东方受试者展现出与西方受试者不同的自我构念（自我概念），只意味着拥有不同的自我认知或者说经验自我，而不代表拥有本质

---

① 所谓"自我构念"的意思与自我概念、自我观相近。
② 参见 Hazel Rose Markus and Shinobu Kitayama, "Culture and the self: Implications for cognition, emotion, and motivation", *Psychological Review*, Vol. 98, No. 2, 1991, pp. 224 – 253。
③ 参见 Hazel Rose Markus and Shinobu Kitayama, "Cultures and selves: A cycle of mutual constitution", *Perspectives on Psychological Science*, Vol. 5, No. 4, 2010, pp. 420 – 430。

上不同的自我。用一种概念双重结构理论①来看，东西方人的自我概念都试图表征同一个有资格称为"自我"的东西，但它们的认知结构即所蕴含的知识是不同的。这给我们提供了一种重要的启示：独立自我只是理解和构想自我的其中一种方式，不加辩护地将它接受为关于实在自我的预设是值得怀疑的；自我本质上既可能是独立的存在，也可能是像东方人所认为的关系的存在，这需要加以检验和辩护。

就自我文化变体现象而言，在独立自我预设框架下发展出的自我观都能给出各自的解释。自我反实在论者会认为，自我就是自我概念，是纯粹由想象或语言交流建构的产物，受不同文化影响的群体自然会构建出不同的自我概念。自我实在论者则可能指出，不同文化对经验自我各个方面的重视程度存在差异，导致了不同经验自我和自我概念的产生。例如，与个体主义相比，集体主义文化更强调集体自我、社会自我等方面，即与他人和群体密切相关的方面，而弱化个体自我方面。与此同时，自我实在论者仍然可以坚持经验自我的各个方面以单一、持续、稳定且区分于他人和环境的实体自我为基础，或主张它们被同一最小自我所关联，是有基础的延展和建构。比如，将东方人的自我理解为以个体为基础向亲人、集体成员延展。简言之，他们会把独立与互依自我构念以及其他经验自我变体放在一个独立自我（更底层的实体自我或同一层级的最小自我）的基础上进行解释。然而，自我是否可能真实存在但不以某种形式的独立自我为基础？独立自我与互依自我能否同时在以关系自我②为基础的自我模型中得到合理解释？③

---

① 概念的内部结构由单一语义结构和多种认知结构组成，不同认知结构统一于单一语义结构。（参见黄子瑶、徐嘉玮《概念消去论及其彻底解决》，《自然辩证法通讯》2022年第10期。）

② 更准确地说，作为关系存在的自我。

③ 下文将以某种独立自我为基础解释自我相关现象（如自我文化变体）的模型称为"独立自我模型"，将以某种关系自我（作为关系存在的自我）为基础解释自我相关现象的模型称为"关系自我模型"。

过去，这种想法一方面受笛卡尔式主客二分的认识论框架所约束，另一方面受亚里士多德式实体实在论所限制。亚里士多德在《范畴篇》中划分了十个形而上学范畴："实体（substance）……数量、性质、关系、地点、时间、姿态、状况、活动、遭受。"① 他认为，实体范畴中的第一性实体②是"其他一切东西的基础，而其他一切东西或者是被用来述说它们，或者是存在于它们里面"，"没有第一性实体存在，就不可能有其他的东西存在"。③ 简言之，第一性实体是最基础和实在的东西，它们独立于其他东西存在，但其他东西（性质、关系等）依赖它们而存在。亚里士多德式实体由一组内在的本质属性规定，只要本质属性是不变或稳定的，其他非本质属性即使发生剧烈变化，实体仍然可以保持同一。在近代，康德指出独立于现象的形而上学实体（康德的自在之物）不可知；在现代，胡塞尔对形而上学实体的实在性问题进行了悬搁，卡尔纳普等逻辑实证主义者更是指出涉及形而上学实体的问题是无意义的伪问题，它们既不能被证实又不能被证伪。因而，如今，学者已鲜有谈论亚里士多德式实体（substance），而更多地谈论一般实体（entity），即独立存在者而非现象背后的终极解释项。比如，科学哲学家伊恩·哈金（Ian Hacking）主张一种实体实在论（realism about entities）而非理论实在论（realism about theories）式的科学实在论时，④ 他说的就是后一种实体（entity）。不过，无论是针对前一种还是后一种实体，个体化的实体始终被看作比关系更基础的存在。

---

① ［古希腊］亚里士多德：《范畴篇 解释篇》，方书春译，商务印书馆1959年版，第11页。

② 对亚里士多德来说，"第一性实体"指具体的事物或个体，如苏格拉底、桌面那个苹果等。在实体范畴中还有"第二性实体"，即种属，如水果、生物等。

③ ［古希腊］亚里士多德：《范畴篇 解释篇》，方书春译，第13页。

④ 伊恩·哈金认为，科学实在论可以区分为实体实在论与理论实在论两种，前者主张科学理论承诺的实体真实存在，而后者强调科学理论的真值为真或近似于真。（参见 Ian Hacking, *Representing and Intervening*: *Introductory Topics in the Philosophy of Natural Science*, Cambridge: Cambridge University Press, 1983, pp. X, 37）

在实体实在论的大前提下，在人们对实体与关系的普遍看法下，如果自我无法通过特定内在属性与他人和环境相区分，不能独立于与他人和环境的关系，反而必须依赖关系，那么自我就不是实在的，更底层的、构成关系的实体才是实在的。只有当自我是由特定内在属性规定而不必依赖其他事物或与其他事物的关系，自我才可能是实在的。过去，大多数自我观都依据实体实在论的标准来判断自我的实在性。值得一提的是，虽然最小自我观把意识体验及其内在属性而非超越意识的实体视为实在的东西，但它仍然在很大程度上延续了实体实在论对实体/个体和关系的看法——主体性（第一人称视角）的存在被认为是优先的、基础的，只有主体性存在，社会交互才是可能的，也就是说，主体间交互是派生的、构成的。

正是上述独立自我预设及更深层次的实体实在论思路长期制约着自我研究的发展和变革。本书将尝试打破这两个约束，揭示自我真实存在的其他可能性。

第五节　新的思路：自我关系实在论

在中国传统文化中，尤其是在儒家与道家文化中，自我一直是关系的自我，由关系定义："道家将自我定义为自然的部分。自我与自然共同构成和谐的关系。在儒家意义上自我被人伦关系定义……中国人的自我涉及与他人的多层关系。"[①] 有别于西方传统的二分思想，中国传统文化强调天人合一、顺应自然，自我与自然是一而不是二，自我的本性是作为自然之部分与自然保持和谐统一而不是与自然相分离或对立。在中国传统语境下，脱离环境和关系的自我是

---

① Ge Gao, "Self and other: A Chinese perspective on interpersonal relationships", in William B. Gudykunst, Stella Ting-Toomey, and Tsukasa Nishida, eds., *Communication in Personal Relationships Across Cultures*, California: Sage, 1996, p. 83.

不可能的。中国受试者在一系列文化心理学实验中呈现更强的互依自我构念①，并在认知神经科学实验中呈现自我与他人（母亲）的神经表征重叠②。这与中国传统文化对关系自我的强调相吻合。

另外，许多文化认知研究发现，在各种认知任务（如动画回忆、视觉搜索、框线测试）中，来自不同文化的受试者（包括儿童）展现出不同的认知策略：东方受试者更关注关系和背景，即将目标对象处理为整体中的部分；而西方受试者更关注目标对象本身，即将对象处理为分离于其环境的孤立个体。③ 前文提到的东西方受试者的不同自我构念很可能与他们的认知倾向相关——东方受试者更关注处于关系中的自我，而西方受试者更关注分离于环境的自我。同样地，东西方学者对实体与关系的看法也很可能与他们的认知倾向相关——西方学者坚持实体是基础性存在，没有实体就没有关系，因为他们更容易关注到孤立的对象而非关系；而东方学者更容易关注

---

① 参见 Moritz de Greck, Zhenhao Shi, Gang Wang, et al., "Culture modulates brain activity during empathy with anger", *NeuroImage*, Vol. 59, No. 3, 2012, pp. 2871 – 2882; Carole Peterson, Qi Wang and Yubo Hou, "'When I was little': Childhood recollections in Chinese and European Canadian grade school children", *Child Development*, Vol. 80, No. 2, 2009, pp. 506 – 518; Theodore M. Singelis, Michael H. Bond, William F. Sharkey, and Chris Siu Yiu Lai, "Unpackaging culture's influence on self-esteem and embarrassability: The role of self-construals", *Journal of Cross-Cultural Psychology*, Vol. 30, No. 3, 1999, pp. 315 – 341。

② 参见 Ying Zhu, Li Zhang, Jin Fan and Shihui Han, "Neural basis of cultural influence on self-representation", *NeuroImage*, Vol. 34, No. 3, 2007, pp. 1310 – 1316; Gang Wang, Lihua Mao, Yina Ma, et al., "Neural representations of close others in collectivistic brains", *Social Cognitive and Affective Neuroscience*, Vol. 7, No. 2, 2012, pp. 222 – 229。

③ 参见 Takahiko Masuda and Richard E. Nisbett, "Attending holistically versus analytically: Comparing the context sensitivity of Japanese and Americans", *Journal of Personality & Social Psychology*, Vol. 81, No. 5, 2001, pp. 922 – 934; Sean Duffy, Rie Toriyama, Shoji Itakura and Shinobu Kitayama, "Development of cultural strategies of attention in North American and Japanese children", *Journal of Experimental Child Psychology*, Vol. 102, No. 3, 2009, pp. 351 – 359; Megumi Kuwabara and Linda B. Smith, "Cross-cultural differences in cognitive development: Attention to relations and objects", *Journal of Experimental Child Psychology*, Vol. 113, No. 1, 2012, pp. 20 – 35。

到整体和关系，所以更能接受关系的基础性地位。①

自我观和认知倾向的文化差异告诉我们，独立自我预设及更深层次的实体实在论思路都具有文化局限性。即使自我不符合独立自我预设，也不代表自我不具有实在性。受中国传统自我观的启发，我们可以考察一种大胆的想法：自我与环境的关系比自我与环境的区分更基础，自我从根本上作为关系的自我②而非独立的自我真实存在。本书将这种想法称为"自我的关系实在论"（relational realism of the self）。自我的关系实在论的大胆体现在它既突破了西方传统对自我的预设，又突破了西方传统对实在的理解。只有当自我关系实在论在以下两个关键点上——第一，自我从根本上说是一种关系，关系的自我优先于各种类型的"独立自我"，各种"独立自我"、自我与非我的区分只是关系自我上的特例；第二，关系可以是实在的或关系才是实在的——得到理论和经验的充分论证，它才不仅仅是个大胆的想法。

近年，越来越多关于自我与意识的科学研究表明，有机体（大脑）与环境之间持续的、无意识的、前认知的③动态关系与平衡是意识体验与经验自我的必要基础，该关系的变化、异常（超过特定区间的变化）或中断会导致经验自我的变化、异常甚至丧失，它们为第一个关键点提供了强有力的经验支持并揭示了具体的机制。20世纪末，在科学实在论与反实在论争论中兴起、主张

---

① 抑或相反，人们的认知倾向受他们的形而上学立场影响。更可能的是，认知倾向与形而上学立场互为因果，持续相互影响。

② 本书的"关系的自我"（relational self）不同于社会心理学中的"关系的自我"。在社会心理学中，"关系的自我"通常指自我概念中与他者（尤其是亲密他者，如父母、伴侣）相关的方面，属于经验自我的组成部分；而在本书中，"关系的自我"特指作为关系存在的自我。本书所论证的关系自我是社会心理学中的关系自我（方面）的基础。

③ "前认知"（pre-cognitive）是本书的原创性术语，用以描述那些先于或优先于实际认知过程或认知关系的过程或关系，详见本书第二章第二节。

结构而非理论实体在科学革命中延续和累积的结构实在论，以及更一般的受现代物理学革命启发、强调关系比实体和性质更基础的关系实在论，则为第二个关键点提供了成熟的理论支持。简言之，自我关系实在论已有较为扎实的理论和经验依据，但仍缺乏系统的整合和讨论。

近年，当代认知神经科学、精神病学与神经哲学家格奥尔格·诺瑟夫（Georg Northoff）[①] 通过综合考察有关大脑自发活动（spontaneous activity）/静息状态活动（resting-state activity）[②] 的研究成果发现，大脑自发活动与身体、世界之间的时空对准（spatiotemporal alignment）关系，即大脑自发活动的时空结构[③]对准于身体、世界的时空结构，是意识的先决条件。因此，他指出"意识在默认状态下[④]不仅是神经元的，同时，也是生态的，更准确地说是神经—生态的（neuro-ecological）"[⑤]。这是诺瑟夫所提出的"意识时空理论"

[①] 在攻读博士学位期间，本人曾有幸获得国家留学基金委公派联合培养博士生项目资助到诺瑟夫教授的实验室访学。在诺瑟夫教授的悉心指导以及多位实验室成员（特别是 Soren Wainio-Theberge、Annemarie Wolff）的帮助下，我开展了关于自我的跨学科、跨文化研究。本书的初步思路正是本人在与诺瑟夫教授合作研究并合作撰写英文论文过程中，受他启发和指点，与他反复讨论而逐步形成的。

[②] "大脑自发活动"指大脑积极主动的活动，区别于大脑对刺激的消极反应。"静息状态活动"指在受试者清醒、放松、没有执行特定认知任务、没有被施加感官刺激，且所处环境中的刺激（噪声、光线等）被尽可能最小化的状态下，通过脑电（EEG）或功能性磁共振成像（fMRI）等技术记录的受试者大脑神经活动。与刺激或任务诱发活动相比，静息状态活动已经非常接近大脑自发活动。因此，本书将"自发活动"与"静息状态活动"当作同义词来交替使用。

[③] 随时间记录的神经活动经傅里叶变换后分解为无数频率不同的正弦波，这些波动的振幅和相位及它们之间无标尺（scale-free）特征和跨频率耦合（cross-frequency coupling），反映的是神经活动的时间结构；而大脑不同功能网络及它们之间的功能连接，就是神经活动的空间结构，详见本书第二章第二节。

[④] 区别于受特定感官刺激或执行特定认知任务的状态，本书将之称为"前认知状态"。

[⑤] Georg Northoff, *The Spontaneous Brain: From the Mind-Body to the World-Brain Problem*, Cambridge, MA: The MIT Press, 2018, p.219.

(*temporo-spatial theory of consciousness*)。① 此外，诺瑟夫还进一步论证了，无论是大脑还是意识等心理特征，在本体论上都是由作为时空关系的世界—大脑关系与关系的时间和空间所决定，世界—大脑关系是使意识成为可能的必要本体论条件。② 考虑到构成意识的经验基础甚至本体论基础可能是特定关系，而哲学家致力于追寻的实在自我又是作为意识等自我相关现象之统一基础的自我，我们可以做出一个合理的推断——自我就是一种关系。

本书将以诺瑟夫的意识时空理论及相关发现为主要依据，再结合多个学科的最新理论和实证研究成果，来检验作为意识基础的关系是否同时是其他自我相关现象（如第一人称视角、经验自我建构、自我—非我区分、社会认知）的统一基础，以为将特定关系视为经验上的基础自我和本体论上的实在自我提供充分的理由和有力的论证。本书其中一个重点在于构建一个双层关系自我模型③，将各种各样的经验自我变体（如精神分裂症中表现出第一人称视角紊乱的自我变体）和自我—环境区分（如橡胶手实验中动态变化的自我边界）追溯到同一前认知（前刺激、默认、自发、无意识）的大脑—环境对准关系之上，也就是说，用不同程度的大脑—环境对准解释不同自我变体和自我边界的生成。从该模型出发，本书将基于自然

---

① 参见 Georg Northoff and Zirui Huang, "How do the brain's time and space mediate consciousness and its different dimensions? Temporo-spatial theory of consciousness (TTC)", *Neuroscience & Biobehavioral Reviews*, Vol. 80, 2017, pp. 630 – 645。

② 参见 Georg Northoff, *The Spontaneous Brain: From the Mind-Body to the World-Brain Problem*, Chapter 9, Chapter 10。

③ 在一篇已发表的期刊论文中，本人与斯卡拉布里尼博士（Andrea Scalabrini）和诺瑟夫教授已初步提出二阶自我模型（two-stage model of self）的想法，我们将心理学水平上的自我文化变体与神经元水平上的神经—社会、神经—生态连续统联系起来，详见 Andrea Scalabrini, Jiawei Xu, and Georg Northoff, "What COVID-19 tells us about the self: The deep intersubjective and cultural layers of our brain", *Psychiatry of Clinical Neurosciences*, Vol. 75, No. 2, 2021, pp. 37 – 45。该论文有关自我文化变体与二阶自我模型的部分由本人撰写。在本书中，本人从多个角度进一步论证、改进和丰富这一想法，构建了一个双层关系自我模型（two-layer model of relational self）。

主义立场并援引结构/关系实在论的相关讨论，进一步论证自我可以作为关系在认识论甚至本体论上实在。这是本书的第二个重点。

虽然自我关系实在论看起来是个大胆的想法，但它实际上离传统自我观并不遥远。只要突破传统独立自我预设与实体实在论的枷锁，就能自然而然地从各种传统自我观走向关系自我观甚至自我关系实在论。例如，过去，科学实体观的支持者常通过列举各种经验证据证明，特定生物实体（如大脑）及其内在状态和活动是意识等与自我最密切相关的现象产生的必要基础，从而论证该生物实体就是自我本身，我们可以通过研究该生物实体来研究我们的自我。本书所主张的自我关系实在论不会否定特定生物实体对自我的必要性，但会论证并强调以下两点：（1）特定生物实体置身于环境中与环境形成某种动态关系，对自我相关现象的产生来说也是不可或缺的；（2）生物实体（大脑、免疫系统、基因组等）本身不是有界的、个体的存在，而是无界的、关系的存在。因此，理解自我应该追溯到关系而非个体化实体。再者，社会建构观的倡导者同样强调自我（自我概念）是关系的，但他们受到实体实在论思路的限制因而始终坚持个体比关系更基础，所以会认为自我不是实在的；而且他们所强调的社会认知关系有别于本书将论证作为基础自我的前认知大脑—环境关系。本书将部分接受与其相对的最小自我观的观点，即社会认知关系的建立必须以前反思的自我为前提；但同时会指出该前提不是某种前反思的最小自我（体验的第一人称视角或具身体验主体），而是前反思的、前认知的大脑—环境对准关系（关系自我）。总的来说，自我关系实在论可以看作对传统自我观的补充和修正——通过找到更底层的关系自我，各种传统自我观可以得到统一和整合。

另外，本书将辩护的自我关系实在论与近年基于认知或神经进路发展起来的一系列新兴自我观，如神经科学家、哲学家安东尼奥·达马西奥（Antonio Damasio）在 *Self Comes to Mind*（2010）一书中论证的自我过程实在论，马吉德·贝尼（Majid Beni）在 *Structu-*

ring the Self（2019）中论证的自我信息结构实在论等，有许多共同之处，比如都在解答自我问题上突破了实体实在论思路。只是贝尼等学者仍在一定程度上受制于独立自我预设。贝尼依然首先论述了优先于与环境联系的基础自我结构是什么，再论述基础自我结构如何在认知活动中向环境的信息结构延伸，而不够重视与环境的前认知联系对自我的基础性和必要性。本书将通过比较自我关系实在论与其他新兴自我观之间的异同，来进一步阐明自我关系实在论的创新点及优势。

要而言之，如果我们能指明自我作为怎样的关系实在并能在理论和经验上为之辩护，自我关系实在论就能成为一个合理的主张而不仅仅是大胆的想法。在对自我问题的研究上，这种想法至少应该与目前其他主流自我观放在平等的位置上一同接受考察和检验。如果自我关系实在论要从合理的主张进一步发展为好的自我替代理论，那么它还需要能为更多与自我密切相关的现象和重要问题提供合理且统一的解释和解答，并且最好能为自我实证研究带来新的启发和指引。与原有的自我理论相比，如果自我关系实在论能更好地解释自我相关现象和解答自我相关问题，那么它将有潜力逐渐发展成最终解决自我问题的方案，无论是有关自我的哲学研究还是科学研究都应该从关注区分于环境的自我转变为关注自我—环境关系[①]，更准确地说，关注基础的关系自我。

第六节 研究目标、创新点与意义

本书的主要目的在于为自我问题提供一种更具经验适当性和理

[①] 在论证了自我关系实在论后，"自我—环境关系"就不再是指由相互分离的自我和环境构成的派生存在，而是指一种原初的、基础的存在。反过来，各种自我—环境区分由它规定、依赖它而存在。

论合理性的新解答方案——自我的关系实在论，而这一目的又可以划分为以下五个子目标。

第一，结合多学科的理论依据和经验证据，构建一个关系自我论证——形形色色的自我相关现象均以特定大脑—环境关系（大脑自发活动、身体与环境在时空结构上一定程度的对准）为必要基础，因此自我从基础上是关系的自我。

第二，构建一个双层关系自我模型，在关乎大脑—环境对准程度的连续统（底层关系自我）上统一定位不同的自我概念和经验自我变体，并论述各种自我—非我区分如何从底层关系自我基础上经过概念化与再概念化发展而来。

第三，基于结构实在论和关系实在论，论证底层关系自我是认识论和本体论上原初和实在的，而任何个体自我和自我—非我区分都不是，它们依赖底层关系自我而存在，并由底层关系自我规定。这将双层关系自我模型进一步发展为自我的关系实在论。

第四，将自我关系实在论与双层关系自我模型应用于自我实证研究中，提出新的实验进路、假设和方法，以便能够通过实证手段进一步检验其经验适当性。

第五，将自我关系实在论与双层关系自我模型应用于对更多其他自我相关现象及重要问题的解释和解答上，比如，对自我同一性或连续性的解释，以及对如何认识世界和他心、如何理解道德主体与道德责任等的解答上，以进一步检验其理论合理性。

与传统的自我研究对比，本书在理论和研究方法上都有所创新。首先，在自我理论方面，本书将打破传统独立自我预设的桎梏，以双层关系自我模型取代西方传统的独立自我模型，即以某种关系自我（作为关系存在的自我）而非某种独立自我（原初地区分于非我的自我）为基础解释各种自我相关现象。本书还以自我关系实在论调和自我实在论与反实在论，即主张自我真实存在但不是作为特定实体或属性真实存在。

其次，自我理论的革新必将引起自我研究方法的革新。过去，基于西方传统独立自我模型，学者们极力将自我从环境中分离出来研究；而根据双层关系自我模型，自我在非常基础的层级上就不能与环境分离，因此本书将转为从底层的关系自我（前认知的大脑—环境关系）入手研究自我，这有助于我们获得关于自我的新发现和新知识，比如有关底层关系自我的跨文化差异。

此外，自我理论的革新也会带来对知识和道德的新理解，因为知识通常涉及自我—环境关系，而道德涉及自我—他人关系。各种自我—他人/环境关系通常被诠释为基于自我—他人/环境区分（独立自我）的二阶建构。然而，本书将颠覆这种诠释，主张前认知的自我—他人/环境关系（关系自我）是原初的、基础的，而各种独立自我以及认知的自我—他人/环境关系是二阶的、构成的，后者由前者发展而来。简言之，本书将在特定关系上理解其他关系。这种新理解将能使原本由独立自我模型带来的一系列难题，如"主体间交互如何可能""如何通过构建模型表征和认识世界"等，不再成为难题。

本书通过拓宽解答自我问题的思路，有望为自我相关现象提供更统一的解释，为自我实在论与反实在论反复胶着的状态开辟新的局面，使自我避免仅仅因为没有单一实体或属性能够充当自我相关现象的共同基础而沦为虚构或幻觉，从而也让知识和道德避免丧失规范性和意义。主张自我作为特定实体或属性实在的传统自我实在论承诺了某种原初的自我—非自我区分，这难以与在不同情境和状态下观察到的经验自我变体和动态变化的自我—非自我区分相适应。相反，本书所论证的自我关系实在论，有望将不同的经验自我变体统一定位于底层关系自我之上，用不同程度的大脑—环境前认知对准统一解释自我—非我区分的变化，用大脑—环境对准的过度或中断解释经验自我的异常与丧失。

更进一步说，本书对自我问题的新解答，有助于促进心智哲学领域的发展，因为自我问题本身是心智哲学领域的核心问题，它与该领域的其他重要问题如意识问题、心脑关系问题、他心问题等密切相关。另外，就像上文提到的，对自我问题的新解答会带来对知识与道德的新理解，因此它也有助于促进认识论与道德哲学领域的变革。根据自我关系实在论，知识与道德不再是自我与环境区分基础上的二阶建构，而是从前认知关系到认知关系的演化。因而，本书的研究具有一定的理论价值。

与此同时，本书的研究也具有一定的实际应用价值。一方面，它可能指引自我实证研究的方法论创新——从极力控制环境变量以单独观察和研究自我的传统路径，向关注不同水平的自我—环境关系以及关系间的联系的新方法转变。另一方面，它可能启发与自我相关的实践领域的进路调整，如有自我意识的人工智能开发、涉及异常自我经验的精神疾病治疗、引导玩家持续生成游戏自我的游戏设计等。

导论的最后简单介绍一下本书的主要内容。全书包括导论与结语共有七个部分。在导论部分，首先指明了本书是围绕自我的本体论问题展开的，分析了学者们关注该问题的理论动机（第一节与第二节）。然后，概述了对自我问题的三种回答即三类传统自我观——实体观、最小自我观与无我观，以及它们之间发生的两场自我实在论与反实在论争论（第三节）。最重要的是，初步指出争论双方共享着一种独立自我预设——如果自我是实在的，那么它必定从基础上区分于他人和环境，优先于关系——及更深层的实体实在论思路（第四节）。接着，论述了独立自我预设的文化局限性，再有针对地提出了一种突破现有格局的可能思路——自我是实在的但不是独立的实体或属性而是特定关系（第五节）。

第一章是本书的综述部分，主要是对前人的理论进行回顾和讨论。首先，将以两场自我实在论与反实在论争论为线索，考察各类自我观的核心观点与论证，分析它们的缺陷，并揭示独立自我预设始终在西方自我研究史中占据主流（第一节至第三节）。概括性地指出独立自我预设即便缺乏辩护和经验适当性，会使自我—他人/环境关系成为难题并导致理论内部矛盾，仍被大多数西方自我理论坚持并视为判断自我实在的标准，这很可能是导致西方传统自我观存在种种问题的根源（第四节）。最后介绍西方学界中一些突破独立自我预设的、主张关系自我优先于个体自我存在的自我观，以及中国儒道思想中强调自我始终作为社会关系与自然世界中的一部分存在的关系自我观，为后续章节构建和论证自我关系实在论提供启示（第五节）。

第二章与第三章是本书最重要的立论部分。第二章旨在构建关系自我论证与双层关系自我模型，以取代传统的独立自我模型。先列举经验科学中有关自我的最新发现，以揭示自我与环境的区分不是清晰固定的而是动态变化的，以及经验自我的不同方面均以前认知的大脑—环境关系为基础，当该关系出现异常或中断时，经验自我也会出现异常，从而表明西方传统独立自我模型不具经验适当性，即使通过强调自我在认知中可塑和可延展来修正，它仍难以与部分异常经验自我相兼容（第一节）。再主要依据诺瑟夫的意识时空理论，并结合许多其他实证研究发现，论证作为各种自我相关现象之共同基础的自我是一种前认知的、时空的大脑—环境关系——大脑的自发活动不断地将其时空结构对准于身体和环境的时空结构，这可以被刻画为一个关乎大脑—环境对准程度的连续统（第二节）。然后，将各种经验自我变体统一定位于底层关系自我即底层大脑—环境对准连续统上，构建一个双层关系自我模型；再基于双层关系自我模型对具身自我及其动态变化进行解释，对自我文化变体与底层关系自我（大脑—环境对准程度的文化差异）的关系进行预测，对不同学科提出的自我概念、自我边界如何从底层关系自我发展而来进行阐述（第三节）。最后做小结，对核心论证思路和双层关系自我模型的要点做重新概述（第四节）。

第三章尝试进一步论证自我关系实在论，即自我作为关系实在：介绍在科学实在论与反实在论争论中、在当代物理学的启发下兴起的各种结构实在论和关系实在论进路，指出关系和结构而非实体（对象、个体）才是认识论甚至本体论上实在的，基于结构/关系实在论将第二章构建的双层关系自我模型发展为自我关系实在论（第一节）。概述和分析由当代哲学家贝尼提出的自我信息结构实在论及其存在的问题——该理论以非消去的结构实在论为理论依据论证自我作为信息结构实在，在这一点上它突破了传统，但它对自我基础信息结构及其延展的论述表明它仍在一定程度上坚持了独立自我预设（第二节）。分析自我关系实在论与贝尼的信息结构实在论的异同，突出说明自我关系实在论只是在贝尼信息结构实在论基础上迈出很小的一步——指出贝尼的自我基础信息结构正是大脑与环境的前认知动态关系的产物，不能脱离于底层关系来单独理解它——但这一步是关键且有意义的，再分析自我关系实在论与其他自我理论相比的优势（第三节）。

第四章、第五章为应用。第四章是基于双层关系自我模型与自我实在论提出相应的自我实证研究进路，并从该进路入手研究自我的文化差异，检验自我模型两个层级之间的联系，显露新模型在指导实证研究上的价值：探讨双层关系自我模型与自我关系实在论对自我实证研究的启示，提出从自我—环境关系（尤其是底层关系自我即前认知大脑—环境对准）而非个体自我入手研究自我，比如调查受试者间在大脑自发活动时间特征上的一致性（第一节）。基于过去通过个体自我研究进路发现的自我文化差异（西方的独立自我构念与东方的互依自我构念）提出实验假设——东方受试者之间比西方受试者之间在心理学和神经元水平上具有更高的一致程度，再阐明研究手段——借助一系列新方法（受试者间相关性、受试者间距离、变异系数）测量来自不同文化的受试者样本在静息状态脑电的时间动力学特征和人格特征上的受试者间一致性或变异性差异；报告实验结果——在静息状态脑电的时间动力学特征和人格特征上，中国受试者之间都比西方受试者之间更相一致（第二节）。讨论实验结果的哲学意蕴以及对未来自我实证研究的启发——实验结果初步表明个体自我的文化差异可能与大脑—社会环境对准（脑—脑对准）的文化差异相关，正如双层关系自我模型所刻画的那样（第三节）。

第五章是在理论上检验自我关系实在论（双层关系自我模型）是否好的自我替代理论：首先，基于自我关系实在论解释自我同一性/连续性和基础自我之间的区分，以回应可能面临的自我同一性诘难（第一节）；其次，基于自我关系实在论对表征（以科学表征为例）进行重新诠释，将表征理解为一种以前认知的大脑—环境关系（关系自我）为基础的自我—环境动态信息交互，指出亚人水平上持续不断的自我—环境信息交互而非个人水平上明确的意图为表征提供了基础的相关性与指向性（第二节）；最后，传统上，道德责任应归属于做出了导致行动或事件发生的决策的特定具身自我（在世界中行动的特定具身主体），如果具身自我在基础上是关系存在，那么事件的道德责任也可以根据决策活动的控制中心之所在合理地归属于其他一些依赖信息技术搭建起来的、具有决策机制的庞大网络（关系）、子网络或由网络规定的节点（第三节）。

最后为结语与展望，其内容包括：对本研究已取得的理论成果进行总结；分析本研究在理论和经验论证上的不足；指明本研究的成果可以给自我研究、人工智能开发等带来怎样的启示；以及展望未来相关理论研究、经验研究及实践研究可能发展的方向。

第 一 章

自我实在论与反实在论之争

"自我是否实在"（简称"实在问题"）是解答自我问题的一个前置问题。通常，学者在表明自己对实在问题的看法并为之提供辩护后，他/她对自我问题的回答便已大体成型。根据回答的不同，自我观又可划分为两大类：自我实在论与反实在论。长期以来，自我实在论与反实在论一直处于博弈状态，而这种博弈状态推动着自我观的发展。

近代在哲学领域、现当代在多学科领域分别发生了一场自我实在论与反实在论争论。近代的争论主要发生在传统实体观与反实体观（虚构观）之间，其中传统实体观的萌芽和诞生最早可追溯到西方古代哲学。

第一节　自我研究与传统实体观：从萌芽到诞生

一　实体观的萌芽：古希腊灵魂论

古希腊哲学家苏格拉底非常看重德尔菲神庙中的一句神谕——"认识你自己"。这是古希腊哲学家把研究目光从世界本原转移到人自身之上的重要标志，人类灵魂等开始成为哲学家研究的焦点。

柏拉图曾在《斐多篇》中对灵肉二分、灵魂不朽做出多个论证。例如，他指出：（1）人通过肉体的感觉无法触及事物的本质，如绝对的美和善，只有通过灵魂的理智才可以；（2）当人遇到美或善的事物时会将它们与美或善的概念联系起来，感觉到它们接近但又不是绝对的美或善；（3）由此证明，这些概念在感觉出现前甚至出生前已经存在；（4）因而，能触及它们的灵魂在出生前也已经存在。① 又如，他通过类比推理论证了灵魂的不死不灭：（1）数字3是单数因此与双数不相容；（2）火是热的因此与冷不相容；（3）灵魂是赋予肉体生命的；由（1）—（3）可得，（4）灵魂与死不相容，灵魂是不死的而且不能被死亡消灭。② 对柏拉图来说，事物的本质是持续不变、不死不灭、不可感的，灵魂符合这些条件而肉体不符合，因此灵魂是人的本质。柏拉图认为，事物的本质即事物的理念（idea）或形式（form）外在且独立于可感事物真实存在，由理念共同构成的世界才是实在的世界；可感事物只能通过摹仿和分有理念而存在，因而由可感事物构成的世界不过是实在世界的影子。柏拉图所说的灵魂正是外在于人、独立且真实存在的理念（形式）。

亚里士多德在《灵魂论》中表达了不同的灵肉观。他主张每个有生命的自然体都是由灵魂和肉体共同构成的复合实体，灵魂是其形式，肉体是其材料（质料），作为形式的灵魂不能独立于肉体存在，而作为质料的肉体只是潜能，需要以灵魂的形式组织才能变为现实。③ 在他的理论里，灵魂依然是人最为本质的部分，只不过灵魂不是独立实体而是实体的形式。亚里士多德的灵魂作为形式内在于具体的人而存在。

在古希腊语境下，"认识你自己"泛指认识人。当时，哲学家

---

① 参见［古希腊］柏拉图《斐多》，杨绛译，辽宁人民出版社2000年版，第15—16、33、36页。

② 参见［古希腊］柏拉图《斐多》，杨绛译，第81—83页。

③ 参见［古希腊］亚里士多德《灵魂论及其他》，吴寿彭译，商务印书馆1999年版，第83—86页。

只是从第三人称视角认识自己,站在人之外探索人的本质,就像思考其他事物的本质一样。换言之,在古希腊时期,自我还没真正受到关注。但古希腊关于灵魂的讨论与后来有关自我的研究是一脉相承的,这些灵魂论在自我研究中经常被诠释为最早的自我实体观。从这个意义上说,古希腊是自我研究与自我实体观的萌芽时期。

二 实体观的诞生:自我存在论证与漂浮者实验

直到人们的反思能力发展到一定水平,能够注意到第一人称视角并试图把握第一人称视角现象背后的存在时,人们才真正发现了自我并形成了自我概念,继而开始关心自我本质上是什么。早在古罗马时期,哲学家奥古斯丁已将自我问题作为难题提出。在《忏悔录》中,奥古斯丁指出,"'我是人'。我在自身之中看到肉体和灵魂,一个在外,一个在内……在内的地位更高"[1]。他对自我的看法与古希腊哲学家对人的看法相似,但他不满足于此。他继续反思道:"我究竟是什么?我的本性究竟是怎样的?"[2] 他渴望获得更多关于自我本性的知识,但他认为关于自我的真知需要通过宗教的超越路径获得,对此本书不作讨论。

在奥古斯丁的相关讨论中,更值得关注的是他的自我存在论证。古希腊晚期,皮浪等哲学家对认识尤其是基于感觉经验的认识产生了怀疑——我们没有理由相信通过感觉经验能认识到对象本来的面貌;我们甚至没有理由相信在感觉经验之外存在着刺激它们产生的事物,我们能直接把握的始终是感觉而非事物本身。因此,他们主张客观知识是不可能的。在怀疑论盛行的环境下,奥古斯丁注意到认识自我与认识其他事物的突出差别——"我们不像认识外部对象

---

[1] Saint Augustine, *Confessions*, trans. Henry Chadwick, New York: Oxford University Press, 1991, p. 184.

[2] [古罗马]奥古斯丁:《忏悔录》,周士良译,第201页。

那样通过我们的身体感官认识内在事实"①，我们是通过内省直接把握内在事实本身、确定自我存在的。他发现自我知识免疫于怀疑，从而主张客观的自我知识是可能的。反过来看，他在本体论上作出内在自我（灵魂）与外在自我（肉体）、内在自我与外部事物之分，很可能就是依据它们在认识方式和认识确定性上的差别。

奥古斯丁认为我们一旦进行内省就能确定自我存在，但由于知识标准被怀疑论提高了，所以他为他的观点"我存在且我知道我存在"提供了如下辩护："'万一你错了呢？'——很好，如果我错了，那么我存在。因为如果一个人不存在，那么他不可能出错……如果我可能出错，那么我必须是那个出错者，因此我肯定没有在知道我存在上出错。同时，我也没有在知道我知道上出错。"② 他的思路是，一旦有人怀疑我们搞错了自身的存在，就会陷入自相矛盾的境地：假设我在知道我存在上出错，也就是说，我不存在；但出错本身必须在出错者存在的条件下才能成立，我出错，那么出错的我必定存在；我既存在又不存在，这是荒谬的；因此，我不可能在知道自身存在上出错。换言之，我存在且我知道我存在是确切无疑的。该思路可以用谓词逻辑的形式表述如下（i 代表"我"，M 代表"在知道……上出错"，K 代表"知道"，E 代表"存在"）：

（1）($\forall x, y, F$) $M(x, Fy) \rightarrow \neg Fy$　前提

　　（对于任意 x、y、F，如果 x 在知道 y 具有性质 F 上出错，那么 y 不具有性质 F。）

（2）($\forall x, y, F$) $\neg M(x, Fy) \rightarrow Fy \wedge K(x, Fy)$　前提

　　（对于任意 x、y、F，如果 x 没有在知道 y 具有 F 上出错，那么 y 具有 F 且 x 知道 y 具有 F。）

（3）($\forall x, y, F$) $M(x, Fy) \rightarrow Ex$　前提

---

① Saint Augustine, *The City of God*, Books VIII-XVI, trans. Gerald Walsh and Grace Monahan, Washington, DC: Catholic University of America Press, 1952, p. 228.

② Saint Augustine, *The City of God*, Books VIII-XVI, trans. Gerald Walsh and Grace Monahan, pp. 228-229.

（对于任意 x、y、F，如果 x 在知道 y 具有 F 上出错，那么 x 存在。）

将我（i）代入 x 和 y，将存在（E）作为性质代入 F，即：

(4) $M(i, Ei) \rightarrow \neg Ei$ (1)，∀ -
(5) $\neg M(i, Ei) \rightarrow Ei \land K(i, Ei)$ (2)，∀ -
(6) $M(i, Ei) \rightarrow Ei$ (3)，∀ -
(7) $M(i, Ei)$ 假设（怀疑论）
(8) $\neg Ei$ (4)，(7)，MP
(9) Ei (6)，(7)，MP
(10) $Ei \land \neg Ei$ (8)，(9)，∧ +
(11) $\neg M(i, Ei)$ (7) — (10)，间接证明
(12) $Ei \land K(i, Ei)$ (5)，(11)，MP

上述论证是形式有效的，但它的前提（3）并不成立。奥古斯丁的作为性质的"存在"无疑指真实存在，他的论证目的是为自我的实在性辩护。所以，他的意思是，x 出错蕴含 x 实在，否则 x 出错是不可能的。然而，这是错的。在电影《楚门的世界》中，男主角楚门一直以为自己在海岛上过着美好的生活；但实际上，他从出生开始就被安排到一个巨大的摄影棚里，他周围的环境全是布景，他身边的人全是演员，他的人生经历都是按剧本发生的，三十年来他的生活一直被监控和直播。楚门搞错了许多事情，如他所知道的父母不是他的父母，他所以为的意外并非意外。按奥古斯丁的逻辑，出错的楚门必定真实存在，这个结论是荒谬的。楚门仅是虚构角色，他在现实中不存在。可见，出错者既可以由真实存在的个体或群体担当，也可以由虚构角色担当，x 出错不蕴含 x 实在。因此，从"我出错"不能推出"我真实存在"。奥古斯丁的论证不能排除自我作为虚构角色存在的可能。按谓词逻辑来看，"x 出错（Mx）"不涉及任何超越它本身的形而上学假设，不涉及 x 是实体还是虚构的断定，x 只是空洞的逻辑占位符，而"我出错"仅意味着"我（i）"能被填入 x 所占的空位中（Mi）。从"对于任意 x，x 出错"最多只能推

出"存在 x，x 出错"（（∀x）Mx→（∃x）Mx），但这是无意义的重言式，此处的"存在"是特称量词，将"我（i）"代入即"Mi→Mi"（如果我出错，那么我出错），它不能服务于奥古斯丁的论证目的。总而言之，奥古斯丁的论证是无效的。

不过，奥古斯丁是自我研究的先驱，他的自我观与自我存在论证标志着自我研究和传统实体观的诞生，同时也标志着将自我分离于外部事物甚至身体的思维模式即独立自我模型的初步形成。

随后漫长的中世纪时期，自我及自我问题极少受到关注。不过，仍有个别哲学家对之作了不容忽视的贡献，如深受古希腊哲学影响的阿拉伯哲学家伊本·西拿（Ibn-Sīnā）。他曾通过构造思想实验来论证自我及自我认识的特性。由于他在实验中构想了一个漂浮于空中的人，因此该实验被称为"漂浮者"（floating man）或"飞人"（flying man）实验（下文统称为漂浮者实验，因为更符合实验设定）。伊本·西拿曾多次讨论漂浮者实验，其中最为详细的论述如下：

> 我们之中必须有人将他自己想象成他是瞬间且完美地被创造的，但他的视线已被遮盖因而无法观察外部事物，他被创造成落于半空或虚空中，此时他感觉不到空气阻力，而且他的肢体被分开所以它们不会相互触碰。然后，他必须反思他是否肯定他的自我存在。
>
> 他不会怀疑他对他的自我存在的肯定，即便如此，他也无法肯定他器官中的任何肢体、内在器官，无论是心脏还是大脑，以及外部事物［的存在］。他肯定他的自我但没有肯定它的长度、宽度和厚度。①

---

① Michael Marmura, "Avicenna's 'Flying Man' in context", *The Monist*, Vol. 69, No. 3, 1986, p. 387. 在该论文中，马穆拉（Michael Marmura）引用并分析了出自伊本·西拿著作的三个有关漂浮者实验的文段。文段一二出自《论灵魂》（*al-Nafs*），而文段三出自《指要与诠明之书》（*al-Ishārāt wa al-Tanbīhāt*）。此处引用并翻译的是文段一。

伊本·西拿试图引导读者将自身想象成漂浮者，让读者直觉地产生与他一致的判断——即使剥离我们所有感觉经验、记忆和经验知识，我们仍能在反思中肯定自我存在，但无法肯定自我是否拥有身体或占据广延，也无法肯定外部事物是否存在。

基于该直觉，伊本·西拿论证道："你知道被肯定的东西不同于未被肯定的东西，被承认的东西不同于未被承认的东西。因此，已被［漂浮者］肯定的自我的存在……不同于还未得到肯定的他的身体及器官。"① 这段论证可以用谓词逻辑的形式重新整理如下（s 代表"自我的存在"，b 代表"身体及器官的存在"，A 代表"被肯定"）：

(1) $(\forall x, y) \ A(x) \land \neg A(y) \rightarrow \neg (x = y)$ 前提
　　（对于任意 x、y，如果 x 已被肯定且 y 未被肯定，那么 x 不同于 y。）

(2) $A(s) \land \neg A(b)$　前提

(3) $\neg (s = b)$　　　　(1), (2) MP

根据这一论证，自我是不同于身体的存在。同理，自我也是不同于其他占据广延的东西（物体）乃至一切外部事物的存在。总的来说，自我区分于身体和环境。伊本·西拿通过构造极端的认识情境来突显自我与其他事物的区别，他比奥古斯丁更明确地运用了认识确定性差异来论证本体论区分。伊本·西拿强调自我与身体及其他物体的本体论区分的目的在于暗示自我不是物质实体，而是一种精神实体（灵魂）。然而，他的实验构思与论证存在以下种种问题。

首先，前提（1）"被肯定的东西不同于未被肯定的东西"不成立。假设一位古人曾听说日出前后东边天空时常会出现一颗亮星，名为"启明星"，他多次天亮前出门都看到这颗星，所以他肯定启明星存在。但他从未听说过黄昏西边天空也时常会出现一颗亮星（长

---

① Michael Marmura, "Avicenna's 'Flying Man' in context", p. 387, 此处引用并翻译的是文段一。

庚星），而且他从未于黄昏出门，所以他无法肯定长庚星的存在。对这位古人来说，启明星已被肯定而长庚星未被肯定。结合伊本·西拿的前提可得，启明星不同于长庚星。然而，启明星和长庚星都是金星，它们在本体论上是相同的。反例可证，伊本·西拿的前提并非真理。按分析哲学家弗雷格的说法，"启明星"和"长庚星"是指称金星的不同"呈现模式"（mode of presentation）①。类比可得，"自我"和"身体"可能也是指称同一对象的不同呈现模式。因此，伊本·西拿在本体论上的辩护是失败的，我们没有理由相信灵肉二分。这个反驳对奥古斯丁同样有效，通过不同方式认识同一对象的不同方面是可能的。同理，自我与外部事物在本体论上的二分也得不到辩护。

其次，前提（2）"自我的存在已被肯定"也不成立。伊本·西拿和奥古斯丁都直觉地认为任何人一旦反思就会肯定自我存在。实际上，我们最多只能直接把握到自我意识，从肯定自我意识到肯定自我存在之间还有难以逾越的鸿沟。除了将自我意识理解为自我实体的属性，自我意识还有其他可能解释。考虑到其他可能解释的学者就会怀疑甚至否定自我的存在。一旦自我存在的确定性被推翻，伊本·西拿的所有论证及结论都是无效的。

最后，在漂浮者实验描述的极端情况下，人是否还有自我意识？对此，伊本·西拿给出肯定回答，但这是一种未加辩护的直觉判断。在另一文本中，他曾对与漂浮者相似的日常情况作出相同的判断："睡眠者处于睡眠状态中和醉酒者处于醉酒状态时，尽管他的自我对自身的呈现没有留在他的记忆里，但他不会丧失对自我的认识。"②然而，在睡眠或醉酒状态中，我们有自我意识而缺乏记忆，还是丧失自我意识或自我意识水平下降，这是难以判断的。同样地，漂浮

---

① Gottlob Frege, "Sense and reference", *The Philosophical Review*, Vol. 57, No. 3, 1948, p. 210.

② Michael Marmura, "Avicenna's 'Flying Man' in context", p. 391, 此处引用并翻译的是文段三。

者是否拥有正常水平的自我意识更是难以断定的。当我们把自身想象成漂浮者时，我们也可能直觉地认为自己还拥有自我意识，这是因为事实上我们没有且不可能彻底中断与身体和环境的感觉联系，我们无法真正想象这种极端情况。近年有研究指出，在感觉剥离、冥想、无梦睡眠等情形中，我们至少是部分丧失自我意识的。[①] 实际上，自我意识并不独立于对身体和环境的感觉。这足以对漂浮者实验造成极大威胁。

虽然漂浮者实验及相关论证存在种种问题，但对它的分析是探讨西方传统自我研究的共性及不足的良好切入点。漂浮者实验极致地展现了西方哲学传统中的独立自我预设和自我研究进路——学者们将自我预设为单一、持续、不变且独立于身体和环境的实体；再竭力将自我从与身体和环境的联系中分离出来进行考察，以求更好地把握自我的本性。正因为伊本·西拿潜在地预设了自我持续且独立存在，才会作出在剥除对身体和环境的所有感觉后自我意识仍然持续的直觉判断，如果反过来又以此论证自我持续且独立存在，就属于循环论证。当我们不再坚持独立自我预设时，就会考虑到自我或自我意识依赖身体和环境而存在的可能情况，在这些可能情况中，剥离对身体和环境的一切感觉（中断与身体和环境的感觉联系）很可能导致自我或自我意识的彻底丧失。

第二节 近代自我实在论与反实在论争论

一 实体观的成熟与它的缺点

传统实体观诞生于西方古代哲学，但成熟于近代哲学。古希腊晚期怀疑主义的影响一直延续到近代，为了找到确切无疑的知识作

---

① 参见 Raphaël Millière, "The varieties of selflessness", *Philosophy and the Mind Sciences*, Vol.1, No. I, 2020, 8。

为根基以重建知识大厦,近代哲学家笛卡尔把普遍怀疑当成工具,从第一人称视角出发重新审视了他自身原本接受的所有信念。他在《谈谈方法》(《方法》)与《第一哲学沉思集》(《沉思》)中分别进行了一次普遍怀疑。在《方法》中,笛卡尔指出通过感官和推理获得的信念乃至心中一切想法都是可疑的。在《沉思》中,他进一步通过构造多个思想实验论证了这一点:首先,他通过想象在清醒时和睡梦中拥有完全相同的感觉经验,论证了感官经验及经验知识的不可靠;其次,他通过设想上帝让我们在进行计算和做判断时总是出错,论证了数学和推理知识的不可靠;最后,他通过幻想有一个恶魔总是把错误观念放到我们心中,论证了我们心中所有观念都可能是错的。在两次普遍怀疑中,他都发现至少"我"(在思考的他自身)的存在是无可置疑的。他再以"我"存在为基础重新为其他知识作辩护,如关于上帝、身体和其他物体存在的知识。

在《方法》中,笛卡尔坚信"必须是,才能想"①,只有我存在,我思考(怀疑)才是可能的。因此,他主张"我想,所以我是"(Ego cogito, ergo sum),我在思考,在思考的我必然存在,而且他强调"在想的我就必然应当是个东西"。② 对他而言,这是"怀疑派的任何一条最狂妄的假定都不能使它发生动摇"③ 的真理。然而,这个"真理"并非真的无可动摇,它的无可动摇与笛卡尔没有将普遍怀疑进行到底有关,与他将理性直觉视为知识的可靠来源(他认为"凡是我十分清楚、极为分明地理解的,都是真的"④)有关,与他的实体实在论倾向有关。实际上,对"我是"产生怀疑是可能的:世界上可能只有现象层面的、统一的"我想"(包括"我怀疑我不存在"),而没有超越现象的"我是"(这是最小自我观的

---

① [法]笛卡尔:《谈谈方法》,王太庆译,商务印书馆2000年版,第28页。"是"同存在。
② [法]笛卡尔:《谈谈方法》,王太庆译,第27页。
③ [法]笛卡尔:《谈谈方法》,王太庆译,第27页。
④ [法]笛卡尔:《谈谈方法》,王太庆译,第28页。

主张）；甚至没有统一的"我想"，只有离散的"我想""我感觉"（这是虚构观的主张）。笛卡尔从"我想"直接断定"我是"是一种形而上学独断论，他忽略了对"我想"的其他可能解释，只将符合自身直觉的解释当作真理。结合伊本·西拿的理论来看，超越"我想"断定"我是"，把实体自我看作意识现象的终极解释项，是传统实体观的通病。回过头分析，自我与其他事物在认识确定性上并没有明显差别，因为只有"我想"而非"我是"是直接呈现的。

在《沉思》中，笛卡尔构造了经典的恶魔实验，其中隐含着如下论证：（1）恶魔无法欺骗我的东西就是不可怀疑的；（2）只有我存在，恶魔才能欺骗我；（3）因此，我存在是连恶魔都无法欺骗我的，亦即，我存在是不可怀疑的。笛卡尔指出"如果他骗我，那么毫无疑问我是存在的"①。这与奥古斯丁的论证"如果我出错，那么我存在"非常相似，因而存在的问题也是类似的。设想有一种能篡改电脑文档内容的蠕虫病毒，并将它命名为"恶魔"。再设想"我"是一个电脑文档，里面存放着一部以第一人称撰写的长篇小说。由于"我"中了"恶魔"病毒，"我"之中的所有内容都被篡改了，并被多次植入"我真实存在"这句话。在所设想的情形中，"恶魔"欺骗了"我"，还让"我"持有"我真实存在"的信念，但"我"与"恶魔"始终只是由同一个物理系统实现的功能。由此可见，"如果恶魔欺骗我，那么我存在"不成立。除非此处的"我存在"包含"我"作为非实体（如功能、虚构、语词）存在的意思或仅表示"存在 x，x 是我"的情况，但该论证会因此而失去意义。笛卡尔与奥古斯丁都旨在论证自我真实存在。笛卡尔与奥古斯丁论证的缺陷根源于他们对理性直觉的过度依赖，而他们的直觉又深受他们的理论和社会文化背景限制。

此外，笛卡尔借助恶魔实验正面论证了自我的本性：（1）我可

---

① ［法］笛卡尔：《第一哲学沉思集》，庞景仁译，商务印书馆1986年版，第23页。

以想象自己没有感官和身体，只是恶魔让我误以为自己有，暗示物质性不是自我的本性；（2）我可能无法感觉和行动，只是以为自己在感觉和行动，表明感觉和行动也不是自我的本性；（3）然而，我不能没有思维，因为如果我停止思考，就无法确定自身是否存在；（4）因此，思维是我唯一的本性。① 对笛卡尔而言，自我就是思维实体（或者说精神实体、灵魂）。只要我一直在思考，我就必然持续存在且能确定自身存在；哪怕我的感觉、行动、身体状态、所处环境以及与他人的关系都发生剧烈变化，甚至它们仅仅是我的幻觉，只要我的思维本性没有发生改变，我都始终同一。不过，如上文所分析，实际上，无论"我想"与否，都无法确定"我是/存在"。因此，笛卡尔对自我本性的论证不成立。

笛卡尔还曾论证自我与身体的二分："我只是一个在思维的东西而没有广延……[肉体]只是一个有广延的东西而不能思维。"② 他认为自我与身体是不同的实体，理由是"只要我能清楚、分明地领会一个东西而不牵涉到别的东西，就足以确定这一个东西是跟那一个东西有分别或不同的"③。他十分确定自我作为在思维的东西（精神实体）存在，这种确定与自我是否拥有身体、是否占据广延无关，所以他主张自我不同于身体。可见，笛卡尔同样基于认识方式和认识确定性差异来论证自我与身体及其他物体的本体论区分，而上一小节已指出这是不成立的。

笛卡尔将自我彻底分离于身体及整个物质世界，使之成为孤独的灵魂，但他注意到对"我"而言"我"的身体不同于其他物体，注意到"我"与身体的协调统一。所以，他在坚持二元论的同时致力于阐明自我与身体的联系。在《论灵魂的激情》中，笛卡尔提出，脑中央的小腺体是灵魂的主要所在之处，在该腺体中灵魂与身体可

---

① 参见［法］笛卡尔《第一哲学沉思集》，庞景仁译，第25—26页。
② ［法］笛卡尔：《第一哲学沉思集》，庞景仁译，第82页。
③ ［法］笛卡尔：《第一哲学沉思集》，庞景仁译，第82页。

以相互作用：（1）可感事物刺激感官引发相连神经纤维的活动，从而打开大脑中的特定孔洞让脑腔里的动物精气①经由神经涌向特定肌肉，实现身体对该事物的自动反应，同时脑腔中动物精气的运动触动灵魂所在的小腺体，在灵魂中产生印象；（2）灵魂也能直接作用于小腺体，借助它的运动打开大脑孔洞，使动物精气冲向特定肌肉，以实现身体控制。② 他认为该小腺体是灵肉交互之处，理由是我们许多感官是双数的，但我们在特定时刻拥有关于特定对象的印象总是单一的，这表明来自一对感官的两个印象在传给灵魂前合二为一了，而大脑中只有该小腺体不是双数结构，由此推断，印象合一发生在此处。③ 基于以上身心交互理论，原本孤独的自我成了能与身体和世界相联系的自我。在笛卡尔的框架里，自我与身体、环境的区分对自我来说是本质的，而它们之间的联系是构成的。

然而，笛卡尔的身心交互理论无力应对其他学者的反驳。如皮埃尔·伽森狄（Pierre Gassendi）指出即使灵魂只与大脑中一个物理点相连，它也必须是有广延的才能与物理点连接和交互；如果灵魂位于大脑中一个数学点，有广延的神经就无法与之相连，况且事实上神经没有汇于一点，反过来无广延的数学点也无法作用于有广延的神经。④ 因此，无论小腺体是否占据广延，都无助于消除或解决身心交互问题，除非小腺体既占据广延又能思维，既能与其他身体部位相连又能与灵魂相接，即存在第三种实体。然而，如果存在既占据广延又能思维的实体，为何还要将自我分离于身体而不把它们看作同一实体的两种属性？为了维护二元论，笛卡尔不会接受这种实

---

① "动物精气"是当时被普遍认为存在且与灵魂密切相关的物质，这种观点可追溯到公元2世纪古罗马医学家克劳狄乌斯·盖伦的学说。动物精气被认为是"血液里最活跃和精细的部分"。（René Descartes, *The Passions of the Soul*, trans. Stephen Voss, Indianapolis: Hackett Publishing Company, 1989, p.23）

② 参见 René Descartes, *The Passions of the Soul*, pp.36–38。

③ 参见 René Descartes, *The Passions of the Soul*, pp.36–37。

④ 参见［法］笛卡尔《第一哲学沉思集》，庞景仁译，第343—344页。

体。笛卡尔曾回应，不应以理解物体间结合的方式来理解灵肉结合，也不应假定不同性质的实体无法相互作用。① 但他始终没能阐明精神实体与物质实体相互作用的方式。

另外，笛卡尔的理论与经验相悖。首先，笛卡尔所说的位于大脑中央的小腺体很可能指松果腺，但松果腺只是分泌褪黑素等激素的腺体，它并不是身体的控制中心。其次，近年，借助解剖和 fMRI 技术，科学家发现大脑的解剖网络与功能网络都属于小世界网络（small-world network）。② 小世界网络是一种复杂系统模型，它的随机性介于节点完全随机相连的随机网络和相邻节点间有规则相连的规则网络之间，在它之中大多数节点只与相邻节点有规则连接，因而它拥有规则网络的高聚类性，同时个别节点与远端节点随机连接，从而大幅缩短了节点间的平均最小路径（任何节点通过个别节点搭建的长路径都能以较短距离与远端节点相连）。③ 大脑网络凭借其小世界性能以较低成本、较高效率实现专门化和集成的信息进程，从而维持高度的动态复杂性。④ 科学家还发现大脑功能网络可能是小世界网络与无标尺网络（scale-free network，指节点连边数呈幂律分布，即少数节点的连边数极多、多数节点的连边数极少的网络）的结合："大多数体素（voxels）与邻近体素连接形成聚集的子网络，这些子网络被少量连接度高的中心体素连接起来，以确保总体高水平的连通性。"⑤ 上述发现共同表明，大脑中没有任何节点与其他所

---

① 参见［法］笛卡尔《第一哲学沉思集》，庞景仁译，第 386、396 页。

② 参见 Danielle Smith Bassett and Ed Bullmore, "Small-world brain networks", *The Neuroscientist*, Vol. 12, No. 6, 2006, pp. 512–523。

③ 参见 Duncan J. Watts and Steven H. Strogatz, "Collective dynamics of 'small-world' networks", *Nature*, Vol. 393, No. 6684, 1998, pp. 440–442。

④ 参见 Danielle Smith Bassett and Ed Bullmore, "Small-world brain networks", p. 512。

⑤ M. P. van den Heuvel, C. J. Stam, M. Boersma and H. E. Hulshoff Pol, "Small-world and scale-free organization of voxel-based resting-state functional connectivity in the human brain", *NeuroImage*, Vol. 43, No. 3, 2008, pp. 528–539. "体素"是三维空间的最小单位，就像二维的像素一样，这里指 fMRI 的成像单位。

有节点相连，没有笛卡尔设想的全身的控制中心、印象的整合中心，只有多个子网络及它们之间的连接。另外，有研究显示，自我相关进程（如自我脸部识别、自传式记忆）广泛分布于全脑而非单一脑区，说明大脑中并无专属于自我的位置。① 笛卡尔所描述的身心交互既缺乏理论合理性，又缺乏实证支持，因此只是一种特殊的、神秘的设定，它有损理论内部的融贯性。

总的来看，在对自我的看法和研究上，笛卡尔与前人有许多相似之处。不过，笛卡尔对自我实体观有所发展：他正面论证了自我的本性是思维，阐述了身心交互的机制，并在自我存在的基础上为其他知识的可靠性进行了辩护。可以说，笛卡尔构建了成熟且系统化的自我实体观。但笛卡尔依然没有为自我的存在及其本性、二元论以及身心交互理论提供充分的辩护，原因是他十分相信自己凭理性直觉把握到了真理。然而，理性直觉的可靠性和规范性并没有得到普遍认可。例如，当代哲学学者莎拉·麦格拉斯（Sarah McGrath）通过构造思想实验——"想象一个心理奇怪的人，每当他进行思考，他都会认为'我们在道德上被要求偶尔随机杀人'这个命题是显而易见［为真］的，就像我们否定这一命题那样显而易见"② ——来证明一个人理智看来为真的命题不代表真的为真，理性直觉不足以为知识辩护。有人可能会反驳说，这种心理奇怪的人是罕见的，他的理性是不完备的，但大部分人的理性直觉是可靠的，或者至少具有较高理性水平的人（如公认的哲学家）的理性直觉是可靠的。然而，近年一系列实验哲学研究结果表明，在对哲学命题进行判断时，哲学家的专家直觉与大众直觉一样不稳定，而且哲学家受专业知识

---

① 参见 Seth J. Gillihan and Martha J. Farah, "Is self special? A critical review of evidence from experimental psychology and cognitive neuroscience", *Psychological Bulletin*, Vol. 131, No. 1, 2005, pp. 76-97。

② Sarah McGrath, *Moral Knowledge*, New York: Oxford University Press, 2019, p. 142.

影响更容易形成思维定式，忽视其他的可能性。① 笛卡尔正是忽略了其他可能性，导致他的自我理论和以该理论为基础的知识体系是独断的、不可靠的。

即便我们认同人凭理性直觉能清晰把握的就是真理，笛卡尔的自我理论仍存在内部矛盾。最初笛卡尔为知识设立了极高的标准——不可怀疑，最终他却落脚于可疑的身心交互理论，放弃了高标准，这是因为身心二分与身心统一从根本上不可调和。为了挽救二元论框架，他不得不接受二元论在松果腺失效的特殊设定。抛弃二元论、寻求其他可能性显然是更合理的选择。

同时期的一些哲学家就试图用一元论取代二元论，以解释自我意识和身心统一等现象。例如，伽森狄认为，"我"与"我"的身体都是物体，只不过"我"是一种不同于身体的、精细且具有主动性的物体（即精气）。② 如此一来，身心交互不再成为难题。但伽森狄没有为物质灵魂提供充分的辩护，他唯一的理由是"只有物体才能触动和被触动"③。另一位哲学家霍布斯也认为在思维的"我"是物质的。④ 但对霍布斯来说，"我"就是身体而不是其他物体，思维由身体的内在运动产生。在《利维坦》中，霍布斯论述过，来自外部事物的压力作用于感官导致身体内发生物质运动而产生感觉；感觉在外部事物离开可感范围后仍会留下映象（逐渐减弱的运动），他称之为"想象"；而一系列想象构成思想。⑤ 另外，他主张自我觉知（self-awareness）是对过去思想的回忆。⑥ 换言之，自我觉知是对一

---

① 参见张学义、隋婷婷《专家直觉与大众直觉之辨——实验哲学的方法论基础新探》，《哲学动态》2018年第8期。

② 参见［法］笛卡尔《第一哲学沉思》，庞景仁译，第262—263、345页。

③ ［法］笛卡尔：《第一哲学沉思》，庞景仁译，第345页。

④ 参见［法］笛卡尔《第一哲学沉思》，庞景仁译，第174—175页。

⑤ 参见［英］霍布斯《利维坦》，黎思复、黎廷弼译，商务印书馆1985年版，第4—5、7—8、12页。

⑥ 参见 Samantha Frost, "Hobbes and the matter of self-consciousness", *Political Theory*, Vol. 33, No. 4, 2005, pp. 495–517。

系列想象（特定身体运动）的重现。在霍布斯的框架里，无论感觉、思想还是自我觉知都能还原为身体内的物质运动，这表明在思维的"我"本质上就是身体。霍布斯的自我理论更彻底地消除了身心二分，因而是传统实体观中本体论成本最低的，它没有承诺任何不可观察的实体存在；不过，它的解释成本很高，它需要阐明心理活动如何还原为身体活动。这正是当代认知哲学家大卫·查尔莫斯（David Chalmers）所说的意识"难问题"——"大脑物理过程如何产生主观体验"①。即使在脑科学快速发展的今天，哲学家与认知神经科学家仍无法为该问题提供普遍令人满意的回答。

相反，莱布尼茨、贝克莱等哲学家否定了物质实体的独立存在。在《新系统》中，莱布尼茨尝试为实在事物寻找基本单元，他排除了物理点和数学点，理由是物理点可分而数学点不实在；继而，他提出只有不可分且实在的东西——有生命、有知觉（能表征世界）而无广延的形而上学点，才可能是事物的基本单元。② 在《单子论》中，莱布尼茨将这种点称为"单子"（Monad）。单子是广义的灵魂，一切有知觉的单一实体都是单子，但不同单子的知觉能力有差别，知觉较清晰（有记忆、统觉和自我觉知）的单子就是传统意义上的灵魂。③ 根据莱布尼茨的单子论，物体也有精神性，只是没有被留意到，才被当成区别于灵魂的实体。莱布尼茨指出，一切复合事物都是单子的"累积或者组合"④。他的"组合"指复合表征，而不是物体间的结合。他认为每个单子都能表征全世界，但能清晰表征的只有与它相近的事物的部分。⑤ 因此，多个单子才能清晰表征一个事

---

① David J. Chalmers, "The puzzle of conscious experience", *Scientific American*, Vol. 273, No. 6, 1995, p. 81.

② 参见［德］莱布尼茨《新系统及其说明》，陈修斋译，商务印书馆1999年版，第7—8页。

③ 参见［德］莱布尼茨《单子论》，附于《神义论》，朱雁冰译，生活·读书·新知三联书店2007年版，第483—484页。

④ ［德］莱布尼茨：《单子论》，附于《神义论》，朱雁冰译，第481页。

⑤ 参见［德］莱布尼茨《单子论》，附于《神义论》，朱雁冰译，第493—494页。

物，在这个意义上，事物由单子组合而成。单子最清晰表征的是它们的身体，单子与被表征的身体共同构成生命体，而组成生命体的单子中总有一个占主导的单子，如人的灵魂。① 另外，莱布尼茨强调，单子只根据自身的内在原则发生变化。② 换言之，单子之间不能相互作用。然而，灵魂与其他身体单子看起来能相互作用、相互协调。莱布尼茨指出，这是因为所有单子都是由上帝（原初单子）创造的，它们之间的秩序是上帝预先设定的。③ 不难推断，对莱布尼茨来说，自我就是组成人的单子中知觉最清晰、起主导作用的灵魂单子。他在《人类理解新论》中对自我同一性的讨论印证了这一点，他的论证可以整理如下：（1）如果一个东西失去了部分，就不再是同一个东西；（2）有部分的东西总是在失去它的部分；（3）身体是有部分的；（4）所以，身体并非持续同一的；（5）然而，自我实体是持续同一的；（6）因此，自我不是身体，自我是无部分的东西。④ 复合事物都是有部分的，单子才是无部分的，所以自我是单子。莱布尼茨还明确指出"灵魂才造成""人们称为自我的东西"。⑤ 综上，莱布尼茨坚持了自我是单一精神实体的观点并为身心统一现象提供了替代解释。莱布尼茨的理论避免了笛卡尔式二元论的内部矛盾和霍布斯式机械论的解释难题，却引发了新的内部矛盾。《单子论》最初声明单子无法相互作用；在这个前提下，上帝作为单子，理论上也不能作用于其他单子；但《单子论》又提到上帝创造了单子并预先设定了单子间的秩序，这意味着上帝能够作用于其他单子；上帝既能又不能作用于其他单子，这是矛盾的。与笛卡尔相似，莱布尼

---

① 参见［德］莱布尼茨《单子论》，附于《神义论》，朱雁冰译，第494—495页。
② 参见［德］莱布尼茨《单子论》，附于《神义论》，朱雁冰译，第482页。
③ 参见［德］莱布尼茨《单子论》，附于《神义论》，朱雁冰译，第490—491、497页。
④ 参见［德］莱布尼茨《人类理智新论》上册，陈修斋译，商务印书馆1982年版，第244页。
⑤ ［德］莱布尼茨：《人类理智新论》上册，陈修斋译，第248页。

茨也需要通过增加特殊设定——上帝只在创造单子的瞬间发挥作用，单子一旦被创造就不再受到其他单子影响；或者，上帝单子的内在运动就是其他所有单子的运动——来维持他的基本框架并解释身心统一现象。此外，莱布尼茨的理论还会引发新的解释难题——不同单子作为不同的知觉主体、不同的视角，并涉及不同的感受质（qualia），它们的主观体验何以可能相互组合为复合表征。这类似于当代心智哲学家关注的构成性泛心论所面临的组合问题（combination problem）。①

贝克莱把"能感知［观念］的能动的主体……叫做心灵，精神或灵魂，或自我"②，并主张唯有心灵是实在的，物体只作为被心灵感知的观念集合存在于心灵之中，无论是感觉还是理性都不能证明有独立于心灵的物体存在。③ 显然，贝克莱的观点与莱布尼茨的有许多相似之处：（1）精神实体是唯一基础的存在；（2）自我是精神实体；（3）物体只是被感知的"物体"——观念集合或复合表征。但他们的观点又有所区别：莱布尼茨主张物体是多个精神实体共同表征的对象，而贝克莱主张物体是存在于同一精神实体之中的多个观念的联结。对贝克莱来说，身体必定也是观念集合，身心统一只涉及观念在心中出现的次序，不涉及精神实体间的协调。同时，贝克莱的理论也不涉及不同主体主观体验的组合。因此，贝克莱可以避免陷入莱布尼茨的困境。不过，他们二者的自我理论仍然是独断的，

---

① 构成性泛心论主张宏观的现象属性由微观的现象属性构成，大卫·查尔莫斯概括了反驳这一主张的三种组合问题，包括主体组合问题、感受质组合问题和结构组合问题，它们分别指出一组伴随体验的微观主体、微观感受质或微观现象结构不必然或不能构成宏观主体、宏观感受质或宏观现象结构，因此构成性泛心论是错的。（参见 David J. Chalmers, "The combination problem for panpsychism", in Godehard Brüntrup and Ludwig Jaskolla, eds., *Panpsychism: Contemporary Perspectives*, New York: Oxford University Press, 2017, pp. 179–214）

② ［英］乔治·贝克莱：《人类知识原理》，关文运译，商务印书馆 2010 年版，第 22—23 页。

③ 参见［英］乔治·贝克莱《人类知识原理》，关文运译，第 25、30—31 页。

他们都断定了知觉和观念必须依存于精神实体。

综合来看，传统实体观具有以下核心观点：（1）自我（在思考的"我"）的存在是确定无疑的；（2）自我的本性是可知的，自我作为单一物质实体或精神实体真实存在；（3）思维、知觉、自我意识等是自我实体的属性，以自我实体为必要基础，依赖自我实体而存在，反之则不然；（4）实体的持续同一从根本上保证了自我的持续同一。这些观点后来成了反实体观猛烈抨击的对象，前文也已指出这些观点是独断的以及相关论证是无效的。

然而，本书更关注的是传统实体观中另一个重要的派生观点：自我与环境的区分（独立自我）是原初的、基础的，自我与环境的关系则是派生的、构成的。传统实体观对这一观点的坚持体现在两个层面上。一是在本体论上，实体观强调，自我作为单一实体是自足的，自我独立于环境及与环境的关系真实存在，即使中断一切与环境的联系，自我及自我意识仍然可以持续存在，如漂浮者实验所设想的那样；反过来，自我与环境的关系或其他自我相关关系只有在独立自我真实存在的基础上才能成立，不过关系中涉及的其他事物未必需要独立且真实存在，如贝克莱的"物体"。二是在解释上，实体观坚持，只有在对独立自我及其性质有所认识时，我们才能对自我相关关系进行解释，才能对知识和道德进行解释，因为知识和道德分别涉及认识主体与对象、道德主体与客体的关系，说到底也是自我—他人/环境关系。

不过，在传统实体观中，本体论的、基础的自我—环境二分并没有得到有效辩护，从认识方式和确定性差异论证本体论区分是无效的，依靠想象来"剥除"一切与身体和环境的联系再直觉地判定自我意识及自我仍然持续存在是独断且与经验相悖的。此外，自我—环境二分与自我—环境关系可能存在难以调和的矛盾，这在笛卡尔和莱布尼茨的理论内部均有所体现，但它始终被实体观坚持。因此，与其说自我—环境二分是传统实体观拥护者极力辩护的基本主张，不如说是他们不加辩护接受的预设，即本书一开始概括的

"独立自我预设"。

独立自我预设对后世的影响非常深远,即使后来传统实体观被推翻,独立自我的基础性地位仍以各种形式在哲学中被继承和延续,如最小自我观以体验的主体性为基础解释主体间交互。在当今主流的心理学和神经科学研究中,自我仍被普遍看作并处理为区分于他者的、独立的研究对象,例如,神经科学家过去常常以自我特异(self-specific)刺激(如受试者的名字)为实验条件,以非我刺激(如家人、朋友、名人的名字)为控制条件,寻找自我的神经关联物——自我特异神经进程、脑区或神经网络。

二 反实体观的挑战:自我是虚构

哲学史上最早向传统实体观发起挑战的是近代经验论者。与笛卡尔等唯理论者认为感觉经验不可靠且相信人凭理性直觉能认识到事物的本质不同,经验论者认为一切知识都来源于经验,任何超越经验的东西都是不可知的。若严格遵循经验论的认识原则,我们只能通过内省把握到自身的内在活动,不能超越经验认识到是否存在独立于经验的实体、存在怎样的实体作为这些活动的主体或实在基础。因此,部分经验论者主张本体论自我不可知甚至指出自我是虚构,亦即采取一种自我反实在论立场。[1]

至少在对自我的认识上,英国经验论哲学家洛克略比霍布斯、贝克莱等更遵循经验论原则。这使他的自我理论部分跳出了传统实体观框架。虽然洛克也凭理性直觉确定自我存在不可怀疑[2],且没有放弃意识依存于实体的想法,但他意识到自我的本性不可知,并强调自我同一性只与意识同一性有关,与意识依附于怎样的实体、是否依附于单一实体无关。他指出,"只有凭借意识,人人才对自己是

---

[1] 并非所有经验论者都反对自我实体观,之前提到的霍布斯和贝克莱既是经验论者又倡导自我实体观,他们在对自我及其本性的认识上没有贯彻经验论的认识原则。

[2] 参见〔英〕洛克《人类理解论》下册,关文运译,商务印书馆1959年版,第614页。

他所谓自我……意识在回忆过去的行动或思想时，它追忆到多远程度，人格同一性亦就达到多远程度"，反过来说，"自我就是有意识、能思想的东西（不论它的实体是精神的或物质的、简单的或复杂的，都无关系）"。① 根据洛克的自我/人格同一性理论，一个意识即使先后依存于不同实体，仍然是同一自我；但如果一个实体轮流出现不同的意识，那么就是在该实体上有过多个自我。这表明洛克已在一定程度上将自我与实体分离。虽然自我被洛克看作有意识的东西，但对他来说，我们所能认识的始终是意识而非承载它的实体。同一自我是同一意识，但未必是同一实体。从这个角度看，洛克提倡反实体观，他否定了传统实体观的两个核心观点——自我实体的本性可知以及同一实体确保同一自我。但他坚持了实体观的另外两个核心观点——自我存在和意识依存于实体，这又使他的理论常被标签化为"自我实体观"。② 可见，洛克的自我观处于自我实体观与反实体观中间的位置，这导致洛克同时遭受两边阵营的攻击。

实体观支持者莱布尼茨曾有针对性地反驳洛克的自我同一性理论，他论证了意识同一对自我同一既不充分也不必要。一方面，莱布尼茨指出意识同一不是自我同一的唯一标准，即使一个人没有意识到或忘记了自己以前做过的事，他/她仍然可以凭他人的陈述或其他证据来确定他/她做过该事情。③ 洛克以疯子为例证明意识不同一即自我不同一：（1）如果一个人在疯时和醒时（意识不连续同一的情况）被看作同一自我，那么他/她会因自身在各种状况下的行为而受到赏罚；（2）然而，"人类的法律并不因为醒时的行动来惩罚疯时的人，亦不因为疯时的行动来惩罚醒时的人"④；（3）由此可见，

---

① ［英］洛克：《人类理解论》上册，关文运译，商务印书馆1959年版，第310、316—317页。

② 洛克曾明确表示，他相信"意识是附着于单一的非物质的实体的，并且是这个实体的一种性质"是比较可靠的观点。（［英］洛克：《人类理解论》上册，关文运译，第321页）只是他没有像笛卡尔那样作出断言。

③ 参见［德］莱布尼茨《人类理智新论》上册，陈修斋译，第243页。

④ ［英］洛克：《人类理解论》上册，关文运译，第318页。

一个人在疯时和醒时不被看作同一自我，意识不同一即自我不同一。对此，莱布尼茨的反驳是，法律不惩罚疯子是因为惩罚无助于改善他/她的行为，而不是因为他/她在不同精神状态下拥有不同的自我。① 换言之，赏罚问题与自我同一性问题相区分，洛克的论证不成立。另一方面，莱布尼茨指出意识同一而自我不同一是可能的。他假设某一星球与地球在所有可感的方面相似，而且两个星球的人一一对应，他的论证思路可表述如下：（1）外星人 A∗ 和地球人 A 在意识和内外感觉经验上不可区分，即 A∗ 和 A 的意识同一；② （2）根据洛克的自我同一性理论（如果意识同一，那么自我同一），由于 A∗ 和 A 的意识同一，因此 A∗ 和 A 的自我同一；（3）同一自我不可能同时出现在相距很远的两个星球上，由于 A∗ 和 A 在不同的星球上，因此 A∗ 和 A 的自我不同一；（2）与（3）相矛盾，（4）从洛克的自我同一性理论出发会推出矛盾的结论，所以它是错的。③ 换言之，即使意识同一，自我也可能不同一。莱布尼茨反驳洛克的目的明显在于维护实体观，他通过构造思想实验来暗示归根结底是实体同一确保了自我同一，意识同一最多不过是实体同一的一种标识。

不过，莱布尼茨的反驳也存在一系列问题：（1）根据当代哲学家希拉里·普特南（Hilary Putnam）著名的孪生地球实验和语义外在论④，意识内容（心理语言）的意义至少部分地由环境决定，两

---

① 参见［德］莱布尼茨《人类理智新论》上册，陈修斋译，第250页。
② 它隐藏的前提是莱布尼茨的不可分辨者的同一性原理：对于任意 x 和 y，如果 x 和 y 的性质完全相同（x 和 y 在性质上不可分辨），那么 x 与 y 同一。
③ 参见［德］莱布尼茨《人类理智新论》上册，陈修斋译，第254页。
④ 普特南设想在地球和孪生地球上的人在说"水"时心理状态完全一致，地球上的水和孪生地球上的水可感性质相同，但地球的水的化学结构是 H_2O，而孪生地球的水的化学结构是 XYZ；两个星球上的人说"水"时意义不同，一个指 H_2O，一个指 XYZ；因此，语词的意义不完全由内在状态决定。（参见 Hilary Putnam, "The meaning of 'meaning'", in Keith Gunderson, ed., *Minnesota Studies in the Philosophy of Science*: *Language, Mind, and Knowledge*, Volume VII, Minneapolis: University of Minnesota Press, 1975, pp. 131–193）

个相似星球上的意识即使在可感范围内不可区分，它们仍然不是同一意识，它们分别指涉各自环境中的事物；① （2）即使在同一空间里也可能存在无法相区分但不同一的东西，如麦克斯·布莱克（Max Black）设想的两个球②。坚持"自我同一只在于意识同一"的主张不一定会导致莱布尼茨所刻画的矛盾，除非同时坚持以脱离环境的意识内容的不可区分为自我的同一性标准。

实际上，洛克将意识或记忆的可延展和可通达而非意识内容的不可区分当作意识的同一性标准，由于 A 无法直接通达 A∗ 的意识活动，即使他们的意识内容相同，A 和 A∗ 的意识也不同一。不过，洛克的标准会使许多未引起觉知或未形成长时记忆的思想和行动被排除在自我之外，又会使一些虚假记忆被纳入自我之中。意识是有程度区别的，③ 而不是有或无的截然二分，就像在枯水期和丰水期之间动态变化的河流，在意识水平较低或异常时的感觉、思想和行动可能无法引起自我觉知并形成记忆，但不能就此断言意识不同一。当下无法回忆起过去某时刻的意识活动是常态，但这不代表当下与过去的意识不连续。总的来说，洛克的理论缺乏合理的意识同一性标准，抑或清晰可操作的意识同一性标准本身是不可能的。

另一位英国经验论哲学家休谟通过贯彻经验论认识原则，既反驳了传统实体观，又反驳了洛克的自我观。在《人性论》中，休谟

---

① 实际上，意识不是独立于环境的、纯粹内在的、无时空的：一方面，如语义外在论主张的语义涉及外在环境；另一方面，近年一系列神经科学研究表明大脑与环境的关系是意识产生的必要条件，环境被默认地、内在地整合于意识之中，详见后文（本书第二章第二节）。因此，只要所处的星球不同一，意识必定不同一。

② 为了反驳莱布尼茨的不可分辨者的同一性原理，布莱克设想有两个性质完全相同的铁球被对称地放置在一个空间中，在该空间里除了它们没有任何其他东西，也没有观察者，它们在性质上无法相区分，但它们不是同一个球体。（参见 Max Black, "The identity of indiscernibles", *Mind*, Vol. 61, No. 242, 1952, pp. 153 - 164）同理可证，不可区分的意识不必然是同一意识。

③ 参见 Tim Bayne, Jakob Hohwy, and Adrian M. Owen, "Are there levels of consciousness?", *Trends in Cognitive Sciences*, Vol. 20, No. 6, 2016, pp. 405 - 413。

一方面指出，经验中"不存在恒常不变的印象"；另一方面阐述道，"当我们最深入地认识我自己时，我碰到的总是一些知觉或其他知觉"，所以自我"只不过是以不可思议的速度相互接续，并处于不断变化和运动中的一束或一组知觉"，这些知觉相互分离并且可能"不需要任何东西支撑它们的存在"。① 他的意思是，我们能直接观察和把握到的始终只有离散的知觉②，至于知觉之间是否有实在的联系以及知觉之外是否还有更基础的存在者，在认识限度内是无法确定的。对他而言，无论是作为单一观念持续存在的自我，作为连续同一的意识的自我，还是作为承载知觉的实体的自我，都是得不到经验辩护的，我们没有理由相信任何一种持续同一的自我真实存在。

休谟指出，"我们归之于人类心智的同一性只是虚构的同一性"③——相互分离的知觉基于相似关系、因果关系等在想象中经验地联结起来，构成了同一自我持续存在的幻觉。④ 简言之，持续同一的自我是想象的虚构，因此休谟的主张可称为"自我虚构观"。对应于传统实体观的四个核心观点，休谟的虚构观强调：（1）（持续同一的）自我的存在是可疑的；（2）任何超越经验的东西都是不可知的；（3）没有连续的意识，只有离散的、接续出现的知觉，且知觉可能独立存在；（4）自我同一性只是虚构的同一性。与洛克相比，休谟在反实体观的道路上走得更彻底。休谟从有关实在自我的传统

---

① David Hume, *A Treatise of Human Nature*, Vol. 1: Texts, pp. 164 - 165.

② 在休谟的理论里，知觉包括印象和观念，它们之间只有程度而无本质区别——与观念相比，印象更鲜活、更强烈。（参见 David Hume, *A Treatise of Human Nature*, Vol. 1: Texts, p. 7）传统上，印象要么被认为是由外部事物刺激感官产生的，要么被认为是由其他精神实体赋予的，所以才更活跃。然而，休谟主张，印象是"原始的"（［英］休谟：《人类理智研究》，周晓亮译，中国法制出版社2011年版，第17页）。他不承诺任何超越知觉的东西存在，自然地，他也不承诺知觉与任何超越它们本身的东西相关。

③ David Hume, *A Treatise of Human Nature*, Vol. 1: Texts, p. 169.

④ 参见 David Hume, *A Treatise of Human Nature*, Vol. 1: Texts, pp. 169 - 171。

预设之一——自我作为单一、持续、不变的东西存在——出发对自我问题进行考察，由于找不到任何符合该预设的东西，于是他采取了自我反实在论立场。

然而，如果我们搁置自我预设，就会发现休谟实际上并没有彻底否定和消除自我，他只是用间断、变化的自我——一束相互分离、接续出现并在想象中基于经验关系相互联结的知觉——取代了传统上持续同一的自我。休谟在后文分析情感时也没有放弃谈论自我，他只是强调自己所谈论的自我是一束知觉。① 另外，他也没有彻底否定自我观念的存在，自我观念可以作为一个短暂的知觉存在，它是对我们称为"自我"的一束知觉的知觉。② 这样的自我观念使自我意识和主体性可以在经验范围内得到解释。③

虽然休谟否定了一些自我预设，但他坚持了自我与他人的区分是基础的。最能体现休谟作出自我—他人区分的是他关于情感对象的讨论——"骄傲与谦虚的直接对象是自我，或我们亲切地意识到它的思想、行动和感觉的同一人格，而喜爱与憎恨的对象是我们无法意识到它的思想、行动和感觉的其他人格"④。按休谟的说法，自我只是被想象赋予人格同一性的知觉束，那么他人就是有别于自我但同样被想象赋予了人格同一性的其他知觉束。另外，在讨论道德时，休谟指出我们可以通过同情间接把握他人的情感，再对行为进行道德判断——一个行为如果让他人感到不安就是恶的，如果让他

---

① 例如，在讨论骄傲和谦虚时，休谟强调它们都以"我们所称为自我的一连串联结的知觉"为对象。（David Hume, *A Treatise of Human Nature*, Vol. 1: Texts, p. 182）

② 休谟对骄傲和谦虚的讨论印证了这一点："那个被激发的激情［骄傲或谦虚］将我们的视线转向另一个观念，即自我观念。"（David Hume, *A Treatise of Human Nature*, Vol. 1: Texts, p. 183）

③ 参见李曦《休谟的自我与个人同一性：澄清与辩护》，《哲学动态》2010 年第 7 期。

④ David Hume, *A Treatise of Human Nature*, Vol. 1: Texts, p. 214.

人感到满意就是善的。① 其中，"同情"可以被理解为当一个行为激发某情感在他人的知觉束中出现时，也激发相似的情感在"我"的知觉束中出现。休谟的道德情感主义学说潜在地体现了他在坚持自我—他人区分的基础上解释自我—他人关系的进路。

然而，如果自我与他人都只是基于经验关系（相似、因果）偶然联结而成的知觉束，那么自我和他人之间将是难以相区分的：（1）任意知觉对一束经验联结的知觉来说都不是特殊的、本质的，它可能出现在其他知觉束之中；（2）当我的视线不断转移时，接续出现的知觉可能既不相似又没有因果关系，但它们依然在经验上相互联结，共同作为我这个知觉束而非其他知觉束的成员；（3）相反，在不同的知觉束中经常出现相似或互为因果的知觉（如同情时）；（4）综上，无论是知觉还是知觉间的关系都无法用以区分作为知觉束的自我和他人。② 简言之，休谟的自我理论（自我是一束知觉）与他的独立自我预设（自我与他人的区分是基础的）相矛盾。休谟要么放弃独立自我预设，承认自我—他人区分不是基础的而是建构或虚构的，要么承认自我不仅仅是一束在经验上相互联结的知觉；或者同时承认二者。

此外，休谟不再以持续同一的自我而是以知觉为基础重建了知识和道德体系，把认识关系和道德关系都诠释为知觉关系。这一做法会导致一些令人难以接受的后果：（1）走向关于外部世界的不可知论——知识只关乎知觉和知觉间的经验关系，而知觉是原初的；（2）使道德责任归属变为不可能——如果决策和行动的观念之间只是习惯性的经验联结而非自主的决定性的联结，那么任何人（知觉束）都无须为特定行动负责；（3）让知识和道德缺乏规范性——知

---

① 参见 David Hume, *A Treatise of Human Nature*, Vol. 1: Texts, p. 320。
② 参见李曦《休谟可以区分自我与他人吗？——论休谟的个人同一性困惑》，《自然辩证法研究》2011年第5期。在该论文中，作者概述了三个关于休谟难以解释自我—他人二分的论证，然后尝试为休谟辩护，但作者承认依然存在一些自我与他人无法区分的情况。

觉的经验联结不具有必然性因而无法提供规范性，即使大部分人都长成自然地拥有相似的联想习惯和同情机制，亦即，基于知觉及其经验联结的知识和道德判断是自然且普遍的，也不代表这样的知识和道德是真的或正当的，更别说一些因人而异的情况，而且实际上大多数科学知识不符合我们长成自然的联想①。不过，拷问所谓具有客观性的、关于独立于心智的外部世界的知识正是休谟的本意。笛卡尔关注对知识的理性辩护，而休谟转为强调形成知识的自然心理习惯。休谟的认识论可以被看作自然主义认识论的雏形。

休谟真正把普遍怀疑进行到底，把经验论认识原则贯彻到底，将传统实体观认为确切无疑实则超出认识限度的断言统统抛弃，指出持续同一的自我是超越经验的虚构，强调能被认识的自我只是一束在经验上偶然联结的知觉。他向实体观发起了最强冲击，推动第一场自我实在论与反实在论争论达到高潮。

三　实体观的收缩及其影响

休谟以后，鲜有哲学家仍坚持传统实体观，与此同时，也鲜有哲学家完全接受休谟的反直觉主张。哲学家仍致力于在变动不居的经验中找到符合预设的持续同一的自我，重建具有规范性的、关于世界的知识，近代德国哲学家康德就是其中最有影响力的一位。他找到了一种持续同一的自我，但该自我不再是传统实体观所断言的在思维的形而上学实体，而是空洞的逻辑主体；同时，他重新赋予知识以规范性和关于性。

康德指出一切杂多表象必须以归属于同一自我意识的形式统一起来——同一个自发的"我思"表象"必然能够伴随所有其他表象"但"不能再被别的表象伴随"，或者说，所有表象都必须"作

---

① 当代认知哲学家罗伯特·麦考利（Robert McCauley）曾论证科学是极端反直觉的。(参见 Robert N. McCauley, *Why Religion is Natural and Science is Not*, New York: Oxford University Press, 2011) 也就是说，我们往往需要克服心理习惯才能获得科学知识，而非像休谟所认为的知识产生于心理习惯。

为我的表象"——才能"被思维或者被认识",才能形成对象（object，又译为"客体"）和对象知识。① 在此，他构造了一个先验论证：如果我们不愿放弃思维和认识的可能性，不想否定所有对象知识，那么我们必须承认"我思"的存在。"我思"的存在是对象知识的必要逻辑前提。试想，如果表象没有被"我思"统一起来，那么就只是像电影里接续出现的一帧帧画面。电影本身不能进行思维和认识，电影画面也无法独立于创作者和观影者进行表征。同样地，仅凭离散的表象或休谟所说的"一束接续出现的知觉"也不可能产生思维和认识，而否认一切思维和认识的可能性是我们难以接受的。

根据康德的先验论证，"我思"的存在及其对其他所有表象的统一在逻辑上是必然的。但康德不像传统实体观那样超越"我思"在形而上学上断定"我是/我存在"。康德主张，"我思"之"我"只是所有思维的先验主体或者说逻辑主体，它本身是空洞的，我们不可能拥有任何关于它本身的概念和知识；而且"我思"之"我"必定是单一的，否则表象无法统一起来，但"我"是单一逻辑主体不代表是单一实体。② 在康德的理论框架里，实体（substance）是一种由杂多的感性直观在"我思"中被先天知性范畴统合而成的对象，③

---

① ［德］伊曼努尔·康德：《康德著作全集第3卷·纯粹理性批判》（第2版），李秋零译，中国人民大学出版社2004年版，第103、106页。康德将以"我思"表象统一其他所有表象的自我意识称为"纯粹统觉"（pure apperception）或"源始统觉"（original apperception），以突显这种表象间的联结统一不同于休谟所关注的表象间的经验联结。

② 参见［德］伊曼努尔·康德《康德著作全集第3卷·纯粹理性批判》（第2版），李秋零译，第260—262页。

③ 例如，桌上的红苹果是由红色、圆、香甜、光滑等感性直观以特定形式整合而成的对象。有别于亚里士多德式实体，康德的实体不是独立于经验存在的东西，而是在经验中的对象。亚里士多德式实体更接近于康德的自在之物。康德保留了自在之物，因为他认为自在之物是刺激感性直观产生的必要前提，但自在之物本身不可知。知识是关于由感性和知性共同形成的对象的。感性直观也只表征以先天感性纯形式（时空形式）综合的自在之物的显象而非自在之物本身。不过，自在之物的存在及其与感性直观的关系可以使知识在最低限度上关于外部世界。

实在性（reality）是先天知性范畴之一，杂多被知性范畴加工为实在的对象；而"我思"之"我"是不涉及任何直观或直观形式的逻辑主体，因此"我思"之"我"不可能是实体。对康德来说，传统实体观不仅错误地把"我思"之"我"看作实体，还错误地把对象知识运用在超越认识限度的自在之物领域，断言"我思"之"我"作为单一精神实体或物质实体独立于经验真实存在。

康德还讨论了另一种自我——作为内外感官对象即认识对象的自我。康德认为，通常所说的"灵魂"指作为内感官对象的"我"，而"肉体"指作为外感官对象的"我"。① 康德意义上的灵魂和肉体不再是亚里士多德式形而上学实体，而是由感性直观以先天认识形式即特定心理结构统合而成的对象。它们最多具有经验法则（laws of experience）即先天认识形式赋予的客观真实性和实在性，而不具有过去哲学家追求的独立于心智的绝对实在性，它们的自在本性是不可知的。② 对康德来说，作为感官对象的他人、他物（如苹果）与"我"相同，都只具有经验的实在性③。"我"与他者的区分是由先天认识形式规定的。尽管对象自我具有由先天认识形式赋予的客观性和实在性，我们依然没有理由相信存在超越现象的、持续同一的自在自我与之相对应。哪怕直观必须由自在之物刺激产生，但构成对象自我的直观是杂多且不断变化的，没有证据证明它们有同一形而上学起源。另外，灵魂和肉体也必须被"我思"伴随，作为"我"的表象——"我"的灵魂和"我"的肉体——才能被思维和认识，才能真正成为对象。换言之，"我思"中的"我"也是使作

---

① 参见［德］伊曼努尔·康德《康德著作全集第3卷·纯粹理性批判》（第2版），李秋零译，第257页。

② 参见［德］伊曼努尔·康德《任何一种能够作为科学出现的未来形而上学导论》，庞景仁译，商务印书馆1978年版，第117—118页；Immanuel Kant, *Kant's Prolegomena to Any Future Metaphysics*, ed. Paul Carus, Chicago: Open Court Publishing Company, 1902, p.102。

③ 为了区分于独立于心智的实在性，本书将之称为"经验实在性"，由知性范畴规定。

为认识对象的"我"成为可能的必要形式基础。前一种"我"一般被新康德主义者（而非康德自己）称为"先验自我"（transcendental ego）或"纯粹自我"（pure ego）；后一种"我"则通常被称为"经验自我"（empirical self）。① 概括地说，纯粹自我是无时空（因为时空是感性直观纯形式）、空洞、不变且不可认识的逻辑主体；而经验自我是有时空（以时空形式显象）、丰富、易变且可认识的对象，或者说康德式实体。纯粹自我是使现象得以统一的形式，经验自我则是综合统一的现象，它们都与传统实体观断言的独立于现象的形而上学实体自我（自在自我）相区分，它们的存在都不足以证明形而上学实体自我的存在。

不过，康德在实践哲学领域中保留了对自在自我的假设，这是他的第三种自我——自在的道德主体。康德认为，我们"不能从经验推论到自由，因为经验给予我们供认识的只是显象的法则，从而只是自然的机械作用，这恰恰是自由的对立面"②。他的意思是，经验受制于自然法则（人的先天认识形式），具有必然性，因此没有自由。如果自由的行动不存在，一切都是决定的、必然的，那么道德是不可能的。如果我们不想否定道德的可能性，那么必须假设在经验之外还存在着不受自然法则规定并能为自身立法的存在者，即自在的道德主体。康德将自由归属于人以及其他理性存在者的意志。③ 换言之，他假设人在实践活动中是自在的道德主体，能凭自身意志行动。对他来说，人能遵循自己意志所立的普遍法则行动，即意志自律而非他律，这就是自由的体现；人的实践理性能保证其意志始终与至善（上帝的意志）保持一致，④ 而这就是道德的实现。康德

---

① 为了方便讨论，本书沿用这种命名，尽管新康德主义的纯粹自我往往超出了纯粹逻辑主体（统合表象的形式）的含义。

② ［德］伊曼努尔·康德：《康德著作全集第5卷·实践理性批判 判断力批判》，李秋零译，中国人民大学出版社2006年版，第32页。

③ 参见［德］伊曼努尔·康德《康德著作全集第5卷·实践理性批判 判断力批判》，李秋零译，第16页。

④ 参见［德］伊曼努尔·康德《康德著作全集第5卷·实践理性批判 判断力批判》，李秋零译，第139页。

的道德体系似乎只与自在的道德主体有关，与其他主体（他人）或主体间的交互无关。道德主体只要理性自律，就能间接保证自身与其他道德主体都不被当作实现道德理想的手段，从而能间接建立起自我与他人的平等道德关系。① 在对道德的讨论中，康德明显继承了传统独立自我模型——自我与他人的道德关系的建立以自在的道德主体理性自律为基础。

对上述三种自我的论述构成康德对自我问题的完整回答，该回答是近代自我研究中一种集大成的回答。首先，康德不再断言超越"我思"且同时作为"我思"主体和对象的形而上学实体自我真实存在，仅承认"我思"之"我"作为所有思维的单一逻辑主体（纯粹自我）在逻辑上必然存在，被思之"我"作为由感性直观以先天认识形式统合而成的对象（经验自我）则是经验实在的。这既避免了陷入独断论、降低了本体论成本，又避免了彻底滑向反直觉的自我虚构观。更重要的是，这让传统预设的不变自我与休谟发现的作为经验对象的变化自我可以达到有机统一。其次，康德对纯粹统觉以及先天认识形式的论证，使经验自我不再是休谟所主张的偶然联结的知觉集合而是必然联结的表象综合，因而也使自我与他者的区分不再难以解释——自我先天地区分于他者。另外，这还使曾被否定的具有规范性的知识体系重新得以建立②，不过康德的知识体系不再以无可置疑的自我知识为根基，而是以纯粹自我（或者说纯粹统觉）和先天认识形式等为形式基础，纯粹自我本身并不可知。最后，康德对自在道德主体的假设让具有规范性的道德再次成为可能。总之，康德在传统实体观与虚构观的争论中找到了平衡，他的自我理论不仅避免了争论双方各自的缺点，还继承了它们的优点，从这个

---

① 参见帅巍《康德物自体思想的实践哲学效应——以"自我"与"他者"的关系为中心》，《广西师范大学学报》（哲学社会科学版）2016年第2期。

② 在笛卡尔的认识论框架里，知识的规范性来源于观念与外部事物之间的对应关系；而在康德的认识论框架里，知识的规范性来源于人的先天认识形式，先天认识形式规定了人拥有怎样的知识。

意义上说，它是集大成的。

康德的自我理论可以被理解为一种收缩的实体观，理由是：（1）与虚构观相比，它更接近于传统实体观，它坚持统一的意识存在，坚持自我存在，尽管自我只作为单一逻辑主体和被感知的对象存在，而且它坚持把自我（纯粹自我或自在道德主体）看作思维、知识和道德的必要基础，因此属于实体观的变种；（2）它和传统实体观最大的区别在于它不对形而上学实体自我及其本性作出断言，所以是本体论收缩的。通过本体论收缩策略，康德保存了作为对象的自我的实在以及相关知识，但实在的意义已发生很大改变。这是自我实在论向反实在论的一次妥协，或者说是它们之间的一次调和。第一场自我实在论与反实在论争论就此落下了帷幕。如果从笛卡尔构建了系统化的自我实体观开始计算，这场论战持续了百余年。

康德自我理论是第一场自我实在论与反实在论争论的重要理论成果，它既体现了近代哲学家最终在形而上学实体自我不可知上达成了共识，又引领了自我研究的转向：从把作为主体与对象的自我混为一谈到将它们区分对待；① 从寻找持续不变的自我到探讨自我的持续同一与变化多样之间的统一；从关注意识的形而上学基础转变为关注意识的形式基础或自然基础；② 从试图超越经验认识自我的本性转变为只在经验中认识作为对象的自我，以及探讨内、外感官对象自我之间即心理活动与身体活动之间的联系。这些转向促成了后来哲学与科学在自我研究上的密切交互与合作。

---

① 本书导论第二节提到的，美国心理学之父、哲学家威廉·詹姆斯对主我（纯粹自我）与客我（经验自我）的区分，很可能是对康德自我理论的继承和发展：詹姆斯明确将作为思维主体的"我"称为"纯粹自我"，将作为认识对象的"我"称为"经验自我"；不过，有别于康德，他的经验自我不仅包括心理（精神自我）与身体（物质自我）两方面，还包括社会关系和他人的评价（社会自我）。受康德与詹姆斯对自我作出的区分影响，随后心理学主要研究经验自我及其包含的维度，而哲学更侧重讨论纯粹自我的存在对意识统一和经验自我建构来说是否必要。

② 即从关注意识所依存的形而上学实体，转为关注意识的主体结构和使意识及其主体结构成为可能的自然过程或自然机制，后者是现当代有我观的两种主要进路。

然而，康德的自我理论也存在一些缺陷。例如，对自在道德主体的假设是成问题的。如果道德主体是自在的，不受因果律限制，那么它的行动及其后果就不是由它的意志决定的，因此它将无须为任何行动和事件负责。尽管康德不是后果论者，他的道德只与人的自由意志是否与至善保持一致有关，与后果无关，但如果自由意志不能因果地决定行动，那么他的道德只是一种神秘主义的道德。如果不想沦为神秘主义的道德，那么他必须承诺意志能因果地决定行动，但这与他的主张相矛盾。① 此外，为使自由成为可能而假设自在道德主体存在是不必要的。对古典相容论来说，一个人的行动，只要是他/她选择的结果，而非不自愿或被迫的，即使他/她的选择由一系列在先的状态所决定，他/她的行动仍然是自由的。② 换言之，自然法则之下也可以有自由。

又如，康德强调作为逻辑主体的"我"区分于作为内外感官对象的"我"，即纯粹自我区分于经验自我，且纯粹自我是使意识统一、经验自我和对象知识成为可能的必要形式基础，但这一主张在现当代备受争议。有的学者如让－保罗·萨特（Jean-Paul Sartre）反对主体形式对意识统一和经验自我的必要性；循着康德纯粹自我发展而来的最小自我观虽然认同意识具有主体形式，但它强调主体形式是经验的内在形式而不区分于经验；叙事观、社会建构观等则认为经验自我、自我概念是纯粹建构的，不以纯粹自我为基础，包括主体性本身也是建构的（详见本书第一章第三节）。康德的这一主张为第二场自我实在论与反实在论争论埋下了伏线。

在康德的框架里，自在的道德主体是道德关系建立的基础；思

---

① 同理，关于自在之物存在的假定也是成问题的。对康德来说，自在之物作为刺激直观产生的原因是必定存在的；但是，他又强调因果作为先天认识形式只对现象世界做出规定，而不对自在之物做出限制。这两种主张之间是相互矛盾的。

② 例如，英国哲学家阿尔弗雷德·艾耶尔就持有这种对自由行动的理解。（参见 A. J. Ayer, "Freedom and Necessity", in A. J. Ayer, ed., *Philosophical Essays*, London and Basingstoke: The Macmillan Press, 1954, pp. 271 – 284）

维的单一逻辑主体是认知关系形成的基础；作为对象的自我被先天地规定为与他者相区分。可见，康德的自我理论仍然延续了独立自我模型——独立的自我优先于自我—他人/环境关系存在。但正如上文分析的，对自在道德主体的假设是不必要的，而且它会致使道德责任归属成为问题或造成理论内部矛盾；而单一逻辑主体是否对象知识及认知关系的必要形式基础仍存在争议。另外，作为对象的自我先天地区分于他人的观点与一些社会心理学主张（社会建构观）相左（详见本书第一章第三节）。

纵观从古代到近代西方哲学中的自我研究，尽管独立自我模型缺乏有效辩护，与经验不相适应，甚至导致了理论内部矛盾，带来了难以解决的问题，但它始终占据主流。

第三节　现当代自我实在论与反实在论争论

由于受第一场争论的理论成果即康德自我理论的影响，更具体地说，受形而上学实体自我不可知的共识以及纯粹自我（逻辑主体）与经验自我（对象自我）的区分的影响，在现当代，哲学家转向关注"是否存在某种最小自我或核心自我作为经验自我建构的形式基础或自然基础"。类似地，发展心理学也很关心是否存在与生俱来的自我概念、自我结构作为发展出丰富自我概念的心理基础。这引发了新一轮跨学科的自我实在论与反实在论之争，或者说有我观与无我观之争。

一　纯粹自我观与反思建构观之争

早期，如在《逻辑研究》第一版（1900—1901）中，胡塞尔否定了康德的纯粹自我的存在，亦即否定了单一逻辑主体对意识统一和经验自我建构的必要性。胡塞尔认为，我们所说的"我"要么指（作为经验对象的）人，要么指意识流/体验流本身，正如休谟所主张的那样；但有别于休谟，他认为意识体验离散但统一，而体验的统一不是纯粹自我的功劳而是体验的内时间意识结构的功劳。① 在《1905年内时间意识现象学讲座》等著作中，胡塞尔分析并论述了每个体验的呈现总是伴随着前一个体验的滞留和对下一个体验的前摄，即每个体验都具有一个三重的内时间意识结构。② 正是这种三重结构使接续出现的体验得以统一为意识流整体，因而被感知为连续的，就像音符组成乐曲那样。既然内时间意识结构能为意识流的统一提供充分解释，那么我们就没有理由接受纯粹自我的必然存在。另外，胡塞尔表示，原意识是无主体、无对象的，后反思才使意识主体化、对象化，即意识在被反思时才区分了主客体结构。③ 按照胡塞尔早期思想来理解，这意味着主体形式对意识来说既不是原初的，也不是必要的。在否定意识统一以纯粹自我为必要形式基础的意义上，早期胡塞尔被看作无我观的拥护者。

然而，中后期，即从《逻辑研究》第二版（1913）、《纯粹现象学与现象学哲学的观念 I》④（1913）开始，胡塞尔的思想似乎发生了颠覆性转变，他从否定到肯定纯粹自我的绝对存在。造成这一转变的根本原因可能是胡塞尔面临与休谟相同的困境：（1）如果意识体验是无主体结构的，那么不同意识流之间无法相区分；（2）如果意识流之间无法相区分，那么主体间交互是不可能的；（3）事实上，存在主体间交互现象；（4）因此，意识体验必定归属于特定主体，从而归属于不同主体的意识流可以相互区分。⑤ 这其中正蕴含着独立

---

① 参见［丹］丹·扎哈维《主体性和自身性：对第一人称视角的探究》，蔡文菁译，上海译文出版社2008年版，第39—40、42页。

② 参见［丹］丹·扎哈维《主体性和自身性：对第一人称视角的探究》，蔡文菁译，第69页。

③ 参见倪梁康《胡塞尔哲学中的"原意识"与"后反思"》，《哲学研究》1998年第1期。

④ 通常简称为"《观念 I》"。

⑤ 参见［丹］丹·扎哈维《主体性和自身性：对第一人称视角的探究》，蔡文菁译，第55—56页。这是丹·扎哈维对胡塞尔前后思想转变理由的猜测。

自我预设和实体实在论思路，只有主体结构存在，意识得以个体化，主体间交互才是可能的，主体间交互（关系）本身不可能具有基础性地位，关系的存在必须以个体的存在为基础。

具体来看，在《观念 I》中，经过现象学还原（给一切判断加括号）后，胡塞尔发现只剩下纯粹意识，他认为这同时意味着剩下纯粹自我，因为他主张"我思"（意识）是"主体将自身'指向'意向对象的过程"①，主体与对象都是意识必不可少的结构，意识总是从主体出发并关于对象。② 在《观念 II》中，胡塞尔明确论述道："我们发现每个行动都存在极性：一边是自我极（ego-pole）；另一边是对象极（object-pole）……自我是同一个意识流的所有行动的同一主体。"③ 纯粹自我的行动不断改变，即意识体验不断生灭，但纯粹自我始终保持同一，这是因为它是没有性质的空洞极点。④ "指向"对象的不同空洞极点确保了不同意识流之间的可区分。从表面上看，胡塞尔又回到了康德或新康德主义的路径上，他们都主张纯粹自我（主体形式）是意识的必要形式，尽管康德是为了解释意识的统一和知识的可能性，而胡塞尔可能是为了解释意识流间的区分和交互。

不过，其实，胡塞尔的主张与康德的主张之间存在一些明显的

---

① Edmund Husserl, *Ideas Pertaining to a Pure Phenomenology and to a Phenomenological Philosophy: First Book: General Introduction to a Pure Phenomenology*, trans. F. Kersten, The Hague, Boston, Lancaster: Martinus Nijhoff Publishers, 1983, p. 75.

② 参见 Edmund Husserl, *Ideas Pertaining to a Pure Phenomenology and to a Phenomenological Philosophy: First Book: General Introduction to a Pure Phenomenology*, pp. 63 – 64, 75 – 76。

③ Edmund Husserl, *Ideas Pertaining to a Pure Phenomenology and to a Phenomenological Philosophy: Second Book: Studies in the Phenomenology of Constitution*, trans. Richard Rojcewicz and André Schuwer, Dordrecht, Boston, London: Kluwer Academic Publishers, 1989, pp. 111 – 112.

④ 参见 Edmund Husserl, *Ideas Pertaining to a Pure Phenomenology and to a Phenomenological Philosophy: Second Book: Studies in the Phenomenology of Constitution*, pp. 110 – 111。

差别。① 一方面，胡塞尔不再承诺在现象世界背后必然存在刺激现象产生的自在之物。经过现象学还原后，形而上学领域完全被悬搁了起来，一切事物都成了在意识中显现的而非独立于意识的事物。因此，对胡塞尔来说，意识及其直接呈现的东西就是最确切因而也是最实在的东西。换句话说，胡塞尔不再诉诸形而上学实在为意识等现象提供终极解释，也不再将形而上学实在看作经验实在的必要逻辑前提，他只保留了经验实在。虽然康德主张"实在性"是先天知性范畴之一，而自在之物领域超出了认识限度，因此"实在性"不能用于自在之物领域，但他坚持感性直观的产生必须预设自在之物的存在就意味着他实际上保留了两种实在，并且他把形而上学实在看作逻辑上优先的实在，只是他认为我们没有关于形而上学实在的知识。② 另一方面，胡塞尔的纯粹自我与康德的有所不同。胡塞尔强调"纯粹自我不能被看作分离于鲜活体验的东西"，它在作为"有意向的鲜活体验的本质结构"的意义上"拥有鲜活的体验"；而且他指出纯粹自我可以在反思中被捕捉为对象，"只要我们不把对象概念限定为'自然'对象，或世俗的'真实'对象"。③ 胡塞尔的纯粹自我是每个意识体验的内在结构，体验主体与体验不是相区分的而是一体的。当一个意识体验将在先的意识体验捕捉为对象时，在先

---

① 二者是否存在明显差别取决于以怎样的方式来理解康德的主张。胡塞尔的主张至少与从新康德主义视角理解的康德主张有明显差别，但它本身也可以被看作一种对康德理论的诠释。

② 康德与胡塞尔的经验实在性也有所不同：在康德理论中，实在性是经验法则（先天认识形式）将杂多的感性直观综合为对象时赋予对象的，在这个意义上，它可以被称为"经验实在性"；然而，在胡塞尔的框架里，具有经验实在性是指在意识体验中直接呈现。这种差异会导致：对康德来说，作为内外感官对象的经验自我是经验实在的，而作为逻辑主体的纯粹自我不是；但对胡塞尔来说，纯粹自我也是经验实在的，因为它作为意识体验的内在结构（自我极）总是与意识体验一同呈现。

③ Edmund Husserl, *Ideas Pertaining to a Pure Phenomenology and to a Phenomenological Philosophy: Second Book: Studies in the Phenomenology of Constitution*, pp. 105 – 107. 更具体来说，比如，当对"我想吃蛋糕""我吃冰激凌时感到很愉快"等一系列意识体验进行反思时，喜欢吃甜食就被构造为"我"的人格特征。

的意识体验的主体结构也一并成为对象。然而，康德的纯粹自我是区分于经验的逻辑主体，是外在于表象而使表象得以统一的先天心理结构。对康德来说，逻辑主体本身不涉及感性直观因而不可能成为对象，而胡塞尔明确指出在后反思中纯粹自我可以成为对象。在承认纯粹自我作为意识体验的内在结构存在的意义上，中后期胡塞尔又应该被视为有我观的支持者。

按照胡塞尔中后期的理论来看，原意识也必定具有自我极，只是因为自我极是意向行动的出发点而非落点，所以被忽视了。在反思中意识被当作意向对象，它的自我极才被注意到，才有了意识的主体化和对象化。

虽然作为所有意向行动的同一主体的纯粹自我是空洞的极点，但当它作为意向对象时可以通过构造获得丰富性。例如，胡塞尔指出，基于一种自然主义态度，自我可以被构造为一个生理—心理主体；而基于人格主义态度，自我可以被构造为一个处于特定环境中的人格自我（personal ego）。[①] 换言之，丰富的对象自我是在纯粹自我基础上构造的，而不是无中生有的。然而，丰富的自我不可能是在单个意识行动中被静态构造而成的，它们必定是在历史发生中被动态构造的。胡塞尔在其晚期著作《笛卡尔式的沉思》（1931）中论述了自我在发生中的构造。胡塞尔指出，"置于中心的自我并不是一个空洞的同一极，而是由于'先验发生学'的某种合规律性，伴随每个从自我发出的具有某种新的对象意义的行为，所获得的一种新的持久的属性"，"当自我从自己能动的发生中把自己构造为那些持续着的自我特性的同一基底时，它也就进一步地把自己构造成了一种'固定的和持续的'人格自我"。[②] 他的意思是，从发生学的角

---

① 参见 Edmund Husserl, *Ideas Pertaining to a Pure Phenomenology and to a Phenomenological Philosophy: Second Book: Studies in the Phenomenology of Constitution*, pp. 147 – 222。

② ［德］埃德蒙德·胡塞尔：《笛卡尔式的沉思》，张廷国译，中国城市出版社2001年版，第90、92页。

度看，纯粹自我发出的每个行动都在反思中被综合统一为它的特性、它的历史，因此它不再是空洞的而是丰富的，它在意识生活中不断被构造并逐渐形成持续稳定的人格自我。胡塞尔将"包括了全部现实的和潜在的意识生活"的自我称为"单子性的自我"。① 有别于莱布尼茨的单子，胡塞尔的单子自我无须诉诸上帝的作用就能与其他单子自我形成交互关系。在意识活动中，通过体验的综合，自我可以把自身构造为一个身体——一个处于世界中的生理—心理统一体——而不仅仅是生理的躯体；另外，自我可以把他人构造为一个躯体，由于他人躯体与自我躯体相似，基于一种类比统觉，它的心理属性也一并向自我显现，换言之，自我也把他人构造为一个身体或者说另一个自我（他我），而不只是躯体。② 随即，自我与他我共同存在的世界也得以构造。总而言之，无论是身体自我、人格自我、他我、自然环境、社会环境，还是自我与他我或自我与环境的关系，都是在同一纯粹自我的基础上、在意识生活中、在历史发生中动态构造的，是纯粹自我的具身化、共情和延展。尽管它们是在意识中构造的，是内在于意识的对象，但它们总被看作超越意识的对象。显而易见，胡塞尔中后期继承了笛卡尔、康德的主体哲学思路，延续了西方传统的独立自我模型，在一种独立自我的基础上解释各种自我相关现象。

让-保罗·萨特发展了胡塞尔早期的无我观，对胡塞尔中后期（《逻辑研究》第二版及以后）的思想进行了批判，否定了纯粹自我对意识的必然性。萨特在其早期著作《自我的超越性》（1934）中指出"意识自己把自己统一起来"，意思是当下的意识将过去的意识当作意向对象进行构造，未来当下的意识又成了新的意向对象，通过这种方式意识将自身"构成一个综合的、个体的整体，这个整体

---

① ［德］埃德蒙德·胡塞尔：《笛卡尔式的沉思》，张廷国译，第93页。
② 参见［德］埃德蒙德·胡塞尔《笛卡尔式的沉思》，张廷国译，第133、148—152页。胡塞尔将构造他我所涉及的统觉称为"相似性统觉"或"共现"。

完全孤立于同一类型的其他整体",因此"'我'(Je)的统一和个体化的作用毫无用处"。① 在此,萨特把康德和胡塞尔引入纯粹自我的理论动机都打消了,他认为无论意识统一还是意识流间的区分(意识流的个体化)都无须依赖纯粹自我的存在。萨特不仅认为我们没有理由引入纯粹自我,还认为引入它对意识有害,他的理由如下:绝对存在的意识是透明的,而"我"(Je)是不透明的,如果把"我"(Je)视为意识的内在结构,"就会把意识固定化,使之模糊不清"②,即损害意识的透明性。综上,"我"(Je,即主体结构)不可能是意识体验的内在结构。萨特指出"我"(Je)是"未被反思的思想在变为被反思的过程中"③ 才显现出来的。简言之,对萨特来说,前反思的意识(胡塞尔说的"原意识")没有主体结构,当下的意识将过去的、前反思的意识当作对象进行反思才使之拥有了主体结构,主体结构是反思的构造。在这个意义上,本书将萨特的自我观称为"反思建构观"。

与萨特的观点相似,社会学家乔治·古尔维奇(Georges Gurvitch)认为,作为现象学剩余物的纯粹意识是非第一人称或无人称的,即纯粹自我不是现象学剩余物,只有在反思中作为对象,意识才是有我的,而正在进行反思的意识本身也是未被反思的因而无主体结构;他基于格式塔心理学④解释经验对象的形成,诉诸内时间意识结构(体验的滞留和前摄)阐明意识统一的机制,从而证明了引入纯粹自我是不必要的。⑤ 总而言之,对古尔维奇而言,纯粹自我的

---

① [法]让-保尔·萨特:《自我的超越性》,杜小真译,商务印书馆2010年版,第8页。本书采用了更常见的译名"让-保罗·萨特"(Jean-Paul Sartre)。
② [法]让-保尔·萨特:《自我的超越性》,杜小真译,第9页。
③ [法]让-保尔·萨特:《自我的超越性》,杜小真译,第11页。
④ 格式塔心理学主张,知觉首先把握到的是整体,然后再根据一系列原则区分对象和背景,而不是先把握到部分再联结成对象整体。从认识的角度来看,整体优先于对象而非相反。
⑤ 参见高建民《格式塔与意识领域——论古尔维奇对胡塞尔先验现象学的批判与重构》,《自然辩证法研究》2012年第9期。

存在既非逻辑必然，亦非事实，自我是反思的构造。

由于萨特和古尔维奇主张意识的主体结构与经验自我一样是反思的构造，而不是纯粹意识的内在结构，不是与纯粹意识一同呈现的，也就是说，他们否定了意识的主体结构的经验实在性，所以他们的自我理论可以被视为一种自我反实在论。胡塞尔、萨特与古尔维奇等学者围绕"纯粹意识本身是否具有主体结构""意识统一与个体化、经验自我建构、对象和对象知识形成是否以纯粹自我的存在为必要基础"展开的争论，就是现当代自我实在论与反实在论（或者说有我观与无我观）之争的最初形态。

二　从纯粹自我到最小自我：对反思建构观的回应

与萨特等不同，当今非常活跃的现象学家、心智哲学家丹·扎哈维认为胡塞尔中后期的转变不是对其早期思想的颠覆，而是对其早期思想的发展。他指出胡塞尔"在《逻辑研究》第二版中的自我并不是在第一版中被拒斥了的自我"①。正如上一小节分析的，胡塞尔的纯粹自我不同于康德的纯粹自我，它不再是区分于体验的逻辑主体（主体形式），而是体验的内在形式。所以，实际上，胡塞尔不是从否定到肯定纯粹自我，而是提出了一种新的自我观，用作为体验内在形式的纯粹自我取代了作为外在形式的纯粹自我。可能因为胡塞尔沿用了新康德主义的术语，才导致其他学者误以为他背离了初衷。扎哈维认识到了这一点，因此他提出并使用了诸如"体验的主体性""第一人称被给予性""第一人称视角""我属性"等一系列新术语，② 以试图重新诠释和替代胡塞尔的"纯粹自我"和"自我极"概念。扎哈维使用的新术语突出了自我是体验显现或被给予的方式，是体验的内在属性，而不是超越体验的实体或形式。这使

---

① ［丹］丹·扎哈维：《主体性和自身性：对第一人称视角的探究》，蔡文菁译，第 56 页。

② 参见［丹］丹·扎哈维《主体性和自身性：对第一人称视角的探究》，蔡文菁译，第 75、133、160 页。

他的理论得以明显地区分于康德的理论。扎哈维认为，一切体验都具有我属性（第一人称被给予性），即体验总是"直接地、非推论性地且无条件地作为属于我的体验而被给予"①。体验总是作为我的体验被给予，意味着，任何体验——无论是观察树上鸟巢的体验，牙齿疼痛的体验，还是天马行空的想象——都隐含着自我觉知。对扎哈维来说，自我至少作为这样"一种内隐的（以及最低程度的）自身觉知"存在，他将这种自我觉知称为"最小自我"（minimal self）或"核心自我"（core self），并强调它具有"经验实在性"（experiential reality）。② 通过用新的术语对胡塞尔的概念进行澄清，扎哈维形成了自己的"最小自我观"。

扎哈维的最小自我观通过以下方式回应了萨特、古尔维奇等人对胡塞尔的质疑。首先，如果纯粹自我就是指意识体验的我属性，那么主张纯粹自我对意识体验不可或缺与强调意识体验没有主体结构是不矛盾的——意识体验可以没有外显的主体结构，但它总是作为我的体验被给予。前反思意识与反思意识可以分别被诠释为只涉及内隐的、最低程度的自我觉知的意识，以及涉及外显的、高程度的自我觉知的意识。古尔维奇强调反思意识本身没有主体结构是可理解的，因为在反思时被外显地觉知到的总是对象化的原意识的主体性而不是当前意识的主体性。休谟、早期胡塞尔、萨特、古尔维奇等都忽视了或不够重视内隐的自我觉知，他们反对自我作为实体、区别于体验的主体形式或者内在于体验的外显主体形式存在，但他们未必会反对扎哈维所提倡的最小自我的存在。

其次，作为体验的我属性的自我不会损害意识的透明性。对扎哈维来说，意识体验的透明性就体现在它们以第一人称直接地被给

---

① ［丹］丹·扎哈维：《主体性和自身性：对第一人称视角的探究》，蔡文菁译，第157页。

② Dan Zahavi, *Subjectivity and Selfhood: Investigating the First-Person Perspective*, Cambridge: MIT Press, 2005, pp. 61, 106. 丹·扎哈维明确提出了"经验实在性"这个概念。

予。不过，他承认，有些"体验"不是以第一人称直接地被给予的。例如，在与朋友的交谈中，我们聊得捧腹大笑，我感觉到非常开心，同时也感觉到我的朋友非常开心。我的开心是以第一人称直接地被给予的；我感觉到我朋友很开心的这种体验也是；但朋友的开心不是，它是透过我的一系列体验（如关于朋友的躯体状态的体验等）间接被给予的，即胡塞尔提出的相似性统觉。当时朋友可能因工作不顺而感到焦虑，只是由于不想影响我的心情而假装开心。朋友的心理活动对她而言是以第一人称直接地被给予的；但对我不是，它们只能透过我的体验间接呈现。① 他强调，"我"与他人的相似体验之间的差别就在于它们是否以第一人称被给予"我"。② 换言之，如果像无我观（如反思建构观）所主张的体验是无人称地被给予的，那么在社交中"我"与他人的体验将无法相区分。这里强调的不是意识流间的区分，而是同一意识流中体验间的区分。然而，这种区分是常见的经验事实，如上文提到的我的开心与朋友的开心的区分。因此，体验不是无人称被给予的。他人的体验只能通过"我"的体验间接被给予"我"，所以说到底体验都是作为"我"的体验被给予的。

扎哈维把体验的第一人称被给予性看作意识流统一的基础和个体化的标识③——尽管意识体验瞬息万变、不断生灭，甚至彼此间断，只要它们都以第一人称被给予，它们就能得以统一；从同一第一人称视角被给予的体验构成同一意识流，它区分于从其他可能的第一人称视角被给予的体验构成的意识流。

---

① 扎哈维将在社交中对方（另一个第一人称视角）的体验向"我"（这个第一人称视角）间接显现的方式称为"从第二人称的视角被给予"。（[丹] 丹·扎哈维：《主体性和自身性：对第一人称视角的探究》，蔡文菁译，第158页）
② 参见 [丹] 丹·扎哈维《主体性和自身性：对第一人称视角的探究》，蔡文菁译，第161页。
③ 参见 [丹] 丹·扎哈维《主体性和自身性：对第一人称视角的探究》，蔡文菁译，第167—168页。

最后，针对古尔维奇等学者坚持意识的统一只与意识体验的时间结构有关，与纯粹自我无关，扎哈维进行了反驳。他的潜在论证思路可以整理如下：（1）内时间意识不应被理解为一种对象化意识，否则它无法解释非对象化的、前反思的意识的统一；（2）内时间意识应该被理解为体验的内在结构；（3）第一人称被给予性也是体验的内在结构；（4）在前反思意识中，体验内隐地作为我的体验被给予与时间化地被给予是不可区分的；（5）因此，体验的第一人称被给予性与内时间意识可能是一体的——它们的区分不是本质的而是视角的。① 他主张，内时间意识结构是"第一人称被给予性的（微）结构"②。简言之，无论基于第一人称被给予性，还是基于内时间意识结构来解释意识体验的统一都是一致的。此外，如果意识只是因被对象化地感知为在时间上连续而统一，那么不连续的回忆被统一的情况就难以获得解释。只有诉诸第一人称被给予性，它们都作为我的回忆被给予，它们的统一才能得到解释。

综上，对扎哈维来说，承诺作为体验的我属性/第一人称被给予性的最小自我存在是必要的、无害的且经验适当的。通过对胡塞尔"纯粹自我"概念的重新诠释和发展（尽管未必符合胡塞尔的原意），扎哈维使胡塞尔早期与中后期思想之间的联系得以明晰，使胡塞尔和萨特、古尔维奇等学者在自我观上的矛盾得以协调，并使自我的实在性在最低限度上得到保存。

然而，扎哈维的回应也存在一系列问题。首先，如果说最小自

---

① 参见［丹］丹·扎哈维《主体性和自身性：对第一人称视角的探究》，蔡文菁译，第80—83页。视角的区分是指横向（共时）与纵向（历时）视角的区分，即从单个体验入手与从意识流入手分析意识体验的内在结构的区分。前一种视角让我们关注到体验总是作为我的体验被给予，即体验具有第一人称被给予性；而后一种视角让我们关注到体验总是涉及对前一个体验的滞留和对后一个体验的前摄，即体验具有内时间意识结构。丹·扎哈维认为它们是意识体验的同一种内在结构，因为它们在前反思意识体验中是不可区分的。

② ［丹］丹·扎哈维：《主体性和自身性：对第一人称视角的探究》，蔡文菁译，第81页。

我不具有超越性，它只是内在于体验的属性，那么它仍然无法解释意识的统一。比如，五个红色的球本身不会因它们是红色的而统一起来，它们的统一是我们将它们与蓝色的球作对比时才赋予它们的。如果体验的内在属性可以将它们统一起来，那么除我属性外的其他属性（如体验的直观性）也可以将体验统一起来。如果说唯有我属性能将体验统一为意识流，那么它必须是超越体验本身的，是跨体验同一的，而体验的其他内在属性不是。① 但是，我们没有理由接受最小自我的跨体验同一性。因此，有学者提出了"更小"（在不具有跨体验同一性意义上更小）的最小自我，这位学者是盖伦·斯特劳森。斯特劳森认为，最小自我是"自我体验"（self-experience）或者说"作为单一心理事物的体验主体"（subjects of experience that are single mental things）。② 意思是，一个自我体验同时就是一个体验主体即一个自我，而不同体验是不同的自我。每个自我都是短暂的，通常"不超过3秒"，我们所说的"自我"（the self）实际上是许许多多"短暂的、相继的自我"（selves）。③ 另外，斯特劳森表示，自我不会因短暂而不是实在的。④ 有别于扎哈维，斯特劳森认为体验总是作为不同的"我"的体验被给予，它们只是在时间上相继而偶然地联结，就像珍珠串上的珍珠那样，这就是斯特劳森的"珍珠串理论"。斯特劳森的自我观可以被视为休谟式自我观的变体，虽然他强调体验具有内在的主体性而休谟没有，但是他坚持即使体验都作为"我"的体验被给予，我们仍然没有理由相信它们是统一的，这与休谟的理论相容。从斯特劳森的角度看，最小自我不是跨体验同一的，

---

① 扎哈维引用了胡塞尔的说法"内在之中的超越"来形容最小自我的跨体验同一性。（参见［丹］丹·扎哈维《主体性和自身性：对第一人称视角的探究》，蔡文菁译，第166页）

② Galen Strawson, "The self and the SESMET", *Journal of Consciousness Studies*, Vol. 6, No. 4, 1999, pp. 118.

③ Galen Strawson, "The self and the SESMET", Vol. 6, No. 4, pp. 100, 111.

④ 参见 Galen Strawson, "The self and the SESMET", p. 130。

至少是可想象的。不过，对扎哈维来说，斯特劳森的自我观会导致一些严重的理论后果，比如自我意识与他人意识无法相区分——因为任意两个体验及其最小自我之间都是相互区分的，无论这两个体验是来自同一个人，还是来自不同的人。① 显然，扎哈维预设了某种原初的自我—非我区分——自我意识与他人意识的区分。他认为，只有当最小自我具有跨体验同一性时，自我意识与他人意识的原初区分才是可能的，所以最小自我具有跨体验同一性是必然的。然而，事实上，还有许多其他的可能性：例如，像萨特主张的，意识通过不断将过去的意识对象化来统一自身形成意识流，而作为整体的意识流区分于其他整体；或者，自我与他人的区分不是基础的而是反思建构的。这些方案都可以作为斯特劳森最小自我观的补充。在解释自我—他人区分现象上，扎哈维提出的具有超越性的最小自我不是唯一的选项。

再者，在前反思中，体验以第一人称被给予与时间化地被给予不可区分，不代表它们是体验的同一内在属性，更不代表内时间意识结构是第一人称被给予性的微结构，它们可以是体验同时具有的不同属性。另外，从把内时间意识结构视为最小自我的微结构来看，扎哈维的最小自我一开始就是丰富的而非空洞的，它比康德和胡塞尔的纯粹自我都更加丰富。最小自我的丰富很可能服务于对它的内在超越性的解释——由于第一人称被给予性是一种内时间意识结构，所以它能跨体验同一——但这种做法会导致第一人称被给予性本身沦为对体验不必要的或者琐碎的属性。扎哈维最小自我观的其他问题（如不具有经验适当性等）还将在接下来三个小节详细分析。

除了扎哈维和斯特劳森的最小自我观，前人还提出了许多其他形式的最小自我观，它们分别强调自我在不同意义上是最小的。例如，当代认知科学哲学家、心智哲学家理查德·梅纳里主张，"我们

---

① 参见［丹］丹·扎哈维《主体性和自身性：对第一人称视角的探究》，蔡文菁译，第168页。

的体验是具身的",而作为体验主体的"最小自我是一个具身主体"。① 他的具身体验主体,既可以从实用主义角度理解为有机体,也可以从认知角度理解为一个感觉运动系统,还可以从现象学角度理解为由对自身身体的知觉、信念、态度等构成的身体意象。② 他认为体验是具身的,最小自我是具身主体的理由是:只有基于具身主体和具身体验,参与世界(与世界互动)并作为世界的一部分嵌入世界之中才是可能的;只有基于具身体验,叙事才是可能的(详见后文)。简单来说,他认为最小自我具有具身性对自我—世界关系的建立、经验自我建构是必要的。

梅纳里这种具身自我观可以追溯到法国哲学家莫里斯·梅洛－庞蒂(Maurice Merleau-Ponty)的观点。在《知觉现象学》(1945)中,梅洛－庞蒂指出"至少在我拥有体验的意义上说,我是我的身体"③。这里所说的"身体"既不是物理身体,也不是身体观念,而是通过在世界中知觉和行动持续介入并存在于世界中的具身主体。它既是物理的也是心理的,既是主体也是对象。为了阐明身体的特性,梅洛－庞蒂分析了很多案例:(1)例如,幻肢现象(患者失去肢体但仍持续拥有关于该肢体的感觉)表明身体不仅是刺激—反应的物理身体,它还具有心理属性,但当感觉通路被切断时幻肢现象会消失说明它同时是物理的,所以身体是心理—物理统一体;(2)另外,有些患者试图用幻肢走路,这是因为过去在世界中存在的身体、身体与世界的联系作为习惯的身体(前反思的知识)在感觉通路中存储从而影响着当前身体在世界中的行动,这暗示着身体不是孤立的身体而是在世界中存在的身体;(3)当我们的双手相互触摸时,我们既感到在触摸又感到被触摸,但手在触摸其他物体时

---

① Richard Menary, "Embodied narratives", *Journal of Consciousness Studies*, Vol. 15, No. 6, 2008, p. 75.

② 参见 Richard Menary, "Embodied narratives", pp. 76–78。

③ Maurice Merleau-Ponty, *Phenomenology of Perception*, trans. Colin Smith, London, New York: Routledge, 2002, p. 231.

没有被触摸的感觉,表明身体是不同于其他物体的主客体统一的存在。① 梅洛-庞蒂所说的"身体"除了包括一系列心理—物理属性、与世界的交互和联系,还包括与其他主体的联系。梅洛-庞蒂认为,只有当"我"是具身主体而且"我"包含将他人识别为另一个具身主体的能力时,主体间性的建立才是可能的。② 这意味着,具身性及其包含的潜在主体间性是实际主体间性(自我—他人关系)建立的必要基础。对梅洛-庞蒂来说,自我至少作为具有上述特征的身体存在。

梅洛-庞蒂通过分析身体的特殊性把自古以来被割裂的身心又统一起来,把心理世界连同被认为归属于心理世界的自我重新放回身体当中,使主体间性(自我—他人关系)不再只是意识的构造。虽然梅洛-庞蒂主张自我是身体,但他的理论已暗含自我是身体与他人/世界之间的前反思联系而不是孤立的身体的观点,这与本书所辩护的主张是相容的。他没有提出自我作为身体—世界前反思联系存在,仅仅强调自我是在世界中知觉和行动的身体,可能因为他仍在一定程度上受独立自我预设和实体实在论的影响,坚持实体比关系更基础和实在。梅纳里、梅洛-庞蒂等人的具身自我比扎哈维的最小自我显得更大,因为前者强调了具身的必要性而后者没有。不过,扎哈维并不排斥主体性是具身的,只是他侧重强调主体性是使意识或身体之为"我"的最小条件。受梅洛-庞蒂启发,扎哈维也表示,只有共同主体性(co-subjectivity)本身就内在于主体性之中,在自我遇到他人时,共情才是可能的。③ 继扎哈维的最小自我内在地

---

① 参见[法]莫里斯·梅洛-庞蒂《知觉现象学》,姜志辉译,第 106—203 页;关群德《梅洛-庞蒂的身体概念》,《世界哲学》2010 年第 1 期。
② 参见[丹]丹·扎哈维《主体性和自身性:对第一人称视角的探究》,蔡文菁译,第 199—204 页。这类似于胡塞尔所说的相似性统觉。不过,对胡塞尔来说,无论自身还是他人的身体都是意识构造的。
③ 参见[丹]丹·扎哈维《主体性和自身性:对第一人称视角的探究》,蔡文菁译,第 214 页。

包含了内时间意识结构后，它又再次容纳了新的性质——共同主体性。最小自我的再次扩展体现了最小自我观的内在矛盾：它预设了自我与他人的先天区分；然而，为了解释自我与他人之间的联系，它又不得不预设自我与他人的先天联系，并把两种预设都加在一个属性之上。最小自我既要标志着自我—他人的先天区分又要内含着自我—他人的先天联系，这是难以理解的。这是沿着独立自我模型的思路提出的自我观共同面临的难题。如果共同主体性内在于主体性之中，那么最小自我本身就是一种关系的自我，而且是一种内隐、前反思、前认知的关系自我，这正是本书打算论证的观点。

此外，肖恩·加拉格尔认为最小自我包括拥有感（sense of ownership）和施动感（sense of agency）——拥有感指自身是体验的拥有者的感觉，而施动感指自身是做出身体行动或意识行动的主体（agent）的感觉。① 例如，在我挥动球拍时，我感觉自己是挥拍的主体就是施动感的体现，而我感觉我在挥拍（挥拍是我的感觉）则是拥有感的体现。扎哈维的最小自我更接近加拉格尔的拥有感。② 扎哈维不承诺具身对自我来说是必要的，自然而然地，他也不会将施动感看作必要的。

上述最小自我观虽然对最小自我"小"的程度有不同的看法，如跨体验同一的还是短暂的体验主体，非具身的还是具身的体验主体，但它们共享着一个核心观点：自我至少作为某种体验主体（性）是经验实在的，丰富经验自我的构建、自我相关关系的建立是在此最小自我基础上才得以可能的。与之相反，各种无我观主张，自我

---

① 参见 Shaun Gallagher, "Philosophical conceptions of the self: Implications for cognitive science", pp. 15–16。
② 体验的我属性比较接近于拥有感，前者强调体验总是作为我的体验被给予，而后者强调我是心理活动和身体活动的拥有者的感觉。不过，第一人称视角与拥有感有一定的区别。比如，在玩电子游戏过程中，我们会把从第三人称视角观察到的数字替身（玩家角色）知觉为我们在游戏环境中的身体，将数字替身的运动知觉为自身的行动，即我们对数字替身及其行动具有拥有感和施动感，但数字替身不是从第一人称视角给予我们的。

只是纯粹建构或虚构的产物，自我的建构不以某种最小自我为必要基础，因而自我在任何意义上都不是实在的。因此，在它们之间发生着激烈的争论。下面将从三种最具代表性的无我观入手，论述最小自我观与无我观之争，以进一步揭示各种现当代自我观的存在问题及其根源。

三 最小自我观与社会建构观之争

社会建构观是现当代最有影响力的无我观之一。社会建构观的起源可追溯到社会心理学家查尔斯·库利（Charles Cooley）的"镜中自我"（looking-glass self）理论。不过，库利本人的自我观与最小自我观并不矛盾。在《人类本性与社会秩序》（1902）中，库利指出经验自我最初是一种与生俱来的自我感觉或感觉的组成部分，而刚出生几周的婴儿表现出的对身边可见物体的控制欲证明了这种自我感觉的真实存在。① 然后，库利再以自我感觉为基础分析经验自我各个方面（社会自我、群体自我等）如何得以建构。例如，在社交中，我们会想象他人对自己的看法，而这些看法影响和塑造着我们的自我感觉，从而促使我们调整自身的行为，这就是我们的社会自我。② 库利坚持存在与生俱来的自我感觉作为经验自我建构的起点，显然也属于最小自我观的一种。

受库利对社会自我的讨论的启发，另一位社会心理学家乔治·米德在其著作《心灵、自我与社会》（1934）中提出了具有颠覆性的自我主张——"社会过程在时间上和逻辑上都先于从它之中产生的有自我意识的个体"[③]。米德指出：（1）自我对有机体及其生活不是必要的，许多有机体没有自我；（2）个体有机体只有参与社会交

---

① 参见［美］查尔斯·霍顿·库利《人类本性与社会秩序》，包凡一、王湲译，华夏出版社1989年版，第107—112、114页。
② 参见［美］查尔斯·霍顿·库利《人类本性与社会秩序》，包凡一、王湲译，第115—118页。
③ ［美］乔治·H·米德：《心灵、自我与社会》，赵月瑟译，第166页。

互，通过采取其他个体的态度，才产生了对象化的自我，或者说，个体体验是从他人视角间接把握的对象；（3）个体有机体只有参与语言交流，通过模仿其他个体对他/她讲话和替他/她作出回应的行为模式，才会形成自我和个体概念；（4）最初的社会过程无须涉及自我。① 总而言之，自我的产生完全依赖社会过程，但社会过程不依赖自我。基于上述理由，米德主张社会交互过程和语言交流过程优先于自我并且是自我产生的必要条件。值得一提的是，对米德来说，不仅作为对象的客我是基于社会交互和语言交流过程间接形成的，所谓主我也是间接产生的。他指出，当下的客我是"早些时候的[客我的]'主我'"②，也就是说，主我实际上也是客我。这又回归了休谟式自我观——一个体验（知觉）通过表征之前的一组体验，而成为之前体验的主体。概括地说，米德认为主客我都是纯粹建构的，在社会交互之初、在前语言时期，任何形式的自我都不存在。米德真正构建了采取自我反实在论立场的社会建构观。他发现社会关系比个体自我更基础，于是他认定自我只是建构的而非实在的，这暗示他仍然预设了如果自我是实在的，那么个体自我必定优先于自我—他人关系。

扎哈维曾多次反驳米德式社会建构观。其一，扎哈维通过自闭症的例子否定自我产生于社会交互。他认为，自闭症患者至少拥有最低限度的自我觉知，依据是他们在年幼时就能通过镜子测试③；但

---

① 参见［美］乔治·H·米德《心灵、自我与社会》，赵月瑟译，第121—124、201页。
② ［美］乔治·H·米德：《心灵、自我与社会》，赵月瑟译，第155页。
③ 镜子测试是由盖洛普（G. G. Gallup）在1970年提出的。在镜子测试中，受试者的脸或身体被做上标记，受试者可以通过面前的镜子观察到身上的标记。如果受试者试图用手触摸甚至擦掉该标记，就说明他/她有自我意识，他/她将关于镜像的经验归属于自身。不过，一系列研究发现不少动物（黑猩猩、大象等）甚至智能机器也能通过镜子测试。通过镜子测试是否表明受试者拥有自我意识仍然存在较大争议，而且自我脸部和身体识别仅仅是自我意识的其中一种体现。关于机器人通过镜子测试的研究，可参见 Kevin Gold, and Brian Scassellati, "A Bayesian robot that distinguishes 'self' from 'other'", *Proceedings of the Annual Meeting of the Cognitive Science Society*, Vol. 29, No. 29, 2007, pp. 1037–1042。

是，自闭症患者缺乏感知和理解他人心理活动（尤其是他人情绪）的能力，自闭症孩子不像非自闭症孩子那样在镜子前表现出害羞，① 他们往往需要依靠明确的规则来感知与理解他人。② 另外，自闭症孩子难以通过虚假信念测试。③ 这共同暗示最小自我是与生俱来、独立于社会交互的，自我概念不是个体间相互对象化的产物。

不过，镜子测试只能用于测量自我意识的其中一个方面——自我脸部或身体识别（自我脸部识别甚至可以是不涉及意识体验的认知加工过程），自闭症患者在自我意识的其他方面表现出缺陷。例如，在记忆任务中，自闭症受试者没有像健康受试者那样显示出自我参照效应——自闭症受试者记忆与自我相关的词和无关的词没有表现出显著差别。④ 扎哈维没有谈及自闭症患者在自我意识其他方面的缺陷。另外，尽管自闭症患者较难理解他人的心理活动并表现出语言交流障碍，但他们不是完全缺乏社会交互和语言交流。⑤ 因此，

---

① 扎哈维的意思是，这表明自闭症孩子并没有把镜像看作他人在凝视自己，他们不是站在他人的立场上把自己对象化的，他们的自我觉知是直接的、自发的。

② 参见［丹］丹·扎哈维《主体性和自身性：对第一人称视角的探究》，蔡文菁译，第273—282页。

③ "莎莉—安妮测试"是经典的虚假信念测试。在该测试中，受试者被安排观看木偶戏；戏中，莎莉把球放到篮子里，然后离开了场景；在莎莉走了以后，安妮把球从篮子里拿出来藏在箱子里；最后，莎莉回来了，受试者被问道："莎莉会在哪里找她的球"。实验发现，大部分自闭症孩子（80%）做出了错误的回答——"莎莉会在箱子里找球"（在莎莉看来球还在篮子里），相反大部分健康孩子（85%）与唐氏综合征孩子（86%）通过了测试。（参见 Simon Baron-Cohen, Alan M. Leslie and Uta Frith, "Does the autistic child have a 'theory of mind'?", *Cognition*, Vol. 21, No. 1, 1985, pp. 37 – 46）这说明自闭症孩子缺乏从他人视角理解他人心理活动的能力。

④ 参见 Motomi Toichi, Yoko Kamio, Takashi Okada, et al., "A lack of self-consciousness in autism", *The American Journal of Psychiatry*, Vol. 159, No. 8, 2002, pp. 1422 – 1424。

⑤ 自闭症患者也有各式各样的语言交流。（参见 Helen Tager-Flusberg, Rhea Paul and Catherine Lord, "Language and Communication in Autism", in Fred R. Volkmar, Rhea Paul, Ami Klin and Donald Cohen, eds., *Handbook of Autism and Pervasive Developmental Disorders*, Volume 1: *Diagnosis, Development, Neurobiology, and Behavior*, Hoboken, New Jersey: John Wiley & Sons Inc, 2005, pp. 335 – 364）

社会建构观仍然可以坚持社会交互（甚至包括语言交流）是自我概念形成的必要前提，并回应道：正因为自闭症患者社交能力有限，才使他们只形成了最低限度的自我觉知（低水平的自我意识），而没有发展出成熟的自我概念和高水平的自我意识。

其二，扎哈维曾指出，自我的社会建构本身必须预设我们"拥有第一人称视角和共情能力"，因为自我的社会建构意味着"体验并内化（internalizing）他人对我们自身的看法"。① 只有当我体验自身与他人体验我存在差别时，我才有可能通过站在他人的视角体验他人对我的看法来调整我自身的体验，即"内化"，而两种体验之间的差别就在于上一小节提到过的第一人称与第二人称视角被给予的差别——我的体验（无论是否关于我自身）都是以第一人称直接被给予我的，而他人体验都是通过我的体验间接被给予我的。如果像社会建构观所主张的，我只能从他人视角间接获得个体体验，我与他人看待我的视角并无区别，"内化"就是不可能的。扎哈维凭借常见的我们体验（we-experience）② 来证明第一人称视角与第二人称视角及其区分的存在。他认为，我们体验是在面对面的双方不断体验并内化着对方对自身的看法，知觉着对方也在体验和内化着来自我方的态度，并不断比较彼此间的相似和差异的过程中产生的，因此我们体验需要以我的体验的存在以及自我与他人体验的区分为前提。③ 如果没有两种视角的区分，就没有它们之间的持续交互，那么最多只有我的体验，而没有我们体验。概括地说，（1）如果内化存在，那么第一人称视角和第二人称视角及其区分必然存在；（2）我们体验的存在证明了内化的存在；（3）所以，第一人称视角和第二人称视角及其区分必然存在。基于社会建构观的推论与该结论不一致。

---

① Dan Zahavi, "Self and other: From pure ego to co-constituted we", p. 156.
② 扎哈维将归属于"我们"而不仅是"我"的体验称为"我们体验"。（参见 Dan Zahavi, "Self and other: From pure ego to co-constituted we", p. 157）
③ 参见 Dan Zahavi, "Self and other: From pure ego to co-constituted we", pp. 157 – 158。

社会建构观仍可以对之进行如下反驳：体验和内化他人的态度只是一个不断建模和修正模型以拟合新数据的过程。从他人视角获得的个体体验调节着基于过去从他人视角获得的个体体验构建的自我模型，就像一台包含动态隐式上行设计的智能机器①一样。换句话说，社会建构观可以否定扎哈维的论证前提（1）。有的学者甚至明确主张，（自我与他人不区分的）我们体验先于我的体验出现，我的体验产生于我们体验，如神经生理学家维托里奥·加莱塞（详见本章第五节）。

扎哈维的论证前提体现了他坚持独立自我预设和实体实在论思路——只有在第一人称视角与第二人称视角的先天区分存在的基础上，我们体验才能透过视角间的交互而形成，没有个体化的视角就没有视角间的关系；关系是派生的、构成的，而非基础的、实在的。这使得扎哈维忽视了第二/三人称视角、我们体验优先于第一人称视角、我的体验存在的可能性。虽然社会建构观指向了理解我们体验的另一种可能思路，但对于社会建构观来说，个体仍然优先于关系存在，所以依赖社会关系的自我不可能是基础的、实在的东西。这表明社会建构观同样受到独立自我预设和实体实在论的约束——只有个体存在者，才可能是实在的；如果自我是实在的，那么它必定是某种个体存在者，否则，它就不是实在的。

四 最小自我观与叙事观之争

叙事自我观（简称"叙事观"）是另一种有影响力的无我观。叙事自我观的支持者包括当代哲学家阿拉斯代尔·麦金泰尔（Alasdair MacIntyre）、查尔斯·泰勒（Charles Taylor）、保罗·利科（Paul Ricoeur）、丹尼尔·丹尼特（Daniel Dennett）、玛丽亚·谢特曼（Marya Schechtman）等，他们认为自我本质上是叙事建构的产物。麦金泰尔、泰勒、利科主张，通过叙事，个体的一系列行为才成为

---

① 拥有不体现特定准则的学习机制并且在投入使用后仍然持续学习和演化的机器，可以被称为运用了"动态隐式上行设计"的机器。（参见黄子瑶、徐嘉玮《智能机器的道德问题研究》，《广州大学学报》（社会科学版）2019 年第 1 期）

某个行动主体("我")有意图的、有意义的行动,个体的生活才成为行动主体对善或者说美好的追求,换言之,作为行动主体在世界中行动和生活的"我"是叙事建构的;谢特曼则认为,除了将个体的行为明确诠释为行动主体的行动这种外显的叙事建构,还有更普遍的内隐叙事建构——我们的体验总是叙述"我"的故事的一部分。① 前一种叙事更多地依赖个体间交互和语言交流,后一种叙事更强调个体内将体验统一为连续故事的心理能力。不过,他们的叙事观也可以被诠释为一种自我实在论(有我观):在叙事中个体被构建为在行动或在体验的"我",虽然没有叙事就没有"我"(自我概念),但"我"的实在性可以追溯到个体的实在性。②

相较上述学者的叙事观,丹尼特的叙事观是更彻底的自我反实在论(无我观)。丹尼特提出自我是"叙事重心"(center of narrative gravity)③。物理学中的重心是为了解释物理现象而虚构的理论实体,丹尼特用重心比喻自我是为了说明自我也只是为了解释现象(如行为)而虚构的实体。他把大脑比作无意识的小说写作机器,并指出自我只是它不断"编写"的故事(自传式记忆)的虚构主角,自我作虚构主角将不同素材黏合起来。④ 换句话说,大脑的叙事将离散的

---

① 参见 Marya Schechtman, "The narrative self", in Shaun Gallagher, ed. *The Oxford Handbook of the Self*, New York: Oxford University Press, 2011, pp. 394 – 416。

② 为此,谢特曼明确将自己的叙事观区分于丹尼特的叙事观(丹尼特的叙事观见下文)。谢特曼认为自我是实在的,而丹尼特认为自我是虚构的,尽管他们都主张自我是叙事建构的。(参见 Marya Schechtman, "The narrative self", p. 398)

③ Daniel C. Dennett, "The self as a center of narrative gravity", in Frank S. Kessel, Pamela M. Cole, and Dale L. Johnson, eds., *Self and Consciousness: Multiple Perspectives*, New Jersey: Lawrence Erlbaum Associates, Publishers, 1992, p. 103.

④ 参见 Daniel C. Dennett, "The self as a center of narrative gravity", pp. 103 – 115。丹尼特的自我观与他的意识理论即意识的多重草稿模型密切相关,他认为意识是大脑基于感觉输入编写和持续修改的多重并行叙事草稿,而非单一意识流。(参见 Daniel C. Dennett, *Consciousness Explained*, London: Penguin Books Ltd., 1993, Chapter 5)没有统一的意识流,只有多重并行的草稿,否定了主张自我作为意识统一之基础而必然存在的各种自我实在论,支撑着自我不过是将部分信息黏合成故事的虚构重心的叙事观。

体验、情感、话语、行为、社会关系等拼凑成关于"我"的故事。大脑无意识的叙事（信息加工）构造了自我，自我无异于《西游记》中的孙悟空。值得注意的是，对丹尼特来说，"我"不是进行无意识叙事的大脑，也不是具有特定行为的个体，而仅仅是虚构的主人公，它不具有任何实在性。丹尼特让我们把大脑想象为小说写作机器，目的在于强调大脑不是真正有意向性的叙事者，它只是在进行类似于叙事的信息加工，我们不能把大脑本身看成自我。

认知心理学家布鲁斯·胡德（Bruce Hood）的观点与丹尼特相近，他认为自我是大脑在加工来自世界的信息时为了解释和补充不融贯的、缺失的部分而创造的幻象，"我"的加入可以使信息更有秩序地组织起来构成世界图景。[①] 用丹尼特的话来说就是，围绕"我"这个虚构的叙事重心，本身不连续、不融贯的信息得以连接成一个大体融贯的故事；反过来说，基于各种各样的信息，大脑构建了一个丰富的自我。胡德与丹尼特这种（相对谢特曼来说）更彻底的无我观会面临一个困难：如果"我"被叙事建构出来后指称个体，就能解释为什么自我叙事会对后续的个体行为产生因果影响；但如果"我"没有指称，将难以解释自我叙事的因果影响，并且难以解释为什么大脑用"我"而非其他（如名字）来组织信息。

扎哈维没有否定叙事对于形成丰富自我概念的重要意义，但他强调最小自我是叙事的必要前提；社会建构同理。扎哈维指出我们

[①] 参见［英］布鲁斯·胡德《自我的本质》，钱静译，浙江人民出版社2020年版，第269页。胡德在书中举过一个比较极端的例子——裂脑人。裂脑人是指连接大脑左右半球的胼胝体被切断的人，他们选择切断胼胝体是为了缓解自身的癫痫症状。由于胼胝体被切断，裂脑人的大脑左右半球彻底无法进行信息交流，因此会出现左右脑有信息差的情况。然而，有实验发现，当左半球存在信息差导致左右手的行为不一致时，受试者依然会通过编故事来尽可能合理且融贯地解释左右手不一致的行为，而没有将不同行为归属于不同自我。胡德想要通过裂脑人例子证明，即使大脑左右半球平行地加工着不同的信息，大脑也会通过"添油加醋"地编写故事将它们统一起来，而自我正是由这种大脑叙事构建。（参见［英］布鲁斯·胡德《自我的本质》，钱静译，第211—213页）

会认为不同自我叙事之间有真实程度上的差别；继而，他指出叙事是对过去经历（体验）的回忆和加工。① 意思是，体验先于叙事，只有在体验存在的基础上叙事才是可能的，不同的叙事与体验本身相比较才会有真实程度上的差别，自我叙事本身预设了自我体验的存在。但是，叙事观可以回应说，叙事确实以一些体验为基础，如谢特曼意义上的叙事就是如此，但这些体验本身是离散的、无人称的，就像休谟、古尔维奇所主张的那样。对此，扎哈维反驳认为，虽然叙事为生活经历增加了更多的统一性，但在前反思意识中体验已在一定程度上统一。② 为了解释前反思意识的统一，我们必须接受最小自我的存在。不过，前面我们已经讨论过，最小自我（体验的我属性）本身也不足以解释意识的统一，除非有充分理由支持它具有跨体验同一性，然而扎哈维实际上主要是基于其独立自我预设（自我原初地区分于非我）来论证这一点。更何况，像丹尼特甚至否定意识的统一性。

另外，扎哈维认为，叙事提供的自我同一性不足以说明自我在伦理道德方面的同一性。③ 道德相关问题是所有无我观共同面临的难题。例如，如果自我是纯粹建构或虚构的，那么自我无须为任何行动承担道德责任；或者说，道德责任归属本身也只是叙事的虚构，道德规范亦然。如果不想让道德责任归属和道德规范沦为虚构或丧失可能性，就要放弃无我观的基本立场。所以，扎哈维坚持认为需要以最小自我观来补充叙事观。谢特曼曾对扎哈维（以及斯特劳森等人）的反驳进行回应，不过他的回应相对较弱。一方面，谢特曼

---

① 参见［丹］丹·扎哈维《主体性和自身性：对第一人称视角的探究》，蔡文菁译，第141—142页。
② 参见［丹］丹·扎哈维《主体性和自身性：对第一人称视角的探究》，蔡文菁译，第142—143页。在此，扎哈维是通过援引其他学者的说法来间接表述自己的反驳意见的。
③ 参见［丹］丹·扎哈维《主体性和自身性：对第一人称视角的探究》，蔡文菁译，第143—145页。

表示可以接受扎哈维的补充观点，但对他来说叙事是必不可少的，因为作为主体性的最小自我离丰富的自我图景还很遥远；另一方面，他认为，很可能是因为人类学会了叙事，才使人类的自我意识有别于其他动物更为基本的第一人称觉知。① 这暗示着人类特殊的跨体验同一的主体性产生于叙事，叙事优先于最小自我。他的前一种回应相当于向最小自我观让步，而后者尚缺乏充分证据。

与扎哈维的观点相似，梅纳里主张，前叙事的具身主体是叙事的必要基础。他曾用开车的例子反驳叙事观。他指出，当"我"学会开车后，"我"开车时的一连串动作和知觉都是无意识的，"我"没有去思考或者描述它们，事后"我"也只能简单叙述这一事件，如"我开车去超市"。② 他强调，"我"开车的一系列动作不是"叙事序列"而是"非叙事的具身能力"。③ 他的意思是，作为具身主体的自我的一系列行动和体验优先于叙事，叙事对自我来说既不是原初的，也不是必要的。另外，梅纳里还明确反驳了内隐叙事观。他指出从内隐叙事观会得出错误的推论：如果"我"是心理叙事建构的，那么在受伤时"我感觉到疼痛"将被理解为关于一系列叙事感觉到疼痛的心理叙事，而这是错误的，疼痛感不应归于一系列叙事，而应归于一个具身主体，这个具身主体就是"我"。④ 换句话说，即使我们承认当前体验是心理叙事的一环，它叙述的也是某个具身主体的体验，即使正是心理叙事使该具身主体成为"我"，具身主体本身也应该被看作一个原初的、实在的自我，它必然优先于心理叙事存在，否则心理叙事只能是关于过往叙事虚构的对象的叙事。这即便不是错误的，也可能导致无穷后退。

除了来自最小自我观倡导者的反驳，许多实证研究发现也证伪了叙事观。例如，有认知神经科学研究发现，脑损伤导致情景记忆

---

① 参见 Marya Schechtman, "The narrative self", pp. 410–411。
② 参见 Richard Menary, "Embodied narratives", p. 70。
③ Richard Menary, "Embodied narratives", p. 70.
④ 参见 Richard Menary, "Embodied narratives", p. 73。

不可通达的患者和自闭症导致情景记忆发展异常的患者仍然拥有自我知识。① 情景记忆是叙事的自然基础，情景记忆不可通达意味着大脑的叙事无法进行。患者难以正常叙事但有自我，表明基础的自我不产生于叙事。又如，有发展心理学研究显示，前语言时期的婴儿也能识别出镜子中的自己，并且能模仿他人的意图而不仅仅是模仿他人的动作来采取行动；该研究认为，这表明前语言时期的婴儿已经拥有自我概念，自我很可能是与生俱来的结构。② 因为，只有当自我意图与他人意图存在区分时，婴儿才可能根据他人的意图做出不同但相应的行动，而不是进行机械式模仿。有关前语言时期自我的发现不但对叙事观造成了威胁，还给主张语言交流是自我概念产生的必要条件的米德式社会建构观带来了冲击；相反，它为最小自我观提供了经验支持。不过，叙事观与社会建构观可以通过放弃对实际语言运用和交流的强调，只保留内隐的叙事和非语言的社会互动，来避免这一威胁。

现今，在发展心理学中，存在前语言时期的自我（概念）已经是一种公认的事实，但它究竟是与生俱来的，还是在婴儿出生后的一个月或几个月内通过与他人和环境的互动习得的，③ 仍存在较大争议。这种争议为部分叙事观和社会建构观保留了余地。简言之，在最小自我观与叙事观、社会建构观之间，仍然缺乏判决性经验证据。

但是，考虑到彻底否定自我实在性的叙事观和社会建构观，可

---

① 参见 Stanley B. Klein, "The cognitive neuroscience of knowing one's self", in M. S. Gazzaniga, ed., *The Cognitive Neurosciences III*, Cambridge: The MIT Press, 2004, pp. 1077-1089。

② 参见 Andrew N. Meltzoff and M. Keith Moore, "A theory of the role of imitation in the emergence of self", in Philippe Rochat, ed., *The Self in Infancy: Theory and Research*, Amsterdam, New York: Elsevier, 1995, pp. 73-93。

③ 有学者主张，婴儿通过身体与环境和他人互动形成最初的自我概念。（参见 Alan Fogel, "Relational Narratives of the Prelinguistic Self", in Philippe Rochat, ed., *The Self in Infancy: Theory and Research*, Amsterdam, New York: Elsevier, 1995, pp. 117-139）

能会使心理活动失去语义，使知识和道德丧失可能性和规范性（因为认识主体与道德主体沦为虚构），最小自我观（以及与最小自我观兼容的叙事观和社会建构观）仍具有相对较大的理论优势。

五　最小自我观、科学实体观与模型观

认知科学哲学家托马斯·梅青格的现象自我模型观（简称"模型观"）也是当代最具代表性的无我观之一。在2003年的著作《无我存在》(Being No One)中，梅青格提出，"从来没有人是或拥有自我"，拥有的只是"有意识的自我模型"。[①] 他强调，这种自我模型是大脑构建的，而且拥有构建有意识自我模型能力的有机体具有进化上的优势。[②] 他认为，"个人水平的"(personal-level)"第一人称现象、社会认知和主体间性"都是由"亚人的"(subpersonal)"神经生物学的、功能的和表征的实体"实现的。[③] 对梅青格来说，由于个人水平上的自我只是亚人水平上的过程实现的，所以自我不是实在的，亚人水平上的过程或实体才是。

我们从第一人称视角看世界，或者说，体验以第一人称被给予，这似乎是直接的、透明的，中间没有经历任何过程，我们在感知世界的同时觉知着自身的存在。然而，梅青格指出，这种自我存在感是幻觉，而造成该幻觉的原因是实现意识体验的大脑本身却对意识体验不透明，实现第一人称视角的神经过程却是第一人称视角无法通达的；但意识体验的透明程度（第一人称视角的可通达程度）本身由神经过程决定。[④] 他的潜在逻辑是，由于我们都无法意识到体验

---

① Thomas Metzinger, *Being No One: The Self-Model Theory of Subjectivity*, p. 1.
② 参见 Thomas Metzinger, *Being No One: The Self-Model Theory of Subjectivity*, p. 1。
③ Thomas Metzinger, "Why are identity disorders interesting for philosophers?", in Thomas Schramme and Johannes Thome, eds., *Philosophy and Psychiatry*, Berlin: Water de Gruyter GmbH, 2004, p. 323.
④ 参见 Thomas Metzinger, *Being No One: The Self-Model Theory of Subjectivity*, pp. 23, 177–179。

以第一人称视角被给予是经过特定计算表征过程或神经过程的，所以才会误以为自我具有实在性；只要我们认识到这一点，就会否定自我的实在性。然而，许多跨学科学者，如威廉·詹姆斯、帕特里夏·丘奇兰德、安东尼奥·达马西奥等，深刻认识到了这一点，但他们依然采取了自我实在论立场。

早在19世纪末，威廉·詹姆斯就强调过"大脑是心理运作的直接身体条件"是公认事实，各种异常自我变体（如疯狂）是由大脑的病理变化等因素导致的，"唯灵论者和联想主义者都必须是'大脑主义者'"。[①] 他的意思是，无论主张自我是灵魂还是一束在想象中经验地联结着的知觉的自我观，即无论自我实在论还是反实在论，如今都应承认自我以大脑为基础、由大脑实现。但詹姆斯没有就此否定自我的存在。本书导言第二节介绍过，詹姆斯为自我问题提供了一种自然主义回答，他认为自我主要作为大脑调节活动和流逝的思想共存的事实真实存在，主客我统一于该事实。他严谨地用"共存"（coexistence）[②] 一词来描述思想和大脑活动之间的关系，但实际上已暗示二者的统一——思想奠基于大脑活动但不能还原为大脑活动。

帕特里夏·丘奇兰德明确主张我们的大脑就是我们的自我，"我的大脑而非灵魂把握着使我之为我的关键"[③]。毫无疑问，她坚持一种自我科学实体观。丘奇兰德用大脑结构、神经活动和脑激素对若干自我相关现象作出了解释。例如，丘奇兰德将自由意志解释为大脑的自我控制能力。她指出，"自我控制的运作依靠着前额叶皮层的各个子区域的神经元与皮层下结构"，并"依赖于调节神经

---

① William James, *The Principles of Psychology*, Vol. 1, p. 4.
② William James, *The Principles of Psychology*, Vol. 1, p. 346.
③ Patricia Churchland, *Touching a Nerve: Our Brains, Our Selves*, New York: W. W. Norton & Company, 2013, p. 32. 更早前，丘奇兰德主张自我是大脑的自我表征能力。（Patricia Churchland, "Self-representation in nervous systems", pp. 308 – 310）但这种观点难以解释前反思的自我。

元互动的各种神经化学物质，比如血清素、去甲肾上腺素，以及多巴胺"；① 当前额叶受损或激素水平异常时，大脑的自我控制能力就会下降或丧失，如抽动秽语综合征（不受控的抽动和说秽语）可能与前额叶的多巴胺水平异常有关，她认为大脑间自我控制能力的差别可以证明自由意志是实在的。② 又如，她指出脑干、中央丘脑与皮层的协同合作是意识产生的基础，其中中央丘脑是信息整合中心，中央丘脑受损或其神经活动水平异常会导致意识严重异常甚至丧失（昏迷）。③ 丘奇兰德试图将所有自我相关方面都还原为特定大脑状态或神经活动，但她并不因此否定自我的实在性。她用火焰不会因被解释为迅速氧化反应而失去实在性来说明自我也不会因被解释为神经活动而失去实在性。④ 对她来说，正是神经活动的实在性确保了自我的实在性，自我从基础上作为大脑及其神经活动实在。

安东尼奥·达马西奥提出自我作为一系列动态加工过程（神经

---

① ［美］帕特里夏·丘奇兰德：《触碰神经：我即我脑》，李恒熙译，机械工业出版社 2015 年版，第 141—142 页。

② 参见［美］帕特里夏·丘奇兰德《触碰神经：我即我脑》，李恒熙译，第 145—148 页。

③ 参见［美］帕特里夏·丘奇兰德《触碰神经：我即我脑》，李恒熙译，第 192 页。这种意识观来源于神经科学家朱利奥·托诺尼（Giulio Tononi）等人的信息整合理论（Integrated Information Theory，IIT）。托诺尼认为，意识是高度整合的信息，而由丘脑与各个皮层构成的复杂信息系统（皮层丘脑系统）可能是意识的神经关联物——信息从不同皮层传入丘脑，如从初级视觉皮层到高级视觉皮层再到丘脑，在丘脑中得到高度整合后重新进入各个皮层，在这个过程中作为整合信息的意识体验才可能产生，如果皮层与丘脑的功能连接受阻或中断，信息无法得以整合或整合程度较低，就会导致意识丧失。(参见 Giulio Tononi, "An information integration theory of consciousness", *BMC Neuroscience*, Vol. 5, 2004, 42; Giulio Tononi, "Integrated information theory of consciousness: An updated account", *Archives Italiennes de Biologie*, Vol. 150, No. 4, 2012, pp. 293 – 329; Giulio Tononi, Melanie Boly, Marcello Massimini and Christof Koch, "Integrated information theory: From consciousness to its physical substrate", *Nature Reviews Neuroscience*, Vol. 17, No. 7, 2016, pp. 450 – 461)

④ 参见［美］帕特里夏·丘奇兰德《触碰神经：我即我脑》，李恒熙译，第 216 页。

过程）真实存在——原我是大脑对身体的稳定方面不断进行映射的过程，核心自我（指有意识的自我）是客体出现改变原我而产生的短暂脉冲，实际上就是大脑对身体和客体之间的交互进行动态映射的过程，而自传体自我则是大脑对核心自我脉冲的整合；他用指挥家和音乐会比喻自我和大脑，以说明大脑创造了自我不会减弱自我的实在性；另外，他认为有机体产生意识的能力是演化而来的，有意识有利于有机体在更复杂的环境中维持内稳态。① 尽管达马西奥与梅青格一样认为意识是进化的产物、由大脑神经过程实现，但他没有否定自我的实在性，反而把作为意识的自然基础的神经过程看作实在的自我。由于达马西奥主张自我作为过程实在，因此本书将他的观点称为"过程实在论"。

达马西奥的自我观与具身自我观有共通之处：前者主张核心自我是大脑对身体和客体之间动态交互过程的映射，而后者认为最小自我是身体对自身处于世界之中并与世界持续交互的知觉。只是这两种自我观，一种是还原论的（心理过程可以还原为物理过程），一种是非还原论的（身体同时具有心理和物理属性）；一种是从神经科学视角论述的，一种是从现象学角度论述的。另外，与丘奇兰德的观点一致，达马西奥也认为意识和自我主要是脑干、丘脑和皮层共同作用的产物；但有别于丘奇兰德，他主张脑干而非丘脑对意识和自我来说是最重要的结构，传统则认为皮层是最重要的结构。② 追溯到亚人水平的各种科学实体观之间在对自我和意识的神经关联物的看法上存在较大争议。

回到对梅青格模型观的反驳上。基于相似的依据，梅青格认为自我不是实在的，而丘奇兰德和达马西奥认为自我是实在的，其根本原因在于他们采取了不同的自我实在标准。扎哈维曾明确指出，

---

① 参见［美］安东尼奥·达马西奥《当自我来敲门：构建意识大脑》，李婷燕译，北京联合出版公司2018年版，第8、22—23、53—54、178、188—189页。

② 参见［美］安东尼奥·达马西奥《当自我来敲门：构建意识大脑》，李婷燕译，第225、232页。

梅青格采取了一种传统的自我观念——如果自我是实在的，那么自我必定是一种独立于其他事物和过程的形而上学实体——而这种自我观念早已被抛弃。① 前文提到过，近代自我实在论与反实在论之争最终达成的共识就是形而上学实体自我不可知。梅青格对实现现象自我的亚人水平过程的强调无法对采取其他自我实在标准——自我作为意识现象或其属性在经验上实在，自我作为生物实体或过程实在——的现当代有我观造成真正的威胁。科学实体观与现象自我模型观至少是经验上等价的自我理论。强调自我作为大脑及其神经活动真实存在的科学实体观，通过将自由意志诠释为大脑对行动的正常控制能力，保留了自由意志和道德责任的实在性，而主张自我不存在的现象自我模型观可能使自由意志与道德责任沦为虚构，这反过来给现象自我模型观带来挑战。

与梅青格的自我反实在论立场相比，他对一系列精神疾病症状的陈述和分析更值得关注。根据梅青格的描述，妄想性错认症患者会持续错误表征自己，将自己感知为另一个人，比如，有的患者会把自己的镜像感知和描述为性格、年龄、身材与她完全不同的她的父亲；而科塔尔综合征（又称"行尸综合征"）患者常常声称他们自己不存在了，他们的意思一般是他们的身体或身体的部分（如内脏、腿）不存在了，或他们相信自己的身体已经死亡。② 另外，精神分裂症患者表现出思想插入③、言语性幻听、思想和行动不受控制等典型症状，这意味着他们对一些意识体验、思想或行动缺乏施动

---

① 参见 Dan Zahavi, "Being someone", *Psyche*, Vol. 11, No. 5, 2005, p. 8。
② 参见 Thomas Metzinger, "Why are identity disorders interesting for philosophers?", pp. 314–323。与科塔尔综合征类似，离体体验、清醒梦和非清醒梦中也呈现出（部分）非具身的现象自我。（参见 Thomas Metzinger, *Being No One: The Self-Model Theory of Subjectivity*, p. 543）
③ 思想插入的意思是大脑中出现一些不属于自己的、不受控的思想，就像被安插进入大脑中的一样。

感或拥有感。① 换句话说，精神分裂症患者将部分体验、思想或行动归属于他者或者不进行归属。

通过对各种精神疾病症状的描述和分析，梅青格论证了现象自我（主要指体验的第一人称视角）是亚人水平过程构建的自我模型，因为只有追溯到亚人水平才可能对现象自我的异常和各种经验自我变体的出现作统一解释。比如，他将精神分裂症的各种症状解释为"当下活跃的认知状态或过程的内容无法被整合到自我模型中，所以被表征为外在的"②。也就是说，精神分裂症患者将一些体验、思想或行动识别为非我的或不是由自身产生的，是因为这些体验、思想或行动没有被整合到自我模型里。这对解释科塔尔综合征甚至妄想性错认症都同样适用——妄想性错认症是将健康状态下不被整合到自我模型中的信息（如父亲的外貌）整合到自我模型之中，原本应该被整合到自我模型中的信息（如自己的外貌）却没有被整合；科塔尔综合征则是部分或全部身体信息没有被整合到自我模型之中，或者尸体取代活的身体被整合到自我模型之中。总的来说，只有被自我模型加工的内容，才是第一人称视角可通达的，才会被视为构成自我的一部分，而没用被自我模型加工的内容则会被看作非我，亚人水平的自我模型决定着个人水平的自我—非我区分。

正如上文讨论过的，即使我们接受只有在亚人水平上，精神疾病状态中呈现的各种经验自我变体才能得到统一解释，也不代表我们必须采取一种自我反实在论立场。科学实体观支持者丘奇兰德将区分自我与非我看作大脑的基本功能——如果计划运动信号的感知副本被及时回送到中央脑区及其他区域，基于它预测的运动导致的感知变化与实际感知变化匹配，运动就会被归属于自身；如果计划运动信号与其感知副本不同步（如存在延迟），运动就可能被归属于

---

① 参见 Thomas Metzinger, *Being No One: The Self-Model Theory of Subjectivity*, p. 445。

② Thomas Metzinger, *Being No One: The Self-Model Theory of Subjectivity*, p. 445.

他者——并把精神分裂症的症状解释为大脑异常（如多巴胺水平失衡、感知副本滞后）导致的自我—非我区分功能崩溃。① 但是，她依然坚持自我是实在的。不过，近年一系列证据表明，自我—非我区分的变化与崩溃不能仅由大脑及其内部状态和活动的变化与异常解释，它反映的是特定大脑—环境关系的变化，科学实体观只强调了大脑对各种自我相关现象的必要性和基础性，而忽视了特定大脑—环境关系的必要性和基础性（详见本书第二章）。

然而，梅青格确实给循着现象学路径发展而来的各种最小自我观造成了一定的冲击和威胁。科塔尔综合征患者将自身觉知为（部分）非具身的，但他们的自我意识仍然保留，这表明最小自我可以不是（现象学意义上）具身的。具身自我观主张自我是具身体验主体，这种主张与科塔尔综合征的症状不相适应。梅洛–庞蒂曾把幻肢现象解释为习惯的身体（过去的身体图示）在当下持续起作用的结果，患者仍然按照以前的习惯来与世界打交道。幻肢现象是患者把不再存在的肢体体验为自身拥有的肢体。科塔尔综合征恰恰相反，患者把自身拥有的、还保持着生理活动的身体体验为不存在的。按照梅洛–庞蒂的术语来分析，极端情况的科塔尔综合征患者不但无法形成新的身体图示，而且（部分）丢失了习惯的身体，或者习惯的身体对他们不可通达了。具身自我观很难为这种情况下的自我持续提供解释。

为此，心智哲学家阿尔伯特·纽恩（Albert Newen）提出了一种新的具身自我理论——样式理论（pattern theory）——以图解释在精神疾病中具身自我的变异，从而回应梅青格的反驳。纽恩认为，"自我是锚定于身体之中"的"特征的综合样式"，同时他强调这些特征对自我来说都是"构成的"而非必要的。② 换言之，即使自我特

---

① 参见［美］帕特里夏·丘奇兰德《触碰神经：我即我脑》，李恒熙译，第169—173页。

② Albert Newen, "The embodied self, the pattern theory of self, and the predictive mind", *Frontiers in Psychology*, Vol. 9, 2018, 2270, p. 5.

征部分丧失，自我仍然可能存在；不过，特征的部分丧失会导致经验自我的异常。纽恩具体分析了科塔尔综合征的情况：（1）科塔尔综合征患者只是错误地将自身诠释为无身体或身体死亡的，而这种错误是由他们的基础情感流（指对身体状态和情感状态的记录）大幅减弱导致的；（2）有脑成像研究发现，科塔尔综合征患者负责记录身体状态和情感状态的脑区（楔前叶）的神经活动大幅减弱但没有完全消失，这证明了上一点同时暗示患者没有彻底丧失身体知觉；（3）尽管患者的基础情感流、体验特征（身体拥有感、施动感等）极端减弱，但他们至少还保留着自我的认知特征，如叙事，而叙事也依赖身体、由身体实现；（4）患者往往还能行动，即他们没有彻底丧失身体功能。① 因此，他认为，科塔尔综合征是"现象学的不具身"但"功能的具身"。② 他的意思是，即使科塔尔综合征患者在很大程度上丧失了对身体状态的知觉和觉知，他们的自我仍然是具身的，因为剩余的自我方面（特征）仍然是由身体实现的。显然，纽恩的自我理论是一种弱化的具身自我观。他将各种可能的最小自我特征都放到他的综合样式之中，并强调该样式锚定于身体，即各种特征都以身体为基础、由身体实现，因而自我是具身的。这种具身性更接近于自然主义而非现象学意义上的具身性，因此他的主张更接近于一种科学实体观或功能论而非具身自我观。另外，他强调这些特征都不是必要的而是构成的，意味着，他承认原来的各种最小自我都不是在必要的意义上最小，所谓"最小"是多元的、动态变化的，只诉诸其中一种最小自我无法诠释经验自我的所有变异。

　　肖恩·加拉格尔也提倡自我样式理论。过去不同的自我理论把不同自我方面看作其他自我方面的核心或基础。然而，根据加拉格尔的样式理论，不同自我方面共同构成自我，这些自我方面之间相

---

① 参见 Albert Newen, "The embodied self, the pattern theory of self, and the predictive mind", 2270, p. 7。

② Albert Newen, "The embodied self, the pattern theory of self, and the predictive mind", 2270, p. 7.

互兼容而非相互对立,任一方面都不是其他方面的基础或核心;基于样式理论,每种自我理论都只是一种特定的自我样式。① 不过,加拉格尔没有强调样式锚定于身体之中,具身性对他来说只是自我样式中的一个最小自我方面;主张自我是特定生物实体(如大脑神经网络)的自我理论对他来说也仅是自我样式之一。样式理论或者说最小自我的多元理论的出现说明学者们意识到任意一种最小自我或原初的自我—非我区分都难以与各种经验自我变体相适应。

另外,精神分裂症的症状可以证明,第一人称被给予性、我属性或者说拥有感对意识体验来说不是必要的,体验不总是作为我的体验被给予。(1)如果我属性对意识体验是必要的,那么意识体验在任何时候、任何状态下都不会丧失我属性;(2)精神分裂症的典型症状(如思想插入)表明意识体验会丧失我属性;(3)所以,我属性对意识体验不是必要的。这否定了主张自我至少作为意识体验的我属性在经验上实在的扎哈维式最小自我观。对此,扎哈维回应道:在思想插入的情况下,意识体验的我属性或拥有感并未丧失,最多是对体验的拥有感减弱了,但患者依然能够觉知到是自己而非他人体验着、拥有着这些思想,只不过他们认为这些思想不是由他们自身因果地产生的而是被强制插入的,他们无法控制这些思想的出现,所以体验丧失的不是拥有感/我属性而是施动感和来源感(sense of authorship)。② 前文介绍过加拉格尔较早时(在构建样式理论以前)曾论述最小自我包含拥有感和施动感,同时他也认为精神分裂症的思想插入现象与施动感的丧失有关。③ 相对于施动感,拥有

---

① 参见 Shaun Gallagher, "A pattern theory of self", *Frontiers in Human Neuroscience*, Vol.7, 2013, 443。

② 参见[丹]丹·扎哈维《主体性和自身性:对第一人称视角的探究》,蔡文菁译,第182—183页;Dan Zahavi, *Subjectivity and Selfhood: Investigating the First-Person Perspective*, p.144。

③ 参见 Shaun Gallagher, "Philosophical conceptions of the self: Implications for cognitive science", pp.16–17。

感（接近于扎哈维所说的我属性）普遍被认为是对自我和意识体验来说更基础和更必不可少的。

然而，扎哈维的回应是不令人满意的。首先，扎哈维主张意识体验统一于其内在的第一人称被给予性、我属性或者说拥有感。如果精神分裂症患者的异己体验仍然是以第一人称被给予的，那么它们应该统一为同一个意识流，而非割裂为不同的意识流或变为离散的体验。其次，如果施动感和来源感也能统一和割裂意识流，那么我属性对意识体验的统一就不是必要的。对此，扎哈维可能回应道：在前反思阶段体验确实是内隐地相互统一的，只是在反思和叙事的阶段，精神分裂症患者对体验的来源产生了错误的认识或作出了错误的表述。但这种前反思的意识统一是缺乏证据支持的。

再者，扎哈维不够重视精神分裂症的其他典型症状，如言语性幻听。一些具有严重言语性幻听症状的精神分裂症患者并没有觉知到自己不是真正在与他者交流。丘奇兰德讲述过一个案例，患者到后期完全相信他自己在与鬼怪沟通，没有产生怀疑。[①] 这种情况应该用第一人称视角与第二人称视角的持续交互来形容更加合适，也就是说，部分体验不再以第一人称被给予。

更重要的是，如果体验的我属性或者说拥有感在任何情况下都不会丧失，那么它无法为经验自我变体提供任何解释，它提供的先天自我—非我区分本身不能用以理解自我—非我区分的动态变化和崩溃。这意味着，即使我属性对自我来说是必不可少的，它也是琐碎的。另外，如果诉诸体验的我属性/拥有感的强弱程度来解释异己体验的出现，那么健康状态下的最小自我就不是最小的，至少在程度上不是最小的；同时，只有当我属性/拥有感的程度变化如何可能得到阐明，精神分裂症中的异己体验才算真正得到解释，然而停留

[①] 参见［美］帕特里夏·丘奇兰德《触碰神经：我即我脑》，李恒熙译，第172—173页。

在现象层面将无法回答这一问题。① 总的来说，精神分裂症的案例表明最小自我观不具有经验适当性。

第四节　西方传统独立自我预设

纵观西方自我研究史，从形而上学实体自我，到区分于体验的逻辑主体，再到意识体验的外显主体形式，最后到意识体验的内隐主体性（我属性、第一人称被给予性），或者前反思的具身主体、大脑及其神经过程等，学者们一直致力于剥除所有外在因素和关系，找到那个自身规定的、可以作为基点的自我，找到原初的自我—非我区分的标准，再由它出发解释意识及其统一、自我同一性、经验自我建构与变化、自我—他人/环境关系建立等自我相关现象。这是因为学者们坚信，如果自我是真实存在的，那么它必定是单一、持续、不变/稳定、优先于关系且能作为自我相关现象之共同基础的基点，哪怕它只是空洞的形式或单一的属性；当找不到这样的基点时，他们会尝试往"更小处"寻找，或者选择彻底否定自我的实在性。本书将这种对实在自我的构想称为"独立自我预设"。因此，可以说，西方学者普遍采取了一种基于独立自我预设的自我研究思路。

本章前三节对传统自我观的分析已表明，独立自我预设本身存在种种问题：（1）缺乏辩护，就像本书导论第四节提到的，学者们坚持自我只能作为某种独立自我（如实体或属性）真实存在，主要是受到更深层的实体实在论思路的束缚，但是实体实在论不是唯一的本体论选择，关系实在论、过程实在论等都是可能的替代选项，除了诉诸实体实在论，并没有其他好的理由为独立自我预设辩护；（2）缺乏经验适当性，任意一种独立自我和原初的自我—非我区分

---

① 在认知和神经元层面上，这个问题可能得到解答。本书第二章将尝试给出对该问题的回答。

都难以与形形色色的经验自我变体（如第一人称视角紊乱的、非具身的经验自我变体）和动态变化的自我—非我区分相适应；（3）自我—非我二分会使得各种自我相关关系（如身心关系、主体间交互关系、自我—环境关系等）何以可能成为难题，为了消解或解决这些难题，理论往往不得不牺牲其内部融贯性。然而，尽管存在上述种种问题，基于独立自我预设的自我研究思路始终在西方自我研究中占据主流。坚持从一种存在问题的预设出发开展研究，很可能就是各种传统自我观——无论是承诺存在某种原初自我—非我区分的有我观（自我实在论），还是因没有满足独立自我预设的自我而彻底否定自我实在性的无我观（自我反实在论）——面临一系列难以克服的困难的根本原因。

让我们尝试摆脱独立自我预设，重新审视最小自我观面临的困难及其带来的启示。考虑到情景记忆能力受损、社会认知能力缺乏但最低限度的自我觉知持续，以及前语言时期的婴儿表现出拥有自我概念等经验证据，还有考虑到叙事依赖体验的优先存在，否定自我的实在性可能导致心理活动丧失语义、知识与道德丧失规范性甚至可能性等理由，主张存在前语言、前反思、前认知的最小自我的观点（相对于无我观来说）似乎是更具理论优势的立场。然而，一旦我们试图界定一个最小自我或一种原初的自我—非我区分，就会发现这是极为困难甚至不可能的。在解释主体间交互时具身性似乎是必要的，而从异常经验自我的特征来看意识体验的我属性才最可能是必要的。但是，如果体验在任何情况下都不会丧失我属性，那么我属性本身不能解释经验自我的变化和异常，它是经验不适当的；如果体验可能丧失我属性，那么我属性对体验来说就不是必要的，最小自我观不成立；如果既要坚持体验总以第一人称被给予，又要为各种经验自我变体提供合理和统一的解释，那么只能承认体验的我属性之间是有程度差别的（如一些体验的我属性较弱因而被误以为是异己体验），但后果是引入新问题——我属性的程度差别如何可能，而这一问题是最小自我观本身难以回答的。

总的来说，各种最小自我观面临的困难共同指示着，不存在能够充当所有自我相关现象之必要基础的最小自我，或者最小自我是多元的而非单一的。在独立自我预设下，这将让我们走向自我的反实在论。然而，抛开独立自我预设来看，这仅仅暗示着以单一独立自我为基础解释自我相关现象的模型是不可行的，即使存在作为自我相关现象之统一基础的自我（简称"基础自我"），它也不可能是某种独立自我（原初地区分于他人和环境的自我），至少不可能是某种现象层面上的独立自我，但这不意味着自我不具有实在性。比如，自我还可以作为特定关系实在，各种自我相关现象（如在精神疾病中呈现的异常经验自我）可能在特定关系自我的基础上得到统一解释。换言之，一旦摆脱独立自我预设的约束，我们将会看到关于实在自我与自我解释模型的更多可能性。

第五节　突破独立自我预设的自我观

一　西方自我研究中的关系自我理论

尽管基于独立自我预设的自我研究思路至今仍在不同学科中占据主流，但西方学界中也出现过一些突破传统独立自我预设及其潜在实体实在论思路的自我观，尤其是在现当代。

在哲学领域里，黑格尔指出"［自我意识］所以存在只是由于被对方承认"[1]，即自我意识的存在依赖自我意识间的彼此承认。马克思认为，"人的本质并不是单个人所固有的抽象物，实际上，它是一切社会关系的总和"[2]，虽然在这里马克思没有直接讨论自我的本

---

[1] ［德］黑格尔：《精神现象学》上卷，贺麟、王玖兴译，商务印书馆1979年版，第122页。

[2] ［德］马克思：《关于费尔巴哈的提纲》，《马克思恩格斯全集》第三卷，中共中央马克思恩格斯列宁斯大林著作编译局译，人民出版社1960年版，第5页。

质，但也从侧面反映了马克思的自我观——自我不是个体化的存在，而是关系的存在，由社会关系定义。海德格尔主张，"此在"（接近于"我"）在世界中存在，与其他此在共在，"在世界之中的存在必然是此在的先天建构"①。受海德格尔存在主义影响，萨特后期也提出，自我通过被他人注视而存在。② 这些哲学家的理论都或多或少地强调了与他人或环境处于关系之中对自我存在来说是基础的甚至根本的，也就是说，基础的自我是关系的自我而非独立的、个体化的自我。这明显有别于提倡与他人和环境的区分才是自我存在的基础的传统自我观。

另外，当代心理学家肯尼思·格根（Kenneth Gergen）明确提出要推翻传统心理学的有界自我预设③，他主张以"一种关系图景取代有界自我预设"，以"关系存在者"（relational being）或"关系自我"（relational self）取代"个体存在者"（individual being）。④ 格根讨论的"自我"主要指心理状态，接近于康德所说的作为内感官对象的自我和威廉·詹姆斯所说的精神自我，这是传统心理学的主要研究对象，本书将之称为"心理自我"，以区分于经验自我的其他方面。传统上，心理自我被预设为个体的、内在的、独立于关系的存在，因此被称为"有界自我"。然而，格根认为，任何心理状态（意图、经验、记忆等）或者说心理话语都起源于关系，起源于共同行动（co-action）——例如，关于对象的经验起源于婴儿时期父母与我们共同注视特定对象；又如，情绪状态（"我很开心"）起源于父母使用心理话语来描述我们（"你看起来很开心"）——并服务于关系。⑤ 他说

---

① ［德］马丁·海德格尔：《存在与时间》，陈嘉映、王庆节译，第 62—63 页。
② 参见［法］让-保尔·萨特《存在与虚无》，陈宣良等译，生活·读书·新知三联书店 2007 年版，第 327 页。
③ 与本书所说的独立自我预设相类似。
④ Kenneth J. Gergen, *Relational Being, Beyond Self and Community*, New York: Oxford University Press, 2009, pp. xiii-xv, xxvi, 32.
⑤ 参见 Kenneth J. Gergen, *Relational Being, Beyond Self and Community*, pp. 69-71, 84。

道：“经验和记忆不是我的而是我们的。”① 在上述意义上，格根主张（心理学）自我是关系的自我而非有界的自我。② 格根的自我理论常被划归为"社会建构观"，但他的主张与米德式社会建构观存在明显差别。格根强调关系是基础的存在者，而米德坚持个体是基础的存在者，米德的社会关系仍然是以个体为基础构成的社会关系。③ 换言之，格根认为，没有关系的存在就没有个体的存在，个体的存在建立在关系的存在之上；而米德的观点正好相反。因此，对米德来说，产生于关系的自我不是实在的，构成关系的个体才是实在的；然而，对格根来说，虽然个体自我不是实在的，但关系自我是实在的。格根同时打破了西方传统独立自我模型（自我—环境之分比自我—环境关系更基础）和实体实在论进路（实体/个体优先于关系存在）的约束。

当代神经生理学家、镜像神经元（mirror neurons）的发现者之一维托里奥·加莱塞（Vittorio Gallese）从神经生理学的角度论证了具身自我在基础上是关系的自我，具身的主体间性优先于主体性，并指明了经验在何种意义上是我们的。他从具身自我观出发，提出了关于自我的具身模拟理论（embodied simulation theory）。他的论证思路大致如下：（1）根据具身自我观，最小自我是在世界中知觉和行动的具身主体；（2）如果自我是具身的行动主体，那么它主要是由身体的运动系统实现的；（3）如果自我主要是由运动系统实现的，那么行动系统的特征就是自我的特征；（4）已知，镜像神经元机制是行动系统的核心部分，而它具有主体间性——它让我们得以以直接的、前反思的、无意识的方式模仿他人的行动和意图，将他人经

---

① Kenneth J. Gergen, *Relational Being, Beyond Self and Community*, p. 83.
② 格根甚至认为，作为物理身体的自我也是关系自我，身体与世界的区分是由关系产生的。（参见 Kenneth J. Gergen, *Relational Being, Beyond Self and Community*, p. xxvii）
③ 参见 Kenneth J. Gergen, "The self as social construction", *Psychological Studies*, Vol. 56, 2011, pp. 108 – 116。

验为身体自我（目标导向的、有意图的、拥有身体的、行动的自我），通过最初无意识的行动模仿，通过在世界中进行有目标导向的行动，我们才形成了多通道整合的身体自我观念，形成了第一人称视角，继而我们才能将其他不是从行动产生的感觉（如饥饿）归属于自身，最初的经验是我们的，后来才有了自我经验与他人经验的区分；（5）因此，自我具有主体间性。① 根据加莱塞的理论，体验的主体性（第一人称被给予性）产生于具身的主体间性，也就是说，关系的自我才是基础的、实在的，而个体的自我是派生的、构成的。梅洛-庞蒂的具身自我观本身也暗含了自我是身体和世界的前反思关系——过去身体与世界的联系作为身体图示指导着当下身体在世界中的行动，只是他最终选择了以身体为自我相关现象的解释基点，而加莱塞选择了以关系（具身主体间性）为解释基点。可见，加莱塞更明显地突破了西方传统的独立自我预设。梅洛-庞蒂自我观与加莱塞自我观的对比清晰表明，以前反思的主体（性）还是以主体间性为基础理解自我至少都是可能的选项。

主张自我作为过程实在的达马西奥也在多方面突破了西方传统。第一，他打破了传统自我预设的约束，把自我看作以身体映射过程为中心的动态信息加工过程，而非单一不变的性质、形式或实体。第二，他打破了实体实在论的限制，主张过程是实在的。第三，他颠倒了传统的主我与客我之间的关系。他认为，"作为觉知者的自我以作为对象的自我为基础……觉知者是逐步形成的：首先出现的是原我及其原始感受；然后是行为驱动的核心自我；最后形成自传体自我作为对象的原我在与客体交互中发生改变，才导致作为觉知者的、有意识的核心自我出现"②。而传统一般认为客我以主我为基

---

① 参见 Vittorio Gallese, "Bodily selves in relation: Embodied simulation as second-person perspective on intersubjectivity", *Philosophical Transactions of the Royal Society B*, Vol. 369, No. 1644, 2014, 20130177。

② ［美］安东尼奥·达马西奥:《当自我来敲门：构建意识大脑》，李婷燕译，第10—11页。

础，如胡塞尔主张人格自我的建构以纯粹自我为基础。加莱塞的自我观也体现了这种颠覆，作为对象的身体自我比主体性（第一人称视角）在时间上和逻辑上更优先。更重要的是，达马西奥的核心自我（有意识的自我）其实就是一种大脑—身体—环境关系，是大脑对身体和客体之间的相互作用（客体改变原我）的持续动态映射。在达马西奥的理论中，单纯大脑对身体的映射只能产生无意识的原我，虽然原我对保持有机体内环境稳态很重要，而且原我是建立核心自我的基石，但还不是我们所说的有意识主体。不过，"核心自我"这一术语的使用，很容易让人只注意到大脑和身体中的信息加工过程对自我的必要性，而忽视了有机体—环境交互对自我的必要性。

上述哲学、心理学与神经科学领域中的自我理论共同启示我们，自我以某种关系的自我而非独立的、个体的自我为基础，或者说，自我从基础上作为特定关系存在是对自我问题的可能回答。除了本小节提及的理论，现当代西方自我研究中还有不少突破了传统独立自我模型和实体实在论约束的自我理论，如马吉德·贝尼（Majid Beni）提出的信息结构实在论、安迪·克拉克（Andy Clark）等人提倡的预测心智理论等，后文还将对它们进行详细讨论。

二 中国传统的关系自我观

有别于在西方思想中独立自我模型一直占据主流，关系自我模型很早就在中国思想中扎根并不断延续和发展。中国传统的儒家思想和道家思想都十分强调自我是关系的自我，是自我—他人/环境关系。它们主张自我与环境是统一而非相互区分的。

例如，儒家经典《论语》[①] 有言，"吾日三省吾身——为人谋而不忠乎？与朋友交而不信乎？传不习乎？"（学而第一1.4）"吾"是

[①] 参见杨伯峻译注《论语译注》，中华书局2006年版。本书的《论语》句子均引自这版译注。

主我,"身"是客我。这句话表明,"我"每日反思的都是自我—他人关系或者说关系的自我——为人办事的自我、与朋友相处中的自我、接受老师教导的自我,而非脱离于他人和环境的自我。再如:"己欲立而立人,己欲达而达人。"(雍也第六 6.30)意思是,我想立足,同时也要让其他人能立足,我想行事顺利,同时也要让其他人能行事顺利。这里的潜在逻辑是作为思想和行动主体的我不是独立的而是关系的,哪怕是我的"私人"欲望也总是与他人相关。用格根的话来说,欲望说到底是我们的而不是我的。

当代学者姚新中曾指出,儒家中的自我既不是独立的实体,也不是一串瞬息万变的知觉,而是外显的关系自我,是一个不断调整自身行为使之与天道相匹配的过程,"儒家学派把自我理解为在道德和社会中的有机生长过程",不断实现天人合一的过程;"每个人的同一性不在于他的独立存在,而在于他与宇宙原则、他人、社会群体的关系"。① 简言之,对姚新中来说,在儒家思想里的自我是一种动态变化的自我—他人关系或自我—自然关系,是自我不断将自身对准于自然(天道)的过程,而不是持续不变的实体、形式或属性,自我及其同一性是由关系定义的。

另一位学者基里尔·汤普森(Kirill O. Thompson)还明确表示应该用格根提出的"关系存在者"概念而不是"在关系中的自我"(selves in relation)或"关系自我"(relational selves)概念来理解儒家思想中的自我,并指出即使是儒家思想中强调的"独"也不是独立的、内在的、有界的自我而是一组关系。② 他的意思是,儒家思想

---

① [英]姚新中:《自我建构与同一性——儒家的自我与一些西方自我观念之比较》,焦国成、刘余莉译,《哲学译丛》1999年第2期;译自 Xinzhong Yao, "Self-Construction and Identity: The Confucian Self in Relation to Some Western Perceptions", *Asian Philosophy*, Vol. 6, No. 3, 1996, pp. 179 – 195。

② 参见 Kirill O. Thompson, "Relational self in classical Confucianism: Lessons from Confucius' Analects", *Philosophy East and West*, Vol. 67, No. 3, 2017, pp. 889, 893。

中的自我观有别于米德式社会建构观，它强调的不是有多少个他人就反射出多少个作为对象的关系自我（selves），而是自我作为关系存在。学者翟学伟也指出儒家思想的自我观不同于米德等学者的社会建构观。他认为，米德等主张先有独立于关系的个体存在，再形成关系，继而产生自我，先有个体有机体再有社会自我、文化自我；相反，儒家思想主张先有关系的存在，在关系基础上通过教化才逐渐形成（人格）自我。①

综上，中国传统儒家思想中的自我观不同于西方传统中的独立自我观，而与当代心理学家格根的关系自我观较为一致。儒家思想主张基础的自我是关系——自我—他人关系或自我—自然关系——并且关系的存在优先于个体的存在。在儒家思想里，经验自我（selves）的建构以关系的存在者或者说关系的自我（the relational self）为基础。西方传统的独立自我观可能具有文化局限性。

再如，道家经典有言："人法地，地法天，天法道，道法自然。"（《老子》二十五）② 其中，"法"指效法。这句话想表达的意思是，人要遵循天地万物的规律，要与自然保持和谐统一。"天地与我并生，而万物与我为一。"（《庄子·齐物论》四）③ 这句话的意思是自我—非我之分并非基础的，万物与我合一才是基础的，自我不是区分于万物的自我，而是与万物齐一的自我。道家思想，尤其《齐物论》中的思想，特别强调消除万物与我的分别。学者杨国荣曾指出，庄子所说的"吾丧我"（《庄子·齐物论》）、"至人无己"（《庄子·逍遥游》）等不是要抛弃自我，而是强调"个体性原则与自然原则相互融合"④。简单来说，道家思想认为，自我始终是自然中的自我，是不断对准于天地万物特性的自我，而不是区分或对立于自然

---

① 参见翟学伟《儒家式的自我及其实践：本土心理学的研究》，《南开学报》（哲学社会科学版）2018年第5期。
② 饶尚宽译注：《老子》，中华书局2006年版。
③ 孙通海译注：《庄子》，中华书局2007年版。
④ 杨国荣：《〈庄子〉哲学中的个体与自我》，《哲学研究》2005年第12期。

的自我，天地万物和谐统一才是原初和基础的存在状态。

过去文化心理学和社会学研究往往直接套用西方的自我理论诠释中国传统文化中的自我观以及中国人的自我概念——把中国式自我理解为个体自我在社会建构中较大程度地向外延展。然而，强调自我在不同程度上延展本身就预设了某种原初的自我—非我区分，预设了个体自我的优先地位。只有在某种自我—非我二分基础上，延展才是可理解的，延展总是超越特定边界（如皮肤）的延展。不难看出，这种诠释实际上与强调关系的优先地位的中国传统自我观并不相符。

反过来，我们也可以从中国传统文化中汲取营养重新思考自我及其本质，考察自我从根本上究竟是一种关系存在，还是一种个体存在，究竟自我的本质更接近于中国传统的自我观念，还是更接近于西方传统的自我观念。下一章将结合各种经验证据来进行相关的考察。

第 二 章

基于大脑与环境关系的自我模型

第一节 从独立自我到关系自我

一 独立自我模型的文化局限性

自20世纪80年代起，自我（概念）的跨文化差异越来越受社会心理学、文化心理学与认知神经科学领域学者的关注，尤其是在1991年文化心理学家马库斯与北山忍提出东西方文化的独立自我构念和互依自我构念区分以后。如本书导论第四节提到的，马库斯与北山忍主张，西方人（如北美、西欧人）倾向于把自身看作分离于他人和环境的有界自我，用内在的属性来定义自身；而东方人（如东亚人）更多把自身理解为与他人和环境处于关系之中的自我，用关系来定义自身。除了通过比较过去东西方关于自我的讨论可以看出自我（概念）的跨文化差异，许多实证研究也为之提供了积极证据。

构建和运用各种版本的自我构念量表（self-construal scales）的跨文化心理学研究显示，成长于东方文化的受试者比成长于西方文化的受试者展现出更强的互依自我构念——东方受试者的互依自我得分显著高于西方受试者，或他们的独立自我得分显著低于西方受试者。① 一项定性研究发现来自不同文化（美国与中国）的儿童也表现出拥有不同的自我构念：美国儿童在自我描述中比中国儿童更多地指向情绪和自身决定；而中国儿童比美国儿童更频繁地提到社会交互关系，并且在中国儿童的自我描述中他人/自我比显著更高。② 一些不直接测量自我构念的定量研究也得到相似的结果。例如，在一项使用了自我包含他者量表（Inclusion of Other in the Self Scale，用韦恩图来表示自我与他人的重叠程度）的研究中，亚裔美国人所感知到的自身与母亲的重叠程度比欧裔美国人所感知到的显著更高。③ 另外，在一项使用了独立自我与互依自我启动（priming）的内隐研究④中，美国受试者在没有受到任何启动和受到独立自我启动的条件下都更看重个体价值，但在互依自我启动下他们变得更看重

---

① 参见 Theodore M. Singelis, "The measurement of independent and interdependent self-construals", *Personality and Social Psychology Bulletin*, Vol. 20, No. 5, 1994, pp. 580 – 591; Susan E. Cross, "Self-construals, coping, and stress in cross-cultural adaptation", *Journal of Cross-Cultural Psychology*, Vol. 26, No. 6, 1995, pp. 673 – 697; Virginia S. Y. Kwan, Michael Harris Bond and Theodore M. Singelis, "Pancultural explanations for life satisfaction: Adding relationship harmony to self-esteem", *Journal of Personality and Social Psychology*, Vol. 73, No. 5, 1997, pp. 1038 – 1051; B. C. H. Kuo and Laurie Gingrich, "Correlates of self-construals among Asian and Caucasian undergraduates in Canada: Cultural patterns and implications for counselling", *Guidance and Counselling*, Vol. 20, No. 2, 2005, pp. 78 – 88; Kristin D. Neff, Kullaya Pisitsungkagarn, and Ya-Ping Hsieh, "Self-compassion and self-construal in the United States, Thailand, and Taiwan", *Journal of Cross-Cultural Psychology*, Vol. 39, No. 3, 2008, pp. 267 – 285; Hirofumi Hashimoto and Toshio Yamagishi, "Two faces of interdependence: Harmony seeking and rejection avoidance", *Asian Journal of Social Psychology*, Vol. 16, No. 2, 2013, pp. 142 – 151。

② 参见 Qi Wang, "The emergence of cultural self-constructs: Autobiographical memory and self-description in European American and Chinese children", *Developmental Psychology*, Vol. 40, No. 1, 2004, pp. 3 – 15。

③ 参见 Alyssa S. Fu and Hazel Rose Markus, "My mother and me: Why tiger mothers motivate Asian Americans but not European Americans", *Personality and Social Psychology Bulletin*, Vol. 40, No. 6, 2014, pp. 739 – 749。

④ 使用量表直接询问受试者对与不同自我构念相关的条目的看法的研究属于外显研究；而运用其他手段间接测量受试者对不同自我构念的内隐态度的研究就是内隐研究。

社会价值；相反，中国香港受试者在没有受到任何启动和受到互依自我启动的条件下都更看重社会价值，但在独立自我启动下他们变得更重视个体价值。① 这说明西方文化本身更强调独立自我和个体价值，而东方文化本身更强调互依自我和社会价值。在另一项运用了内隐联想测试的研究中，美国受试者比日本受试者对独立性显现更强的内隐积极态度。② 综合各种定量与定性、外显与内隐的心理学研究发现来看，与西方受试者相比，东方受试者更倾向于用与他人的关系来定义和理解自身。

这种自我概念的文化差异与一系列认知的文化差异相一致——例如，东方受试者比西方受试者更关注整体和关系，而非局部或对象；③ 东方受试者更多地对事件进行情境归因，而非个人倾向归因；④ 还有，东方受试者在涉及知觉和记忆任务的实验中表现出的自我优势相对不明显⑤——它们很可能是密切相关、相互影响的。其

---

① 参见 Wendi L. Gardner, Shira Gabriel and Angela Y. Lee, "'I' value freedom, but 'we' value relationships: Self-construal priming mirrors cultural differences in judgment", *Psychological Science*, Vol. 10, No. 4, 1999, pp. 321 – 326。

② 参见 Jiyoung Park, Yukiko Uchida and Shinobu Kitayama, "Cultural variation in implicit independence: An extension of Kitayama et al. (2009)", *International Journal of Psychology*, Vol. 51, No. 4, 2016, pp. 269 – 278。

③ 参见 Sean Duffy, Rie Toriyama, Shoji Itakura and Shinobu Kitayama, "Development of cultural strategies of attention in North American and Japanese children", pp. 351 – 359; Shinobu Kitayama and Asuka Murata, "Culture modulates perceptual atention: An event-related potential study", *Social Cognition*, Vol. 31, No. 6, 2013, pp. 758 – 769。

④ 参见 Fiona Lee, Mark Hallahan and Thaddeus Herzog, "Explaining real-life events: How culture and domain shape attributions", *Personality and Social Psychology Bulletin*, Vol. 22, No. 7, 1996, pp. 732 – 741; Shinobu Kitayama, Hyekyung Park, A. Timur Sevincer, Mayumi Karasawa and Ayse K. Uskul, "A cultural task analysis of implicit independence: Comparing North America, Western Europe, and East Asia", *Journal of Personality and Social Psychology*, Vol. 97, No. 2, 2009, pp. 236 – 255。

⑤ 参见 Samuel Sparks, Sheila J. Cunningham and Ada Kritikos, "Culture modulates implicit ownership-induced self-bias in memory", *Cognition*, Vol. 153, 2016, pp. 89 – 98; Mengyin Jiang, Shirley K. M. Wong, Harry K. S. Chung, et al., "Cultural orientation of self-bias in perceptual matching", *Frontiers in Psychology*, Vol. 10, 2019, 1469。"自我优势"是指在知觉自我相关刺激（对比非自我相关刺激）时，受试者的反应时间显著更短，准确率显著更高。

中，自我优势程度的文化差异表明认知水平上的自我—他人区分是可调节的，而它的底层基础，本书将指出它是关系的，底层的关系自我使得不同的自我—他人区分成为可能并相互统一。

此外，不少认知神经科学研究也为马库斯和北山忍的自我文化变体理论提供了支持。最早，中国心理学家朱滢等通过一项 fMRI 研究发现，中国受试者的自我判断与母亲判断（判断屏幕上的形容词是否适合用于描述自己或母亲）都激活了内侧前额叶皮层（medial prefrontal cortex，MPFC）；而西方受试者的 MPFC 只在自我判断任务中处于活跃状态。[1] MPFC 的激活通常被认为与自我参照信息（如自己的名字、面孔等）的处理密切相关。简单地说，该实验表明，中国受试者的神经活动展现出自我—母亲重叠；而西方受试者的神经活动展现出自我—母亲分离。另一项研究同样观察到了中国受试者的自我—母亲神经重叠现象。[2] 一项使用了文化启动的 fMRI 研究进一步显示，在中西双文化中成长的中国受试者（中国香港大学生）受西方文化启动后呈现更明显的自我—他人神经分离（他人包括母亲和不指明身份的人），而受中国文化启动后表现出更高度的自我—他人神经重叠。[3] 自我与他人在 MPFC 的重叠或分离程度意味着大脑在多大程度上以处理自我参照信息的方式来处理他人参照信息，亦即在神经元水平上他人在多大程度上内在于自我之中。上述实验结果共同表明文化能长期地或短期地调节神经元水平上的自我—他人重叠程度（反过来说就是自我—他人区分程度）：西方文化降低而东方文化提高自我—他人神经重叠程度。这与东西方文化对自我构念

---

[1] 参见 Ying Zhu, Li Zhang, Jin Fan and Shihui Han, "Neural basis of cultural influence on self-representation", pp. 1310 – 1316。

[2] 参见 Gang Wang, Lihua Mao, Yina Ma, et al., "Neural representations of close others in collectivistic brains", pp. 222 – 229。

[3] 参见 Sik Hung Ng, Shihui Han, Lihua Mao and Julian C. L. Lai, "Dynamic bicultural brains: fMRI study of their flexible neural representation of self and significant others in response to culture primes", *Asian Journal of Social Psychology*, Vol. 13, No. 2, 2010, pp. 83 – 91。

的影响相吻合。

神经元水平上的自我文化差异不只体现在单一脑区（MPFC），也不只与单一认知任务（特征判断）相关。在一项涉及赌博任务的 fMRI 研究中，没有受启动或受互依自我启动后，为自己赢钱与为朋友赢钱两种情况相对比，中国大学生受试者（也属于双文化受试者）的双腹侧纹状体（bilateral ventral striatum，VS）的神经活动激活程度没有显著差异；但受独立自我启动后，两种情况存在显著差异：为自己赢钱时，他们 VS 的神经活动比为他人赢钱时更活跃。① 该研究同样表明文化塑造神经元水平上的自我—他人关联或区分程度。另一项使用了知觉任务的事件相关电位（even-related brain potentials，ERPs）研究发现，受独立自我构念启动后，中国受试者在被要求知觉局部的任务中（识别作为构成成分的字母）比在被要求知觉全局的任务中（识别由小字母构成的大字母），枕叶外侧 P1 成分（与视觉相关）的振幅更大；相反，受互依自我构念启动后，中国受试者 P1 成分在知觉全局的任务中比在知觉局部的任务中振幅更大。② 该研究表明，自我的文化差异不仅体现在大脑神经活动的空间特征上（如脑区激活情况），还体现在神经活动的时间特征上（如事件相关电位）。

总的来说，文化在多个水平上塑造着人们的自我概念，影响着人们的认知倾向。上述有关自我文化差异的发现揭示出，在西方自我研究中始终占据主流的独立自我预设是一种具有文化局限性的想法。我们不一定要以这种方式来理解自我，即使找不到任何一个可以使自我之为自我从而原初地区分于他人和环境的基点（实体或属性），自我仍然可能以其他形式（如作为过程或关系）真实存在。

---

① 参见 Michael E. W. Varnum, Zhenhao Shi, Antao Chen, Jiang Qiu and Shihui Han, "When 'your' reward is the same as 'my' reward: Self-construal priming shifts neural responses to own vs. friends' rewards", *NeuroImage*, Vol. 87, 2014, pp. 164–169。

② 参见 Zhicheng Lin, Yan Lin and Shihui Han, "Self-construal priming modulates visual activity underlying global/local perception", *Biological Psychology*, Vol. 77, No. 1, 2008, pp. 93–97。

有关认知倾向的文化差异的发现则暗示，实体实在论思路也具有文化局限性。把个体还是关系看作基础的存在可能与认知倾向相关，由于西方人更注意局部或个体，所以把个体看作基础的存在；东方人更注意整体或关系，所以更可能接受关系才是基础的存在。这些发现足以让我们怀疑独立自我作为解答自我问题之预设的合理性。

另外，自我的跨文化差异还显示出，多个水平上的自我—非我区分都会受文化影响动态变化而非跨文化固定。基于独立自我预设，该现象会被解释为某种最小自我通过社会文化建构和叙事（可以统称为"延展"）的方式而形成丰富的自我概念和各种各样的自我—非我区分。然而，如果打破独立自我预设，那么还有其他可能的解释：各种自我—非我区分锚定于同一底层自我—他人/环境关系之上，文化调整锚定位置从而构成在特定文化中的自我概念和自我—他人/环境区分。在后一种解释中，自我在基础上是关系的自我，更准确地说是作为关系存在者的自我，个体自我由底层关系自我所派生。以上两种方案至少在解释自我文化变体上是经验等价的。

二 关系的生物自我

人们普遍认为，即使自我与环境在其他层面上不可区分，自我至少可以作为一个生物实体原初地区分于环境。

在传统生物学中，个体有机体或其免疫系统、大脑、基因组序列等常常被看作基础的生物自我，相应地，皮肤内外、（先天的）免疫反应与免疫耐受等被视为原初的自我—非我区分标准。[1] 其他自我

---

[1] 参见 F. M. Burnet, "Immunological Recognition of Self: Such recognition suggests a relationship with processes through which functional integrity is maintained", *Science*, Vol. 133, No. 3449, 1961, pp. 307 – 311; Karine A. Gibbs, Mark L. Urbanowski and E. Peter Greenberg, "Genetic determinants of self identity and social recognition in bacteria", *Science*, Vol. 321, No. 5886, 2008, pp. 256 – 259; June A. Peters, Luba Djurdjinovic and Diane Baker, "The genetic self: The Human Genome Project, genetic counseling and family therapy", *Families, Systems, & Health*, Vol. 17, No. 1, 1999, pp. 5 – 25; Tobias Rees, Thomas Bosch, and Angela E. Douglas, "How the microbiome challenges our concept of self", e2005358; Francisco J. Varela, "Organism: A meshwork of selfless selves", pp. 79 – 107。

方面被认为以特定生物自我为必要的自然基础并统一于它，就像本书导论第二节提到的，弗朗西斯科·瓦雷拉主张各方面自我统一于个体有机体。然而，各种可能的生物自我提供的自我—非我区分都是存在争议的。首先，它们都面临着反例的挑战。假设一对同卵双胞胎的基因组相同且他们对对方的器官免疫耐受，那么以基因组或免疫反应/耐受为标准，他们应该被看作同一生物自我，但这显然是缺乏合理性的。① 相反，人类嵌合体是由两组或以上不同的基因型构成的生物体，但他们没有表现出也不会被看作同时拥有两个或以上的自我。裂脑人大脑的胼胝体被切断，大脑被分割为两个独立的半球，裂脑人既没有丧失意识和自我，也没有分裂出两个意识和两个自我，而是表现为一个统一的自我。② 一些连体双胞胎拥有两个大脑并表现出两个自我，但共享着一个身体或生命循环系统。这一系列反例表明，无论是基因、免疫反应/免疫耐受、大脑、身体还是整个有机体，都不能作为自我—非我区分的可靠标准。与各种最小自我相似，个体化的生物自我也难以与形形色色的自我—非我区分现象相适应。换言之，即使在生物学层面，我们仍然找不到原初的自我边界。因而，生物自我（甚至一般自我）很可能不是一种个体存在。

近年，一些微观生物学研究发现支持了这种推论并进一步表明生物自我是关系存在。一项研究指出人体常驻的微生物群在调控免

---

① 有研究发现，一同抚养和分开抚养的同卵双胞胎在人格特征、就业兴趣、社会态度等多个方面都表现出同等程度的相似性，这表明他们的心理相似性主要是由基因相似性而非环境相似性导致的。（参见 Thomas J. Bouchard, Jr., David T. Lykken, Matthew Mcgue, Nancy L. Segal and Auke Tellegen, "Sources of human psychological differences: The minnesota study of twins reared apart", Science, Vol. 250, No. 4978, 1990, pp. 223 – 228）换句话说，承认同卵双胞胎是同一生物自我（免疫自我、基因自我），能为个别自我相关现象提供解释，如双胞胎的心理相似性。然而，这不能为其他大多数自我相关现象提供解释，如他们在意识和经验自我上的区分。

② 参见 [英] 布鲁斯·胡德《自我的本质》，第 211—213 页；Yair Pinto, David A. Neville, Marte Otten, et al., "Split brain: divided perception but undivided consciousness", Brain, Vol. 140, No. 5, 2017, pp. 1231 – 1237。

疫系统和大脑神经活动上具有重要的、系统性的作用，它们还拥有比人类基因组更强的基因功能，因此生物自我不是分离于环境的个体有机体，而是有机体与微生物群的持续动态交互。① 简言之，至少从微观生物学的角度看，生物自我是一种关系存在而非个体存在，是有机体—微生物群关系或者说有机体—环境关系。

首先，免疫上的自我—非我区分是人类免疫细胞（T细胞和B细胞）与微生物细胞进行复杂交互的结果，是由关系调控的，而不是由个体有机体单独决定的。例如，肠道细菌群及其代谢物可以通过调控肠道T细胞和B细胞的数量和活性来避免肠道免疫系统将特定对象识别为非我，从而有效抑制过敏性疾病。② 这一方面表明，实现免疫功能的生物自我是关系的自我，是人体免疫细胞—微生物群关系；另一方面表明，免疫上的自我—非我区分不是固定的而是可变的，各种各样的自我—非我区分是在人类免疫细胞—微生物群的交互关系基础上实现的。因此可以说，免疫上的各种自我—非我区分统一于人类免疫细胞—微生物群关系。其次，认知也是大脑神经系统与微生物群相互作用的结果，而不仅仅是大脑的功能。神经系统与肠道微生物群（通过神经递质、神经活性细菌代谢物、免疫、神经内分泌、迷走神经等）共同构成一个复杂的信息网络，该网络控制着人的认知和行动；一些精神疾病和神经退行性疾病（如焦虑症、抑郁症、自闭症、阿尔兹海默病、帕金森综合征）被发现与肠道微生物群的作用及其变化密切相关证明了这一点。③ 简言之，实现

---

① 参见Tobias Rees, Thomas Bosch, and Angela E. Douglas, "How the microbiome challenges our concept of self", e2005358。

② 参见Tobias Rees, Thomas Bosch, and Angela E. Douglas, "How the microbiome challenges our concept of self", e2005358, p. 2。

③ 参见Tobias Rees, Thomas Bosch, and Angela E. Douglas, "How the microbiome challenges our concept of self", e2005358, p. 3; John F. Cryan, Kenneth J. O'Riordan, Kiran Sandhu, et al., "The gut microbiome in neurological disorders", *The Lancet Neurology*, Vol. 19, No. 2, 2020, pp. 179-194; Sibo Zhu, Yanfeng Jiang, Kelin Xu, et al., "The progress of gut microbiome research related to brain disorders", *Journal of Neuroinflammation*, Vol. 17, No. 1, 2020, 25。

认知功能的生物自我是神经系统—微生物群关系。此外，每个人基因组的独特性和稳定性都是由人类基因组与微生物基因组共同决定的，而且"与任何一个人类相关的微生物组所贡献的基因都比人类基因组多几个数量级，微生物基因贡献了宿主的许多表型特征"[1]。可见，实现基因功能的生物自我是人类基因组—微生物基因组关系。综上，免疫、认知与遗传三个方面的生物自我都是关系的自我（关系存在者）而不是个体的自我（个体存在者），都是有机体—微生物群关系而不是分离于环境的个体有机体。一旦有机体与微生物群的关系发生剧烈变化（如肠道微生物异常），就会导致生物自我的异常（如认知功能衰退）。原本被看作环境的微生物群实际上构成了而不仅仅是影响了生物自我。有机体与微生物群之间相对稳定的关系构成了相对稳定的生物自我。

各种个体化的生物实体作为生物自我都面临反例，同时生物自我的功能不仅仅以某个生物实体为必要基础，还以它与周围微生物群（或其他环境因素）的持续稳定关系为必要基础，这两点会给自我的科学实体观带来一定的冲击。科学实体观承诺了某种原初的自我—非我区分，但一系列反例和微观生物学发现表明即使从生物学角度看自我也没有原初的、固定的边界；科学实体观只强调特定生物实体对自我的必要性和基础性，但忽视了生物实体与环境的关系对自我的必要性和基础性。

值得一提的是，当代认知哲学家克拉克和查尔莫斯曾指出自我是一个由"生物有机体与外部资源耦合"而成的"延展系统"。[2] 在他们构想的思想实验中，一位阿尔兹海默病患者奥托把他自己记录在笔记本上的信息当作记忆以代替他丧失的生物记忆，他们认为奥托的信念（如关于现代艺术馆位置的信念）也因此从大脑延展到笔

---

[1] Tobias Rees, Thomas Bosch, and Angela E. Douglas, "How the microbiome challenges our concept of self", e2005358, p. 3.

[2] Andy Clark and David Chalmers, "The extended mind", *Analysis*, Vol. 58, No. 1, 1998, p. 18.

记本中。① 对克拉克和查尔莫斯来说，作为认知和行动主体的自我可以超越大脑和身体的边界延展到环境甚至延展到他人心智中，即自我是无界的。

这种延展认知（extended cognition）或者说延展自我理论可以作为科学实体观的修正，但它能否与关于生物自我的新发现相适应？答案是否定的。虽然延展认知理论主张自我是无界的、可塑的，强调生物有机体与环境共同构成作为认知和行动主体的自我，但它仍然不够重视有机体—环境关系对自我的基础性和必要性。有学者质疑延展认知理论忽视了在认知活动中大脑与工具之间的不对称关系，没有大脑就必然没有认知活动，但没有其他工具仍然可能有认知活动；对此，克拉克回应道：只有孤立的大脑可能造成严重的后果，而且大脑不是无部分的，即使它缺少一些部分（如视觉皮层），认知仍然可以进行。② 对质疑者来说，只有大脑对认知来说是必要的，大脑才可能是认知主体或认知实现者，其他事物最多是认知的辅助工具。从克拉克对他们的反驳可以看出，克拉克已经认识到并暗示只有孤立的大脑，认知同样是不可能的，但在此他只是简单地提到这一点。他把回应质疑的重心放在论证大脑的部分与其他事物一样对认知活动并非不可或缺之上。他的潜在思路是，既然大脑的部分与其他事物（如奥托的笔记本）对认知来说都不是必要的，而我们可以接受大脑的部分（如视觉皮层）是认知系统的组成部分，那么我们也应该平等地对待其他事物，接受在特定条件下其他事物可以作为认知系统的组成部分。总而言之，克拉克的延展认知理论没有突出特定大脑—环境关系对认知与自我的必要性，认知与自我可以超越大脑向环境延展不代表必须超越大脑向环境延展。③ 因此，

---

① 参见 Andy Clark and David Chalmers, "The extended mind", pp. 12 – 18。
② 参见 Andy Clark, *Supersizing the Mind: Embodiment, Action, and Cognitive Extension*, New York: Oxford University Press, 2008, pp. 162 – 163。
③ 尽管在提出和构建延展认知理论时，克拉克还不够重视大脑—环境关系对认知的必要性，但从近年他对预测心智理论的关注与论述可以看出，他已深刻认识到这一点，详见本书下一小节对认知自我的讨论。

即使借助延展认知来修正科学实体观，强调自我可以超越生物实体的边界向外延伸，仍无法使科学实体观与有关生物自我的新发现相适应。

具身认知（embodied cognition）、嵌入认知（embedded cognition）、生成认知（enactive cognition）与上面提到的延展认知并称4E，它们被认为是第二代认知科学理论。有别于强调认知（尤其是高级认知）由人类大脑的计算加工或神经元联结实现的第一代认知科学，4E提出认知可以跨越大脑边界。它们分别强调身体、所处情境的特征、与环境的持续感觉运动交互以及各种外部资源（包括他人心智）可以参与构成我们的认知系统，以减少大脑的认知负荷。在4E中，生成认知最强调大脑、身体与环境的关系对认知的必要性，它主张认知产生于有机体与环境的感觉运动交互而非有机体及其内部活动。有学者基于生成进路提出，自我是一种社会存在，与社会关系与社会交互共生。① 生成认知似乎与有关生物自我的发现更相容，它们都支持自我是一种关系存在。

但值得注意的是，4E所涉及的大脑、身体、环境关系是认知关系，如构成延展认知系统的有机体与环境之间的耦合关系，以及延展认知系统与认知对象之间的感觉运动交互关系，这些认知关系只能用以解释自我的认知与行动，而不能用以解释其他方面的自我相关现象（如意识统一、经验自我异常）。本书将论证自我作为特定关系存在，这里的关系不是指认知关系而是前认知关系，即一种优先于认知关系并作为认知关系之必要基础的关系，它有望统一解释不同方面的自我相关现象。神经系统与微生物群的交互控制着认知与行动，体现的也是一种前认知关系，它不涉及特定的认知任务和过程（不是为了完成特定认知任务而构建的认知系统），但它的维持与稳定是所有认知活动的必要前提。与4E相

---

① 参见 Miriam Kyselo, "The body social: An enactive approach to the self", *Frontiers in Psychology*, Vol. 5, 2014, 986。

比，本书将论证的自我关系实在论与有关生物自我的新发现更相容。

虽然科学实体观不能通过强调延展与经验相适应，但只要它足够重视基础的、前认知的大脑—身体—环境关系，就会自然而然地发展为一种关于自我的科学关系观。

三 关系的认知自我

20世纪，认知科学家、神经科学家仍然普遍认为我们的大脑是"刺激—认知—反应"的大脑；但近二十年，科学家提出我们的大脑是贝叶斯大脑（Bayesian brain）。① 简单来说，大脑不是在刺激实际发生后才消极地对之进行加工，而是在刺激实际发生前就已经对它的发生进行预测。②

贝叶斯大脑的运作机制通常被"分层预测编码模型"（hierarchical model of predictive coding）和"自由能原理"（free energy principle）共同刻画：自上而下，大脑不断主动地构建关于世界的预测模型或者说关于未来环境中刺激发生的概率模型，从而指导行动；自下而上，根据预测失误（预测值和实际值的差距）调整预测模型，从而降低未来的预测失误，或采取行动改变感官输入以缩小预测失误；预测失误越小，自由能越小（相当于平均惊讶程度越小）；自由能越小，就越有利于维持有机体的内环境稳态，从而越有利于有机体在环境中持续生存。③ 值得注意的是，分层预测编码模型包含多个层级，较高的层级对较低的层级的实际输入进行预测，而较低层级

---

① 参见 Karl Friston, "Does predictive coding have a future?", *Nature Neuroscience*, Vol. 21, No. 8, 2018, pp. 1019 – 1021。

② 这种观点引发了所谓第三代认知科学。在第二代认知科学中，在4E理论里，认知还是指对实际刺激的加工。

③ 参见 Karl Friston, "The free-energy principle: A unified brain theory?", *Nature Reviews Neuroscience*, Vol. 11, No. 2, 2010, pp. 127 – 138; Andy Clark, "Whatever next? Predictive brains, situated agents, and the future of cognitive science", *Behavioral and Brain Sciences*, Vol. 36, No. 3, 2013, pp. 181 – 204。

的实际输入调节着较高层级的预测模型,每个层级的活动都是预测值与实际值持续比较的结果。① 卡尔·弗里斯顿(Karl Friston)等学者最早提出了自由能原理,而在更早前已有学者构建了大脑的预测编码模型,弗里斯顿等学者将预测编码模型发展为自由能原理的目的主要在于阐明大脑不断作出关于世界的预测的根本动机是最小化自由能、维持内稳态,更进一步说,是使有机体得以在环境中持续生存。②

相对于传统大脑模型,贝叶斯大脑与大脑的实际能量消耗情况更相符。大脑消耗大量能量维持自发活动,而刺激诱发活动的消耗则只占大脑总消耗的极少比例(5%)。③ 大脑自发活动(静息状态活动)可能与大脑不断构建关于世界的预测模型相关,而刺激诱发活动则可能是大脑自发活动对预测失误(预测刺激与实际刺激之间的差异)进行编码的产物,诺瑟夫将之称为"基于差异的编码"(difference-based coding)。④ 已有不少研究发现,大脑的静息状态活动(自发活动)可以预测刺激或任务诱发活动。⑤ 这些研究发现支

---

① 参见 Georg Northoff, *The Spontaneous Brain: From the Mind-Body to the World-Brain Problem*, p. 60。

② 参见 Karl Friston, James Kilner and Lee Harrison, "A free energy principle for the brain", *Journal of Physiology-Paris*, Vol. 100, No. 1 – 3, 2006, pp. 70 – 87。

③ 参见 Georg Northoff, *The Spontaneous Brain: From the Mind-Body to the World-Brain Problem*, p. 8。过去,大脑自发活动被认为是无意义的,刺激诱发活动才被看作有意义的。21世纪,有学者提出部分大脑功能可能是由默认状态下的大脑活动即大脑自发活动实现的。(参见 Marcus E. Raichle, Ann Mary MacLeod, Abraham Z. Snyder, et al., "A default mode of brain function", *Proceedings of the National Academy of Sciences*, Vol. 98, No. 2, 2001, pp. 676 – 682) 后来,越来越多认知神经科学家开始关注大脑自发活动的特征及其功能。

④ 参见 Georg Northoff, *Unlocking the Brain: Volume 1: Coding*, New York: Oxford University Press, 2014, pp. 151 – 152; Georg Northoff, *The Spontaneous Brain: From the Mind-Body to the World-Brain Problem*, pp. 58, 60。

⑤ 参见 Georg Northoff, Pengmin Qin and Takashi Nakao, "Rest-stimulus interaction in the brain: A review", *Trends in Neurosciences*, Vol. 33, No. 6, 2010, pp. 277 – 284。

持了我们的大脑是一个贝叶斯大脑。

现在,许多神经科学家、认知科学家,如安迪·克拉克,致力于用自由能原理和预测编码模型及它们的数学公式为大脑功能(知觉、认知、行动、情绪)提供统一的解释,将它们都诠释为最小化自由能的过程或其中的环节。例如,知觉不再只是自下而上的信息传入,而是大脑自上而下地努力做出与将要发生的感官刺激相匹配的预测以最小化预测失误的过程,大脑的预测优先于实际刺激的处理进程;在世界中行动不再只是自上而下的信号输出,而是改变感官刺激输入以最小化预测失误的过程。①

本书将把实际刺激发生前或实际执行特定认知任务前的阶段(预测编码模型的预测阶段)称为"前认知阶段"。这种新兴的大脑模型或认知模型带来了颠覆传统的认知图景,突显了大脑—环境的动态关系在前认知阶段已经形成——大脑努力做出与环境中的刺激相匹配的预测,以降低在接收到实际刺激或执行特定认知任务时的惊讶程度(自由能)。对后续的认知活动(在接收到实际刺激后对预测失误的认知加工过程)来说这种关系总是前认知的,尽管它们是根据过去认知活动的反馈进行调整的产物。

如果说自我作为认知主体存在,那么认知的特征就是自我的特征。如果认知是一种分层的预测编码(最小化自由能)过程,那么自我必定是涉及大脑与环境的前认知动态关系——大脑不断构建和修正关于世界的预测模型以对准于世界的内容——的自我。在这个意义上,认知的自我也是关系的自我,是大脑—环境的前认知动态关系。

结合上一小节来看,"前认知的有机体(大脑)—环境关系"

---

① 参见 Andy Clark, "Whatever next? Predictive brains, situated agents, and the future of cognitive science", p. 185; Karl Friston, "The free-energy principle: A unified brain theory?", p. 129。

可以统一刻画生物自我和认知自我，不过这种"前认知"既要容纳作为认知产生之基础的前认知，又要包括优先于实际认知阶段的前认知。克拉克的延展认知理论既不涉及前者，又不涉及后者。提出延展认知理论时克拉克主要关注的还是在特定认知任务中（实际认知阶段）的大脑—环境关系——大脑与环境耦合形成延展认知系统。这很可能是因为当时他所依据的大脑模型仍然是传统的大脑模型。不过，近十年来，克拉克越来越多地关注贝叶斯大脑并为它辩护。现在，克拉克也很可能会接受一种作为前认知关系的自我。

四 关系的具身自我

加莱塞已基于有关镜像神经元的发现论证了具身自我在基础上是关系的自我，具身的主体间性优先于主体性（详见本书第一章第五节）。本小节将从其他角度论证具身自我是关系的自我。

梅洛-庞蒂认为，我们的身体是特殊的，它不同于其他的物体，因为它既是知觉的对象又是在世界中知觉和行动的主体，而主客体统一的身体就是我们的自我。根据他的具身自我理论，我们通过身体在世界中知觉和行动，同时前反思地觉知着自身拥有身体而且是知觉和行动的主体，用可经验操作的定义来描述即我们前反思地将拥有感和施动感归属于身体。

然而，许多有关身体错觉的实验表明，我们的生物身体不是特殊的，而且我的身体与非我的区分是动态变化的。在著名的橡胶手错觉实验中，研究者将受试者的左手手臂放在小桌子上，手臂旁用一块挡板挡住受试者的视线（使受试者无法看到自己的左手），然后将一只橡胶手放到受试者面前，再用两支画笔同步轻抚受试者的左手和橡胶手；在十分钟后，受试者在自我报告中将触觉归于面前的橡胶手，并将橡胶手知觉为自己身体的部分；两只手是同步还是不同步被轻抚以及两只手的距离远近都会影响错觉发生的概率——两只手被轻抚的时间间隔越大或两只手的距离越远，橡胶手错觉发生率就越低。① 橡胶手错觉实验有一系列变体。比如，有一实验在最后阶段（停止轻抚后）增加了用别针扎橡胶手的视觉刺激，在该实验中，受试者报告感觉到痛，但他的真手并没有被针扎。② 另一实验用指帽和木棍将放在桌上的橡胶手的食指和放在抽屉的受试者的真手的食指连接起来，在真手与橡胶手真实同步行动的条件下，受试者将身体拥有感和施动感都归属于橡胶手；即使在行动不同步的条件下（研究者把连接用的木棍拆除，控制橡胶手食指在受试者行动500ms后再行动），受试者将施动感归属于橡胶手的现象没有完全消除，但拥有感归属现象消除了。③ 还有各种实验利用虚拟现实技术、头戴显示器和人机交互系统让受试者低头只能看到虚拟身体，或让受试者看到自己的后背；在视触觉同步条件下，受试者出现了将虚拟身体看作自己身体、将自己真实的身体经验为他人身体、将触觉归属于他人身体、将自己的所在位置知觉为在真实位置背后等一系列身体错觉。④

这些实验共同表明：（1）具身自我是可塑的，我的生物身体及其部分可能被知觉为非我的东西，而原本非我的东西也可能被知觉为我的身体或其部分，身体拥有感和施动感既可以归属于生物身体，也可以归属于其他事物（如橡胶手、虚拟身体）；（2）虚拟身体也能成为主客体统一的身体，即不但可能被视为我的身体，而且可能

---

① 参见 Matthew Botvinick and Jonathan Cohen, "Rubber hands 'feel' touch that eyes see", *Nature*, Vol. 391, No. 6669, 1998, p. 756。

② 参见 Edla D. P. Capelari, Carlos Uribe and Joaquim P. Brasil-Neto, "Feeling pain in the rubber hand: Integration of visual, proprioceptive, and painful stimuli", *Perception*, Vol. 38, No. 1, 2009, pp. 92 - 99。

③ 参见 Andreas Kalckert and H. Henrik Ehrsson, "Moving a rubber hand that feels like your own: A dissociation of ownership and agency", *Frontiers in Human Neuroscience*, Vol. 6, 2012, 40。

④ 参见 Mel Slater, Daniel Perez-Marcos, H. Henrik Ehrsson and Maria V. Sanchez-Vives, "Inducing illusory ownership of a virtual body", *Frontiers in Neuroscience*, Vol. 3, No. 2, 2009, pp. 214 - 220。

被觉知为在虚拟现实中知觉和行动的主体,生物身体在这个意义上不是特殊的;① (3)以具身性为标准,自我与非我的区分是动态变化的而非固定的,作为具身主体的自我不能原初地区分于非我,除非具身自我特指我们的生物身体,而与身体知觉(现象学身体)无关。但如此一来,具身自我观就等同于科学实体观,它将面临上一小节讨论过的挑战。

为了解释各种具身自我变体,有学者主张具身自我是以预测编码的方式建构的,或者提出"自由能自我"的概念。② 为了最小化关于橡胶手被轻抚的视觉经验和触觉同步带来的惊讶程度,大脑自上而下调整了关于身体的预测模型,将橡胶手建构为身体模型的部分,使之与不断接收到的、自下而上的视触觉同步或行动—视觉同步相匹配。全身错觉和身体时空位置错觉同理。

如果具身自我不是原初的、基础的而是由预测编码过程建构的,那么说到底,具身自我是一种大脑—身体—环境的前认知动态关系。因为,具身自我的建构涉及大脑不断构建与修正关于身体在世界中知觉和行动的预测模型,并努力使之能够准确预测来自生物学身体与环境(自然环境或虚拟环境)的多感官刺激和变化。

五 现象自我的变化与丧失

除了身体错觉实验,意识改变状态(altered states of consciousness,如无梦睡眠、清醒梦、非清醒梦、冥想、药物致幻、麻醉、微意识状态、昏迷等)和精神疾病案例(双相情感障碍、精神分裂症、

---

① 不过,如果没有来自生物身体的感觉(如触觉),虚拟身体也无法成为主客体统一的身体。所以,实际上,在虚拟现实实验中,生物身体与虚拟身体共同构成受试者的具身自我。

② 参见张静、陈巍《基于自我错觉的最小自我研究:具身建构论的立场》,《心理科学进展》2018 年第 7 期;Matthew A. J. Apps and Manos Tsakiris, "The free-energy self: A predictive coding account of self-recognition", *Neuroscience & Biobehavioral Reviews*, Vol. 41, 2014, pp. 85 – 97。

科塔尔综合征等）也向我们呈现了各种各样的经验自我变体，比如，科塔尔综合征患者呈现的部分或全部丧失具身性的自我。它们共同挑战了基于独立自我预设发展起来的，强调自我至少作为某种体验主体（性）或者说现象自我存在的最小自我观。

当代哲学学者拉斐尔·密列埃尔（Raphaël Millière）总结了六种自我意识形式：（1）"认知的自我意识"（在反思中觉知自身是意识的主体）；（2）"空间自我意识"（觉知自身处于特定时空位置）；（3）"身体拥有感"；（4）"身体施动感"；（5）"心理拥有感"；（6）"心理施动感"。① 继而，他借助各种意识改变状态来证明这六种自我形式对意识来说都不是必要的，意识至少可能丧失部分自我形式甚至可能丧失全部自我形式。他指出：在过于关注特定任务的流畅状态（flow state）、冥想或睡梦中，人会失去认知的自我意识；先天失明与失聪的人缺乏空间自我意识；患有假肢妄想症（将肢体归属于他人）或发生离体体验的人部分或全部丧失身体拥有感和身体施动感；患有精神分裂症或处于非清醒梦状态的人部分丧失心理拥有感和心理施动感；而在药物诱导的自我解离、冥想和无梦睡眠中，人甚至可能完全丧失自我意识。② 密列埃尔总结的六种自我意识形式基本涵盖了之前讨论过的各种各样的最小自我——意识体验的外显主体形式、前反思意识体验的内隐主体性（我属性）、具身体验主体、拥有感和施动感等。上述例子证明各种各样的最小自我对意识体验来说都不是必要的。因此，主张自我至少作为某种体验主体（性）即现象自我存在的最小自我观是不成立的。

前文谈到过梅青格用精神分裂症的症状挑战最小自我观，而扎哈维回应道：即使在精神分裂症中，意识体验也没有丧失我属性或拥有感，最多只是拥有感减弱了，诸如思想插入（部分思想被

---

① Raphaël Millière, "The varieties of selflessness", 8, p.5.
② 参见 Raphaël Millière, "The varieties of selflessness", 8。

归属于他者）等精神分裂症症状是来源感和施动感的丧失导致的。密列埃尔又以非清醒梦为例对扎哈维的最小自我观作出了反驳。他的反驳思路可以构造为如下论证：（1）如果非清醒梦中的意识体验没有丧失拥有感或我属性，那么梦应该是连续和协调统一的；（2）非清醒梦通常是不连续的、混乱的；（3）因此，非清醒梦中的意识体验是丧失拥有感或我属性的，拥有感或我属性对意识体验来说不是必要的。① 如果扎哈维仍然坚持在任何情况下意识体验都不会丧失我属性，那么他的理论是经验不适当的，他的最小自我不仅无法为精神分裂症中的异常经验自我提供解释，也无法为意识改变状态（如意识统一程度的下降）提供解释；甚至可以说，他的理论是内部矛盾的——意识体验具有我属性但不统一。总的来说，诉诸某种现象层面的最小自我并非解释所有意识改变状态或经验自我变体的可行方案。

　　面对形形色色的意识改变状态和经验自我变体，解答自我问题的思路大致有以下三种：（1）接受无我观，即否定存在可以作为各种自我相关现象的共同基础的自我；（2）采取多元论或程度论进路，承认存在多种最小自我或不同程度的最小自我，像纽恩、加拉格尔或扎哈维那样；（3）为各种意识改变状态、经验自我变体找到亚人水平上的共同基础。第一种思路存在的问题前文已有不少讨论，如使道德责任归属问题成为难题。第二种思路中，程度论的问题本书第二章也已指出，即程度论本身是缺乏解释力的，只有当拥有感发生程度变化的机制得以阐明时，它才是具有解释力的理论，然而这会使它走向第三种思路。多元论的问题将在后文（本书第三章）中详细分析，其中一个比较突出的问题是它无法解释多个最小自我方面如何相互联系共同构成自我，如果这个问题得不到解释，那么自我的多元论将走向自我的消去论（无我观）。第三种思路正是本书采取的思路。如果能找到一个使各种意识改变状态、经验自我变体成

---

① 参见 Raphaël Millière, "The varieties of selflessness", 8, p. 16。

为可能的底层基础，阐明意识与经验自我发生变化的条件，从而为它们提供统一的解释，那么该基础就可以被合理地视为基础的自我，该基础的基本属性就是自我的基本属性。这与丘奇兰德的科学实体观思路大体相似，但她仍受制于独立自我预设，所以只注意到了大脑对经验自我变体的必要性，而忽视了特定大脑—环境关系的必要性。

在探讨使各种经验自我变体成为可能的亚人水平基础前，先来考察几种经验自我发生变化或出现异常的情况。其中一种是漂浮缸体验。这是一种短暂的感觉剥夺体验，它非常接近伊本·西拿的漂浮者实验。在漂浮缸体验中，环境是没有灯光、没有声音的黑暗室内环境，只有一个装满水的浴缸，缸里的水被加了大量海盐而且水温接近人的体温，体验者可以闭着眼躺在水面上休息。换言之，环境刺激被尽可能最小化了，体验者的视觉、听觉、触觉甚至重力感等外感觉都被尽可能剥除了。与伊本·西拿的直觉不同，在真实的漂浮体验中，体验者部分地丧失了自我意识，尤其是空间自我意识。① 密列埃尔甚至指出一只天生聋盲的小狗漂浮在外太空将完全丧失自我意识。② 简言之，当一个人短暂地在相当大的程度上中断与环境的感觉联系时，即使身体机能正常，他/她也会部分丧失自我意识；如果一个人从来都无法与环境建立起联系或者与环境的联系长期、不可逆地中断，那么他/她很有可能完全丧失自我意识。自我意识形式的变化或丧失很可能与有机体（大脑）—环境关系的变化和中断密切相关。

另一种情况是无梦睡眠。无梦睡眠通常被认为是部分甚至完全丧失自我意识的状态。有研究发现，虽然在睡眠中大脑神经活动仍会产生关于听觉刺激的消极反应，但是短期和长期的听觉预测编码都中断了，它的依据是睡眠中长期规律和短期预测失误都没有反映

---

① 参见 Raphaël Millière, "The varieties of selflessness", 8, p. 10。
② 参见 Raphaël Millière, "The varieties of selflessness", 8, p. 19。

在事件相关电位上。① 换言之，在睡眠中，大脑与环境的前认知关系中断了——大脑暂停构造关于世界的预测模型。由此可以推测，睡眠中自我意识形式的部分或全部丧失很可能与这种大脑—环境前认知关系的暂时中断相关。

综合来看，基于独立自我预设发展而来的各种最小自我观不具有经验适当性。最小自我最多只能解释通过具身、延展、社会建构和叙事形成的丰富经验自我（自我概念），而无法解释它自身的异常和丧失，无法解释自我—非我区分的部分变化及崩溃。基础自我很可能是作为关系存在的自我（关系自我），因为无论心理自我、生物自我、认知自我还是具身自我从基础上说都是关系的自我，就连现象自我的异常与丧失都很可能与特定关系的变化和中断相关，并且这种关系很可能是一种前认知的有机体（大脑）—环境关系。

从寻找作为各种自我相关现象之统一基础的独立自我转变为关注作为基础的关系自我是构建更具经验适当性的自我模型的合理思路。接下来，本书将基于最新的神经科学理论与发现进一步阐明基础的自我可能是一种怎样的关系，具有哪些关键特征。

第二节　基础的自我：前认知的大脑—环境对准关系

一　自我与静息状态神经活动

在脑科学快速发展的今天，科学家借助脑成像技术越来越多地认识到经验自我的各个方面与大脑神经活动之间的密切联系，因此丘奇兰德等学者声称自我就是大脑，自我的各个方面都由大脑实现

---

① 参见 Melanie Strauss, Jacobo D. Sitt, Jean-Remi King, et al., "Disruption of hierarchical predictive coding during sleep", *Proceedings of the National Academy of Sciences*, Vol. 112, No. 11, 2015, pp. E1353 – E1362。

或者以大脑为基础形成。

目前公认的观点是，自我由多脑区协作而非单一脑区实现。21世纪初，诺瑟夫等学者对许多涉及自我相关刺激或任务的脑成像研究进行了元分析：他们通过统计学分析手段得出在不同类型的任务中、在自我相关条件下（对比非自我相关条件）神经活动显著更活跃的区域之间可以形成三个功能集群；考虑到这些集群在解剖学上的位置，他们将这三个集群构成的结构称为"皮质中线结构"（cortical midline structures，CMS），并主张CMS是自我的神经关联物或者说核心自我，经验自我的不同方面——自我身体识别、施动感、拥有感、空间自我意识、情绪、自传式记忆、社会认知等，相当于，具身自我方面、心理自我方面、叙事自我方面、社会自我方面、生态自我方面等——都统一于该结构。① 这样一种结构是由现象（数据）抽象出来的数学结构，而不是自然的、因果的生理结构。不过，从解剖学角度看，该结构大致对应于布罗德曼分区中的腹内侧前额叶皮层、眶部内侧前额叶皮层、背内侧前额叶皮层、前膝部和膝下前扣带回皮层、膝上前扣带回皮层、后扣带回皮层、顶叶内侧皮层和压后皮层。② 不过，它们之间的因果联系仍是未知的。

基于诺瑟夫的皮质中线结构（CMS）理论，认知科学哲学学者马吉德·贝尼（Majid D. Beni）提出自我不是任何实体或属性而是结构，他认为我们应该把自我相关现象揭示的结构看作自我本身，因为如此一来，自我的各个方面（甚至包括多种最小自我）都能得到统一把握，而像加拉格尔等人提出的样式理论则无法解释自我的各个方面（或各种最小自我）如何相互联结和统一，自我的CMS理

---

① 参见 Georg Northoff and Felix Bermpohl, "Cortical midline structures and the self", *Trends in Cognitive Sciences*, Vol. 8, No. 3, 2004, pp. 102–107; Georg Northoff, Alexander Heinzel, Moritz de Greck, et al., "Self-referential processing in our brain—A meta-analysis of imaging studies on the self", *NeuroImage*, Vol. 31, No. 1, 2006, pp. 440–457。

② 参见 Georg Northoff, Alexander Heinzel, Moritz de Greck, et al., "Self-referential processing in our brain—A meta-analysis of imaging studies on the self", p. 442。

论比样式理论更具解释力。① 在具体分析和评价贝尼的自我结构实在论前，先来看看有关 CMS 的其他发现。

过去，自我的神经科学研究主要关注由自我特异刺激或自我参照任务诱发的神经活动。诺瑟夫等也是基于这类研究分析得出自我的皮质中线结构（CMS）。最小自我观可能会反驳道：作为前反思的意识体验的内在属性或前反思的身体知觉存在的最小自我不能被 CMS 统一，因为 CMS 只是反思的自我相关进程之间的结构。

然而，近年一系列神经科学研究观察到一个重要的神经现象——"静息—自我重叠"（rest-self overlap）现象，即 CMS 中的静息状态活动（清醒且无特定刺激或认知任务状态下的神经活动）与自我特异刺激或自我参照任务诱发活动之间存在激活水平重叠，或者说，大脑静息状态下活跃的默认模式网络（default mode network, DMN）与 CMS 之间存在空间重叠。② 不同于神经科学家原本设想自

---

① 参见 Majid D. Beni, "Structural realist account of the self", *Synthese*, Vol. 193, No. 12, 2016, pp. 3727–3740。这是贝尼早期的自我结构实在论，纯粹以 CMS 理论为依据。后来，他的自我结构实在论有了很大的发展（详见本书第三章第二节）。

② 参见 Arnaud D'Argembeau, Fabienne Collette, Martial Van der Linden, et al., "Self-referential reflective activity and its relationship with rest: A PET study", *NeuroImage*, Vol. 25, No. 2, 2005, pp. 616–624; Susan Whitfield-Gabrieli, Joseph M. Moran, Alfonso Nieto-Castañón, et al., "Associations and dissociations between default and self-reference networks in the human brain", *NeuroImage*, Vol. 55, No. 1, 2011, pp. 225–232; Nir Lipsman, Takashi Nakao, Noriaki Kanayama, et al., "Neural overlap between resting state and self-relevant activity in human subcallosal cingulate cortex—Single unit recording in an intracranial study", *Cortex*, Vol. 60, 2014, pp. 139–144; Georg Northoff, "Is the self a higher-order or fundamental function of the brain? The 'basis model of self-specificity' and its encoding by the brain's spontaneous activity", *Cognitive Neuroscience*, Vol. 7, No. (1–4), 2016, pp. 203–222。大脑在清醒但不处理任何目标刺激、不执行任何认知任务时仍有神经活动（主要是低频波动）在持续进行，这种活动被称为"大脑自发活动"；但由于不可能剥除环境中一切刺激而只可能控制，所以把清醒但放空状态下记录的神经活动称为"静息状态活动"，以此与刺激或任务诱发活动相区分。过去大脑自发活动只被视为噪声，所以在研究中记录静息状态活动只作基准使用，以排除刺激或任务诱发活动中包含的"噪声"。神经科学家只专注于研究刺激或任务带来的神经活动变化。这可能是"静息—自我重叠"现象以前没有被发现的主要原因。这与传统的"刺激—认知—反应"大脑模型也密切相关。

我特异刺激或自我参照任务激活了 CMS 中的神经活动，然而实际上 CMS 的神经活动在不处理任何目标刺激、不执行任何任务时就一直处于活跃状态，反而是非自我相关刺激或任务抑制了该结构网络的神经活动。这意味着，大脑可能时刻不断地、主动地构建着自我，而非仅在接收到自我相关刺激时才被动地进行信息加工。基于此，诺瑟夫提出了"自我特异性基本模型"（basis model of self-specificity）——"静息状态活动可能包含自我特异信息……包含于静息状态活动的自我特异信息可能为其分配到在感觉运动、认知、情感和社会功能中被加工的内容提供基础或依据。"① 所谓"自我特异性"是指将感觉、情感、行动等内容加工为我的感觉、我的情感和我的行动，相当于第一人称被给予性或者说拥有感。他认为自我特异性内在地编码于 DMN/CMS 的静息状态活动的时空特征之中，是大脑的基本功能而非高级认知功能②，其他认知功能（感觉、情绪等）的实现以它的实现为基础。目前，已有实证研究表明，大脑静息状态活动的多种时间特征与私人自我意识水平显著相关③；另外，有研究表明，根据刺激发生前的静息状态活动水平等时间特征可以预测受试者是否把即将发生的刺激判断为自我相关的④。

---

① Georg Northoff, "Is the self a higher-order or fundamental function of the brain? The 'basis model of self-specificity' and its encoding by the brain's spontaneous activity", p. 214.

② 其他很多学者认为自我特异性是大脑的高级认知功能，比如，丘奇兰德、达马西奥和塞尔等。达马西奥的核心自我（涉及自我特异性）与自传体自我都是在其他认知活动（如身体感觉和记忆）基础上实现的高级认知进程。

③ 参见 Zirui Huang, Natsuho Obara, Henry (Hap) Davis Ⅳ, et al., "The temporal structure of resting-state brain activity in the medial prefrontal cortex predicts self-consciousness", *Neuropsychologia*, Vol. 82, 2016, pp. 161 – 170; Annemarie Wolff, Daniel A. Di Giovanni, Javier Gómez-Pilar, et al., "The temporal signature of self: Temporal measures of resting-state EEG predict self-consciousness", *Human Brain Mapping*, Vol. 40, No. 3, 2019, pp. 789 – 803。

④ 参见 Pengmin Qin, Simone Grimm, Niall W. Duncan, et al., "Spontaneous activity in default-mode network predicts ascription of self-relatedness to stimuli", *Social Cognitive and Affective Neuroscience*, Vol. 11, No. 4, 2016, pp. 693 – 702; Yu Bai, Takashi Nakao, Jiameng Xu, et al., "Resting state glutamate predicts elevated pre-stimulus alpha during self-relatedness: A combined EEG-MRS study on 'rest-self overlap'", *Social Neuroscience*, Vol. 11, No. 3, 2016, pp. 249 – 263。

如果自我与DMN/CMS中的静息状态活动及其时空特征密切相关，而静息状态活动不涉及特定刺激和任务甚至不涉及反思，那么连前反思的最小自我也可能被CMS所统一。根据上面提到的关于刺激前静息状态活动能预测刺激的自我归属的发现可以推测，扎哈维所说的意识体验的我属性（最小自我觉知）的强弱程度也可能与静息状态活动水平密切相关。

有研究发现，植物状态或微意识状态受试者的CMS（研究者主要观察了前扣带回皮层和后扣带回皮层）中的静息状态活动存在异常，如他们的低频波动的振幅显著低于健康受试者；而且与健康受试者相比，他们的任务诱发活动在自我参照和非自我参照任务的对比中差异不明显。[1] 这一方面表明CMS中的静息状态活动（尤其是低频波动）水平与意识水平密切相关，较低的静息状态低频波动活动水平伴随着较弱的意识水平；另一方面揭示静息状态活动达到一定水平（或者处于特定范围）是作出自我与非我区分的必要前提。

还有研究指出，大脑静息状态活动的各种时间特征——"幂律指数（power law exponent，PLE）、自相关窗口（auto-correlation window，ACW）和调节指数（modulation index，MI）"，即"时间嵌套、时间连续性和时间整合"——很可能可以"转换为心理学水平上[自我意识的]相应时间特征"。[2] 但该研究本身并没有直接考察它们之间的关系，它只是在结论部分提出了这样一种猜想。不过，更近期的一项研究部分证实了这种猜想，该研究发现：静息状态神经活动的PLE越高、ACW越长，历时的自我优势效应越强，这意味着

---

[1] 参见Zirui Huang, Rui Dai, Xuehai Wu, et al., "The self and its resting state in consciousness: An investigation of the vegetative state", *Human Brain Mapping*, Vol. 35, No. 5, 2014, pp. 1997–2008。

[2] Annemarie Wolff, Daniel A. Di Giovanni, Javier Gómez-Pilar, et al., "The temporal signature of self: Temporal measures of resting-state EEG predict self-consciousness", pp. 789, 801. 该研究就是上文提到的发现静息状态神经活动的时间特征与私人自我意识水平密切相关的研究。

自我的时间连续性越强。① 扎哈维主张内时间意识结构是最小自我的微结构，静息状态活动的时间特征正好可以为扎哈维这种时间化的最小自我提供机制解释，如静息状态活动时间整合程度越高，自我觉知水平越高，滞留和前摄的时间范围越大。

总而言之，自我与静息状态活动（特别是DMN/CMS中的）及其时空特征密切相关。我们可以尝试通过研究静息状态活动的时空特征来考察自我究竟是什么。为此，我们需要先引入诺瑟夫的意识时空理论，该理论指出静息状态活动的时空特征由大脑、身体和世界之间的时空关系决定。

二 大脑与身体、环境的时空结构对准与自我

与皮质中线结构（CMS）重叠的默认模式网络（DMN）只是大脑静息状态活动形成的功能网络之一。除了DMN，静息状态活动还形成了中央执行网络（central executive networks，CEN）、突显网络（salience network，SN）、感觉运动网络（sensorimotor networks，SMN）等功能网络。② 上文已提到DMN主要与自我相关信息加工有关，在静息状态和加工自我相关刺激时处于激活状态，而在加工非自我相关刺激时被抑制。SN与侦察环境刺激和内部事件有关，CEN则与注意等高级认知功能有关，DMN与CEN不会同时处于激活状态，SN根据信息侦察的情况调节着二者中何者参与信息加工。③ 感觉运动网络（SMN）则顾名思义与对感觉如视觉和运动相关的信息的加工有关。这些功能

---

① 参见 Ivar R. Kolvoort, Soren Wainio-Theberge, Annemarie Wolff and Georg Northoff, "Temporal integration as 'common currency' of brain and self-scale-free activity in resting-state EEG correlates with temporal delay effects on self-relatedness", *Human Brain Mapping*, Vol. 41, No. 15, 2020, pp. 4355–4374。更具体地说，该研究表明，静息状态神经活动的时间整合程度越强，受试者越可能把跨越更大时间范围的信息更快更准确地整合为属我的。

② 参见 Georg Northoff, *The Spontaneous Brain: From the Mind-Body to the World-Brain Problem*, p. XV。这些功能网络都属于前文（本书第一章第二节）介绍过的小世界网络。

③ 参见 Vinod Menon, "Large-scale brain networks and psychopathology: A unifying triple network model", *Trends in Cognitive Sciences*, Vol. 15, No. 10, 2011, pp. 483–506。

网络共同刻画了静息状态活动的空间特征。此外，这些网络之间存在功能连接。诺瑟夫将这些网络之间的功能连接看作静息状态活动的空间结构。

随时间记录的神经信号（如 EEG 信号）在进行傅里叶变换之后会分解为无穷多不同频率的正弦波。反过来说，不同频率的正弦波叠加组成原来的神经信号。通过这种转换，神经信号的一些时间特征会更容易被捕捉（如图 2-1 所示）。为了更好地刻画神经信号的时间特征，神经科学家将波动频率划分为不同频段（frequency bands）或者说不同节律（rhythm）：0.5—4Hz 的 delta 频段（δ），4—8Hz 的 theta 频段（θ），8—12Hz 的 alpha 频段（α），12—30Hz 的 beta 频段（β），30—80Hz 的 gamma 频段（γ），以及低于 0.5Hz 的慢和低于 0.1Hz 的超慢频段，高于 80Hz 的快和高于 200Hz 的超快频段等。[1] 研究发现，在静息活动中，不同频段的波动之间存在跨频段耦合（cross-frequency coupling）[2] 现象即跨频段调节现象，例如低频波动的相位与高频波动的相位或振幅（功率）之间耦合，由于低频波动的功率高于高频波动并呈现出无标尺特征（只有超低频波动具有极高的功率，随着频率增加功率快速下降），因此高频波动的相位或功率被认为耦合于低频波

---

[1] 参见 György Buzsáki, *Rhythms of the Brain*, New York: Oxford University Press, 2006, p.112; György Buzsáki, Nikos Logothetis, Wolf Singer, "Scaling brain size, keeping timing: Evolutionary preservation of brain rhythms", *Neuron*, Vol.80, No.3, 2013, pp. 751-764。

[2] 跨频率耦合包括：波动之间的功率与功率耦合（高频波动的振幅随着低频波动的振幅变化而变化）、相位与相位耦合（如低频波动每 x 个波谷出现的时刻都与高频波动每 y 个波峰出现的时刻相对应）、相位与振幅耦合（如低频波动的波峰对应于高频波动高振幅的出现，波谷对应于低振幅的出现）、相位与频率耦合（如低频波动的波峰对应于高频波动频率加快，波谷对应于频率减慢）、振幅与频率耦合（高频波动的频率随着低频波动的振幅变化而变化）、频率与频率耦合（高频波动的频率随着低频波动的频率变化而变化）。（参见 Peyman Adjamian, "The Application of Electro-and Magneto-Encephalography in Tinnitus Research—Methods and Interpretations", *Frontiers in Neurology*, Vol.5, No.2, 2014, 228）

动的相位，即高频波动受低频波动的调节而非相反。① 这说明跨频段调节是有方向性的。诺瑟夫将这种有方向的调节（耦合）关系看作静息状态的时间结构。

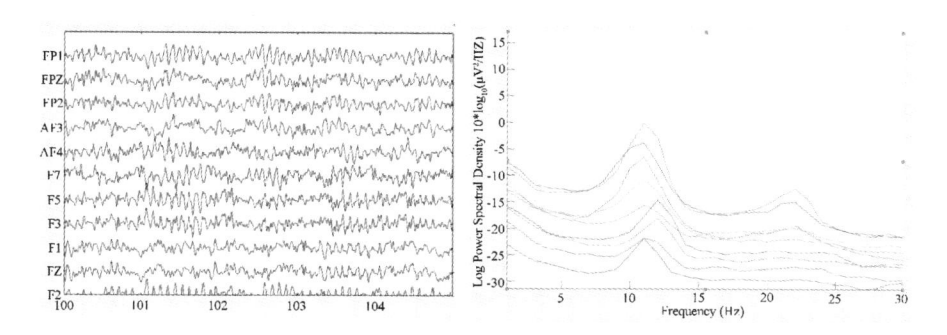

图 2-1 傅里叶变换前后的脑电图

注：左图是变换前的时域图，不同线代表不同通道收集的脑电信号（纵轴坐标是通道名），横轴代表时间（s），波动代表电压（μV）即振幅变化；右图是变换后的频域图即功率谱图（把分解后无穷多的不同频率的正弦波的振幅按频率排列），不同线代表不同通道的功率谱，横轴代表频率（Hz），纵轴代表功率谱密度（10 * log10（μV2/Hz））。图片通过 MATLAB 软件中的开源工具包 EEGLAB 绘制。(Arnaud Delorme and Scott Makeig, "EEGLAB: An open source toolbox for analysis of single-trial EEG dynamics including independent component analysis", *Journal of Neuroscience Methods*, Vol. 134, No. 1, 2004, pp. 9–21)

继而，诺瑟夫基于一系列神经科学发现论证，大脑自发活动（静息状态活动）与身体其他器官以及环境的时空结构/时空尺度之间处于层层嵌套（nestedness）或者说对准（alignment）关系之中——（1）静息状态活动的高频波动有方向地耦合于（对准于）低频波动；（2）感觉网络的波动对准于 DMN 的波动（DMN 中的波动以超低频波动为主，感觉网络则以高频波动为主）；（3）大脑静息状态活动对准于其他身体器官（胃、心脏等）的活动；（4）大脑静息活动还对准于物理环境（如背景声音）和社会环境（他人大脑）——他将之诠释为

---

① 参见 Georg Northoff, *The Spontaneous Brain: From the Mind-Body to the World-Brain Problem*, pp. XV, 18, 158–159。

时空尺度较小的大脑自发活动持续不断地将自身的时空结构对准并整合于时空尺度更大的身体和世界，从而使自身成为世界的一部分。① 同时，他主张这样的"时空嵌套"（spatiotemporal nestedness，特指大脑静息状态活动自身的跨频率、跨区域有方向耦合）和"时空对准"（spatiotemporal alignment，特指大脑与身体、世界之间的有方向耦合）分别是使意识成为可能的"神经预置"（neural predisposition）与"神经先决条件"（neural prerequisite），即意识的必要非充分条件，它们决定着意识的水平与形式；而实际刺激的"时空扩展"（expansion）（早期的刺激诱发活动）和"时空全局化"（globalization）（后期的刺激诱发活动）则是意识的"神经关联物"与"神经后果"，即意识的充分条件，它们与实际的意识体验和认知进程相关。② 以上就是诺瑟夫的"意识时空理论"。在此，我们侧重关注使意识成为可能的大脑自发活动与身体、世界的时空对准，在此简称"大脑—环境对准"③。

---

① 参见 Georg Northoff, *The Spontaneous Brain: From the Mind-Body to the World-Brain Problem*, pp. 17, 151 – 236。

② 参见 Georg Northoff, *The Spontaneous Brain: From the Mind-Body to the World-Brain Problem*, pp. 155, 196; Georg Northoff and Zirui Huang, "How do the brain's time and space mediate consciousness and its different dimensions? Temporo-spatial theory of consciousness (TTC)", pp. 630 – 645。

③ "大脑—环境对准"意味着身体被纳入环境之中，对于大脑而言，身体只是时空尺度较小的、与大脑关系更为亲密的环境，身体最多跨越百余年的时间尺度，而像大山那样的自然环境可以跨越亿年的时间尺度。然而，传统上，更多把大脑纳入身体之中，按照这个思路，应将之称为"身体—环境对准"而非"大脑—环境对准"。诺瑟夫在其2018年的著作《自发的大脑》中论述过"世界—大脑关系"与"世界—身体关系"的区别以及他使用前者而非后者的理由。他认为后者属于现象领域，涉及对身体的体验（前文说到的将身体觉知为在世界中知觉和行动的主体），而前者属于本体论领域，前者是使意识体验成为可能的必要本体论基础，因而也是使后者成为可能的必要本体论基础，他旨在讨论意识体验的本体论因而使用前者。（参见 Georg Northoff, *The Spontaneous Brain: From the Mind-Body to the World-Brain Problem*, p. 307）本书关心的是作为各种自我相关现象（包括意识体验）共同基础的自我，因此涉及的也是世界—大脑关系而非世界—身体关系。这里说的大脑—环境对准是世界—大脑关系在经验层面上的体现。至于为什么本书用"前认知的大脑—环境关系"而非"世界—大脑关系"接下来会作出解释。

诺瑟夫将经验上的大脑自发活动与身体、环境的时空对准概念化为本体论上的"世界—大脑关系"①。诺瑟夫提出这个概念的理由是世界—大脑关系比大脑—世界关系在经验上和概念逻辑上都更合理。②经验上，大脑内部的高频波动有方向地耦合于即对准于功率较高的低频波动而非相反，即较小的时间尺度（γ波动高于30Hz即最慢0.033秒一个周期）嵌套于较大的时空尺度（δ波动0.5—4Hz即最慢2秒一个周期）之中，依此类推，大脑自发活动对准从而嵌套于时空尺度更大的世界之中而非相反（后文还会谈到支持这一对准方向的经验证据）；概念逻辑上，较大的时空范围可以包含较小的时空范围（如年包含秒），而较小的时空范围无法包含较大的时空范围（如秒无法包含年）。因而，诺瑟夫使用这一概念首先在于突出时空尺度之间关系的方向性——大尺度包含小尺度，小尺度对准于大尺度。此外，他还希望通过使用这一概念强调：（1）大脑与世界不是二分的，大脑包含于世界之中、作为世界的部分，然而过去所说的大脑—世界关系通常被理解为大脑与世界二分基础上的构成；（2）大脑以世界的时空结构为标准调节自身，而非以自身为标准把握世界，世界在前表示参照物是世界而非大脑；（3）这种关系有别于认知科学理论如4E所关注的认知的大脑—世界关系（大脑神经活动运用自身的时空特征为世界建模）；（4）放弃大脑中心主义的立场，站在超越大脑的世界之中才能认识到大脑及其与世界之间的关系。这一概念最终服务于诺瑟夫对一种非还原的神经哲学的论证，服务于他有关消除身心/心物问题的主张。他主张时空尺度之间的关系（关系的时空而非个体化的时空点）是本体论上实在的，大脑与意识的本体论都由时空尺度之间的关系即世界—大脑关系决定，比如，意识的主观性在本体论上是由时空尺度差异决定的——相对于时空尺度更大的世界本身来说，世界—大脑关

---

① Georg Northoff, *The Spontaneous Brain: From the Mind-Body to the World-Brain Problem*, p. 196.

② 参见 Georg Northoff, *The Spontaneous Brain: From the Mind-Body to the World-Brain Problem*, p. 228。

系是主观的。① 因而，他认为意识通过作为其本体论基础的世界—大脑关系必然与大脑相联系，但意识不能还原为大脑神经活动，并且研究意识的本体论应该关注世界—大脑关系是怎样的关系（不同时空尺度之间如何相互整合），而不应关注意识如何还原为大脑神经活动。

本书没有采用诺瑟夫的术语，而用"前认知的大脑—环境关系"代替，理由包括：（1）"世界—大脑关系"的内涵很丰富（如上所述）但很难让人直观把握，而"前认知的大脑—环境关系"则较为直观，虽然诺瑟夫本人没有用过"前认知"（pre-cognitive）一词，这是本书的原创概念，但"前认知"一词能更好地突出时空对准关系的优先地位以及与认知的大脑—环境关系的区分；（2）世界的范围过大，大脑对准的主要是周边的物理环境和社会环境，因此用"环境"代替"世界"；（3）无论是大脑无意识地使自身对准于环境，还是大脑有意识地认识世界，都是大脑主动发出的行动，从这个角度说"大脑—环境关系"是适当的，"世界—大脑关系"在字面上更容易让人误解为大脑活动是对世界及其变化的消极反应；（4）"世界—大脑关系"有必要与"世界—铁块关系"（如铁块的温度随所处环境温度的变化而变化）等相区分，虽然它们都与大时空尺度包含小时空尺度有关，但前者涉及时空尺度之间的积极对准与整合而后者不涉及，这种积极对准与整合才是使意识成为可能的关键，而时空尺度之间的消极关系不是，"前认知的大脑—环境关系"不仅能与认知的大脑—环境关系相区分，还能与消极的"世界—铁块关系"相区分；（5）是否消除身心/心物问题不是本书关注的问题，自我的本体论（基础自我的本性）才是本书焦点，因而无须过于强调世界在本体论和认识论上的优先地位；（6）最重要的是，"前认知的大脑—环境关系"不仅适用于描述诺瑟夫的大脑、身体、世界时空对准关系，还适用于描述之前讨论过的作为关系存在的生物自我、认知自我和具身自我等，也就是说，它

---

① 参见 Georg Northoff, *The Spontaneous Brain: From the Mind-Body to the World-Brain Problem*, Chapter 9 & Chapter 10。

更适用于构建一个统一的自我模型。

具体来看一系列支持意识时空理论的经验证据。有研究发现，大脑静息状态活动的 α 频段（10—11Hz）波动的振幅耦合于胃的超慢（0.05Hz 附近）波动的相位；该研究还通过测量传递熵来确定信息是从胃传递到大脑，胃部波动的相位调节了大脑波动的振幅而非相反；因此，该研究表示，大脑自发活动的时间结构不仅取决于神经元和神经网络，还取决于胃部的超低频波动。[①] 一项更近期的研究也观察到了相似的现象：静息状态下皮层网络的波动与胃部 0.05Hz 的波动同步。[②] 类似地，有研究显示，大脑活动的时间结构与心脏活动（心跳）之间也存在耦合。[③] 另外，心率变异性还被发现与不同脑区之间的功能连接性存在共变关系。[④] 从以上种种研究发现可以得出，大脑自发活动（静息状态活动）的时空特征涉及大脑与身体其他器官之间的复杂关系，它不是由大脑单独规定的，不是随机的。考虑到静息状态下大脑与胃的信息传递方向，可以合理地说，胃部活动的时间结构（部分地）塑造了大脑自发活动的时间结构。或者，像诺瑟夫所说的，大脑自发活动将自身的时间结构对准于时空尺度较大的其他身体器官活

[①] 参见 Craig G. Richter, Mariana Babo-Rebelo, Denis Schwartz and Catherine Tallon-Baudry, "Phase-amplitude coupling at the organism level: The amplitude of spontaneous alpha rhythm fluctuations varies with the phase of the infra-slow gastric basal rhythm", *NeuroImage*, Vol. 146, 2017, pp. 951 – 958。

[②] 参见 Ignacio Rebollo, Nicolai Wolpert and Catherine Tallon-Baudry, "Brain-stomach coupling: Anatomy, functions, and future avenues of research", *Current Opinion in Biomedical Engineering*, Vol. 18, 2021, 100270。

[③] 参见 Julia Lechinger, Dominik Philip Johannes Heib, Walter Gruber, Manuel Schabus and Wolfgang Klimesch, "Heartbeat-related EEG amplitude and phase modulations from wakefulness to deep sleep: Interactions with sleep spindles and slow oscillations", *Psychophysiology*, Vol. 52, No. 11, 2015, pp. 1441 – 1450。

[④] 参见 Catie Chang, Coraline D. Metzger, Gary H. Glover, et al., "Association between heart rate variability and fluctuations in resting-state functional connectivity", *NeuroImage*, Vol. 68, 2013, pp. 93 – 104。

动的时间结构。①

前文提到睡眠是一种至少部分丧失自我意识的状态。有一项研究发现，从清醒到深度睡眠，心跳诱发脑电的振幅和锁相指数（2—6Hz）都不断下降，然而到快速眼动阶段（rapid eye movement，REM）又有所恢复。② 诺瑟夫认为这意味着随着睡眠的深入大脑自发活动的时空结构不再（高度）对准于心脏活动的时空结构，而它们之间对准程度的下降很可能与睡眠中意识水平的下降相关。③ 更进一步说，很可能是大脑—身体对准关系的暂时中断或对准程度的大幅下降导致意识水平的大幅下降，并表现为部分甚至全部自我意识形式（现象自我）的丧失。做梦发生在 REM 阶段，REM 阶段大脑—身体时空对准的部分恢复也能为梦（离散意识体验）的出现提供机制解释。有相关研究发现，梦魇症（频繁做噩梦影响睡眠）患者在 REM 阶段的心跳诱发脑电位的振幅异常高。④ 这也表明了意识的水平及其统一程度与大脑—心脏对准程度密切相关。显然，只有当大脑与身体的对准达到一定水平时，我们才能维持正常的、清醒的、高度统一的意识状态。诺瑟夫正是在这个意义上提出大脑—身体时空对准是意识的先决条件。

与对准于身体的时空结构相似，大脑自发活动也对准于物理环境的时空结构。有研究指出，当环境中的刺激流有节奏（有规律）时，

---

① 参见 Georg Northoff, *The Spontaneous Brain：From the Mind-Body to the World-Brain Problem*, p. 198。

② 参见 Julia Lechinger, Dominik Philip Johannes Heib, Walter Gruber, Manuel Schabus and Wolfgang Klimesch, "Heartbeat-related EEG amplitude and phase modulations from wakefulness to deep sleep: Interactions with sleep spindles and slow oscillations", pp. 1443 – 1445。

③ 参见 Georg Northoff, *The Spontaneous Brain：From the Mind-Body to the World-Brain Problem*, pp. 197 – 198。

④ 参见 Lampros Perogamvros, Hyeong-Dong Park, Laurence Bayer, et al., "Increased heartbeat-evoked potential during REM sleep in nightmare disorder", *NeuroImage: Clinical*, Vol. 22, 2019, 101701。

大脑自发的低频波动的相位耦合于(锁相于)刺激流的时间结构,高频(γ)波动的振幅再耦合于低频(θ)波动的相位,从而更容易捕捉到目标刺激(γ频段波动与目标刺激的注意有关);然而,当环境中的刺激流无节奏(不规律)时,大脑低频波动无法耦合于刺激流的时间结构,大脑只能通过抑制低频波动增强高频(γ)波动来捕捉单个刺激(而不是刺激发生的结构),使它能在高频(γ)振荡中展开。①另一项研究显示,在目标刺激(哔哔声)注意任务中,在有节奏的环境音的条件下比随机环境音的条件下,受试者对目标音的反应时间更短、准确率更高,同时血氧水平依赖(BOLD)更低(能量消耗更少),事件相关电位的 N1 成分(与听觉相关)的振幅更低、峰值伏期更短(表示更早注意到目标刺激)。② 相似地,大脑自发活动对视觉刺激(闪光)时间结构的锁相也能预测对目标视觉刺激的知觉。③ 另外,有研究指出,优美的音乐能增强大脑功能网络之间的连接,乱序的音乐(噪声)则会降低功能网络之间的连接。④ 这表明,除了大脑自发活动的时间结构,它的空间结构也受环境的时间结构调节。用诺瑟夫的术语来说,大脑自发活动的低频波动持续将自身的时间结构对准于环境的时间结构;当大脑与环境建立起良好的对准关系时,环境中的刺激更可能被有意识地注意到,即更可能产生关于它的意识体验。在这个意义上,大脑—世界的时空对准是意识的先决条件。用自由能原理来表述,大脑不断构建关于世界的预测模型,如果预测模型能更好

---

① 参见 Charles E. Schroeder and Peter Lakatos, "Low-frequency neuronal oscillations as instruments of sensory selection", *Trends in Neurosciences*, Vol. 32, No. 1, 2009, pp. 9–18。

② 参见 Nienke van Atteveldt, Gabriella Musacchia, Elana Zion-Golumbic, et al., "Complementary fMRI and EEG evidence for more efficient neural processing of rhythmic vs. unpredictably timed sounds", *Frontiers in Psychology*, Vol. 6, 2015, 1663。

③ 参见 Niko A. Busch, Julien Dubois and Rufin VanRullen, "The phase of ongoing EEG oscillations predicts visual perception", *Journal of Neuroscience*, Vol. 29, No. 24, 2009, pp. 7869–7876。

④ 参见何裕嘉、张玮、郑高兴、于玉国《音乐增强大脑网络小世界特性》,《复旦学报》(自然科学版)2017 年第 6 期。

地预测刺激的发生，那么就能更快速、更准确地捕捉刺激，并且能最小化自由能。总的来说，大脑与环境的时空对准优先于意识体验的产生，大脑与环境的前认知关系（对刺激及其发生频率的预测）优先于它们之间的认知关系（对实际刺激的捕捉）。

另外，一项利用超扫描技术（同步测量两个个体的神经活动的技术）的 EEG 研究发现，在共同演奏的吉他手（主音和其他吉他手）之间存在脑—脑振荡耦合：在准备演奏阶段，脑—脑之间 θ 频段（3—7Hz）波动的相位一致性（phase coherence）显著增加；在演奏开始时（主音做出开始姿势），脑—脑之间更低频率（δ 频段）波动的相位一致性再次显著增加——这暗示其他吉他手的大脑自发活动的时间结构努力对准于主音吉他手的大脑自发活动的时间结构，原因很可能是在接下来的演奏中更好地知觉主音的行动，与主音保持同步。[①] 为了确认脑—脑耦合不是由演奏相同的音乐段落导致的，同一团队的研究者还做了进一步实验，他们让吉他手演奏不同的分段，结果同样显示了在每个分段的演奏开始时吉他手大脑之间的锁相增加。[②] 这就证明是大脑与大脑之间而非大脑与同一音乐段落之间存在对准关系。

另外，有研究发现，与触摸木头手相比，在触摸志愿者的真手时，受试者膝周前扣带回皮层中静息状态活动的幂律指数（PLE）与任务诱发活动的 PLE 正相关程度更高；因此，研究者认为静息状态活动更能预测与有生命事物相关的任务诱发活动。[③] 该研究表明，与物

---

① 参见 Ulman Lindenberger, Shu-Chen Li, Walter Gruber and Viktor Müller, "Brains swinging in concert: Cortical phase synchronization while playing guitar", *BMC Neuroscience*, Vol. 10, 2009, 22。

② 参见 Johanna Sänger, Viktor Müller and Ulman Lindenberger, "Intra-and interbrain synchronization and network properties when playing guitar in duets", *Frontiers in Human Neuroscience*, Vol. 6, 2012, 312。

③ 参见 Andrea Scalabrini, Sjoerd J. H. Ebisch, Zirui Huang, et al., "Spontaneous brain activity predicts task-evoked activity during animate versus inanimate touch", *Cerebral Cortex*, Vol. 29, No. 11, 2019, pp. 4628–4645。

理环境相比，人的大脑自发活动更对准于社会环境（他人），关于他人的信息已内在地整合于大脑自发活动之中。或者说，大脑更积极地根据之前社会认知的预测失误构建和调整关于社会环境的预测模型，因而对社会环境的预测更为准确。

还有一项最新研究通过考察不同意识改变状态下的静息状态EEG发现，在麻醉状态和无反应性清醒综合征（植物状态）中，受试者的静息状态EEG呈现时间尺度异常延长（ACW异常增加）的特征；然而，在闭锁综合征、肌萎缩侧索硬化症中没有出现这种时间特征异常。[1] 同时，该研究指出，前两种状态的共同症状是丧失意识和感觉功能，而后两种状态没有丧失意识和感觉功能，只是丧失了运动能力。该研究表明意识水平与大脑静息状态活动的时间结构密切相关；更重要的是，它暗示大脑与环境感觉联系的中断会导致静息状态活动时间结构的异常以及意识水平的降低甚至意识的丧失。静息状态活动时间尺度异常延长本身也意味着它不再嵌套和整合于环境的时间尺度之中，前认知的大脑—环境关系崩溃。总而言之，它支持了意识以大脑—环境关系为前提的观点。最近，诺瑟夫与齐里奥（Federico Zilio）尝试为不同的意识改变状态建模，他们依据时空对准、时空嵌套、时空扩散以及时空全局化的程度，将植物状态、麻醉、昏迷、脑死亡等定位于一个四维空间中。[2] 在其中，不同程度的大脑—环境时空对准对应于不同水平、不同统一程度的意识状态：越清醒，意识水平和统一程度越高的状态，对应的时空对准程度越高。

总的来说，（1）大脑自发活动（静息状态活动）的时空结构

---

[1] 参见 Federico Zilio, Javier Gomez-Pilar, Shumei Cao, et al., "Are intrinsic neural timescales related to sensory processing? Evidence from abnormal behavioral states", *NeuroImage*, Vol. 226, 2021, 117579。

[2] 参见 Georg Northoff and Federico Zilio, "Temporo-spatial Theory of Consciousness (TTC) -Bridging the gap of neuronal activity and phenomenal states", *Behavioural Brain Research*, Vol. 424, 2022, 113788。

不只是由大脑本身规定的，它还部分地由其他身体器官活动的时空结构、物理环境和社会环境的时空结构共同规定，身体和环境的结构在非常基础的层级上已经内在地整合于大脑自发活动之中；（2）在出现实际刺激或执行认知任务之前，大脑自发活动与身体、环境已经建立起联系，因此可以说是"前认知大脑—身体/环境关系"；（3）前认知大脑—身体/环境关系是认知大脑—身体/环境关系的基础，是意识体验产生的前提；（4）在正常范围内，大脑与身体、环境的对准程度越高，意识体验越可能产生。值得注意的是，第（1）点中说的身体和环境对大脑自发活动的"规定"不是指传统意义上的大脑对身体状态和环境刺激的消极反应，而是指自由能原理和预测编码模型所刻画的大脑对未来环境刺激发生概率的主动预测，以及诺瑟夫意识时空理论所强调的大脑自发活动对世界的积极对准。更简单地说，"规定"的意思是大脑积极地以环境的时空结构为标准调节自身。

由于第一人称被给予性、自我意识等自我相关现象与大脑自发活动（静息状态活动）的时空特征密切相关，而这些时空特征反映着大脑、身体和环境在时空结构上的对准关系，因此各种自我相关现象的生成很可能与大脑、身体和环境的时空对准（前认知的大脑—环境关系）密切相关。静息状态活动是关系的，所以自我也很可能是关系的。前认知大脑—环境关系的变化可能导致现象自我的变化和丧失，导致各种经验自我变体的出现（下一小节将提供支持这个推论的证据）。

我们还可以换一种思路来论证：（1）大脑—环境时空对准（前认知的大脑—环境关系）是意识体验产生的先决条件；（2）最小自我是意识体验的内在属性；（3）因此，大脑—环境时空对准（前认知的大脑—环境关系）也是最小自我产生的先决条件。可见，前认知的大脑—环境关系不仅能统合生物自我、认知自我、具身自我等，还能统合扎哈维式最小自我。我们可以合理地将这种关系本身看作基础的或核心的自我，而不只是把它看作经验自我的自然基础。

本节提到的有关时空对准与意识的产生及其改变状态之间关系的研究与发现，可以佐证将前认知的大脑—环境关系（大脑—环境时空对准）视为基础的自我能够统一解释不同水平、不同统一程度的意识。这意味着主张自我是前认知的大脑—环境关系的自我观会比最小自我观等更具经验适当性。值得一提的是，自古以来，尤其在近代哲学中，哲学家对自我存在及其本质的论证普遍围绕意识统一现象展开，自我常被视为意识统一的必要基础，如康德论证思维的单一逻辑主体、扎哈维论证第一人称视角必然存在均采取这一进路，当代哲学家约翰·塞尔也认为自我作为统一意识场的形式必然存在。如果大脑与身体、环境在一定程度上的时空对准是意识统一的必要条件，那么将它视为基础自我是与其他许多哲学家的思路相一致的，是具有理论合理性的。

三 关系失衡与经验自我异常

前文介绍过精神分裂症患者的意识体验部分丧失了施动感，甚至丧失了拥有感或我属性。诺瑟夫曾在有关精神分裂症的研究中指出，与健康受试者相比，精神分裂症患者 DMN 中的静息状态活动的功能连接显著提高，低频波动显著增强；而 CEN 中的静息状态活动及其功能连接显著减弱；DMN 的静息状态活动与自我信息的处理较为相关，而 CEN 的静息状态活动则与环境信息的处理较为相关。[①]他暗示，在神经元水平上，在静息状态中，自我信息与环境信息整合的失衡与精神分裂症的心理学症状（第一人称被给予性紊乱、自我—非我区分崩溃）密切相关，更进一步说，前者导致了后者的出现。

---

① 参见 Georg Northoff, "Is schizophrenia a spatiotemporal disorder of the brain's resting state?", *World Psychiatry*, Vol. 14, No. 1, 2015, pp. 34–35。

再来看双相情感障碍（又称双相障碍、躁郁症）① 中抑郁和躁狂状态的对比。在心理学水平上，抑郁症的典型症状包括：对自身心理状态和身体状态关注的增强，同时伴随着对环境关注的减弱。② 具体地说，抑郁症一般表现为持续心情低落、自责、思维反刍③、全身不适，以及社交退缩、反应迟缓、丧失兴趣等。相反，躁狂症的典型症状包括：对环境关注的增强，对自身心理状态和身体状态关注的减弱。④ 换句话说，抑郁发作时，患者将自身觉知为一个孤立的自我（分离于环境的自我）；而躁狂发作时，患者将自身消融于环境之中。抑郁症和躁狂症的心理学症状共同向我们揭示出：（1）经验自我的异常总是伴随着对环境的体验的异常，因此，以某种独立于环境的自我为解释基点可能无法准确把握经验自我的异常；（2）在心理学水平上，对自我信息的关注和对环境信息的关注之间存在负相关关系——对一方关注的增强总是伴随着对另一方关注的减弱；（3）当对自我信息和环境信息的关注失衡时，无论是过度关注自我信息，还是过度关注环境信息，都表现为经验自我的异常，反过来说，只有当二者保持良好平衡时，才可能表现为一个健康的经验自我。

这种心理学水平上的负相关关系也体现在神经元水平上。DMN 和 CEN、SMN 的神经活动之间存在负相关关系；通常，它们保持着良好的平衡，尤其是在静息状态中；然而，在抑郁症和躁狂症情况下，DMN 和 CEN、SMN、SN 的神经活动之间的关系会出现失

---

① 双相情感障碍是指抑郁与躁狂交替发作的精神障碍。
② 参见格奥尔格·诺赫夫《病脑启示：神经哲学与健康心智》，陈向群译，台北：台湾大学出版中心 2018 年版，第 79—82 页。"诺赫夫"同"诺瑟夫"。
③ 即不断反省，以求找到有效途径减轻消极情绪。但思维反刍往往不断加重消极情绪。
④ 参见 Matteo Martino, Paola Magioncalda, Zirui Huang, et al., "Contrasting variability patterns in the default mode and sensorimotor networks balance in bipolar depression and mania", *Proceedings of the National Academy of Sciences*, Vol. 113, No. 17, 2016, pp. 4824–4829。

衡——抑郁症患者DMN的活动变得异常活跃，而CEN、SMN、SN的活动剧烈减弱，DMN/SMN比率增加；躁狂症则相反。[①] 之前提到过，DMN主要与自我信息的加工相关，而CEN等主要与环境信息的加工相关。因此可以推出，抑郁症和躁狂症都与在静息状态活动中的自我信息与环境信息整合的失衡有关。

诺瑟夫曾主要就抑郁症患者在以上两方面的异常表现提出自我是关系的自我的想法，他认为作为体验主体的自我与自我、身体和环境之间在心理学和神经元水平上的平衡状态相关。[②] 可能由于当时相关研究较少，他对该想法的阐述还比较初步和模糊。本书将对之进行补充、发展和修正。诺瑟夫论证自我是关系自我的潜在逻辑可能是：（1）如果自我独立于与环境的关系存在，那么关于自我的体验与关于环境的体验不会相互影响；（2）事实上，关于自我的体验总是与关于环境的体验相互调节且呈现负相关关系；（3）因此，自我不独立于与环境的关系存在。然而，关于自我的体验与关于环境的体验的相互调节最多只能证明作为内外感官对象的经验自我是关系的，不能证明作为体验主体的自我是关系的，除非诺瑟夫主张作为体验主体的自我就是体验本身或者说体验的内在属性[③]。不过，诺瑟夫更可能是在暗示经验自我的底层基础是关系的。值得注意的是，

[①] 参见 Georg Northoff, "Is the self a higher-order or fundamental function of the brain? The 'basis model of self-specificity' and its encoding by the brain's spontaneous activity", pp. 203-222; Matteo Martino, Paola Magioncalda, Zirui Huang, et al., "Contrasting variability patterns in the default mode and sensorimotor networks balance in bipolar depression and mania", pp. 4824-4829; Daniel Russo, Matteo Martino, Paola Magioncalda, et al., "Opposing changes in the functional architecture of large-scale networks in bipolar mania and depression", *Schizophrenia Bulletin*, Vol. 46, No. 4, 2020, pp. 971-980; Benedetta Conio, Matteo Martino, Paola Magioncalda, et al., "Opposite effects of dopamine and serotonin on resting-state networks: Review and implications for psychiatric disorders", *Molecular Psychiatry*, Vol. 25, 2020, pp. 82-93。

[②] 参见格奥尔格·诺赫夫《病脑启示：神经哲学与健康心智》，第79—90页。

[③] 这里的意思是，除非诺瑟夫主张，我们过度关注环境信息时，不仅会影响对身体自我和精神自我的关注，还会减弱我们对体验的拥有感/体验的我属性。

自我以关系为基础、由关系实现，因而自我是关系的自我，与基础的自我是特定关系因而自我是关系的自我，这两种关系自我观之间是存在根本区别的。诺瑟夫主要表达了前一种关系自我观，而本书旨在论证后一种关系自我观——基础的自我是特定关系。论证基础自我是特定关系需要给出衡量一个东西是否有资格被看作自我的标准，而本书使用的自我标准是"作为意识体验及其统一与经验自我及其变化等自我相关现象之统一基础的东西"。然而，诺瑟夫没有给出自我的标准。诺瑟夫说的关系性更可能是一种描述特征，而本书说的关系性是一种规定特征。

在此，我们可以结合诺瑟夫的意识时空理论来进一步发展基础自我是关系这一想法：大脑静息状态活动中自我信息与环境信息整合失衡意味着，要么大脑自发活动在其时空结构甚至内容上过度对准于环境从而导致过多环境信息被整合，要么大脑自发活动与环境的时空对准程度过低或对准关系中断从而导致太少或没有环境信息被整合；自我信息与环境信息整合保持良好平衡则意味着大脑自发活动与环境的时空对准程度保持在特定中间范围之内。简言之，我们可以用大脑自发活动与环境的时空对准程度来描述自我信息与环境信息在神经元水平（甚至心理学水平）上的信息整合平衡与失衡状态。原本，诺瑟夫主要在强调经验自我的变化与心理学和神经元水平上自我、身体和环境信息的平衡状态密切相关的意义上说自我是关系的自我；而本书主要在强调前认知的大脑—环境对准关系就是基础的自我的意义上说自我是关系的自我。

前文已论述过意识体验的产生及其统一、第一人称被给予性的稳定、自我—非我区分等自我相关现象均以大脑自发活动适度对准于身体和环境为必要基础，即以前认知的大脑—环境对准关系为必要基础；意识的水平及其统一程度的差异以及经验自我的变化和异常与大脑—环境对准程度的差异密切相关；各方面自我（包括生物自我、具身自我、认知自我、现象自我等）基础上都很可能是前认知的大脑—环境关系。传统的自我标准在除去存在问题的独立自我预设后还剩下：如果自我是实在的，那么它必定是意识统一和经验自我建构等自我相关现象的统一基础，以及联结自我各个方面的核心。前认知的大脑—环境对准关系满足这一标准。因此，它可以被合理地看作基础的或核心的自我。

我们还可以将基础的自我进一步描述为一个关乎大脑—环境对准程度的连续统（简称为"大脑—环境对准连续统"[①]；如图 2 – 2 所示）：只有当大脑与环境的时空对准程度处于适当范围（中间范围），来自大脑和环境的信息在大脑静息状态活动中以合适的比例整合，才会产生健康的经验自我，才会表现为心理学水平上的平衡；一旦大脑自发活动与环境的时空对准发生异常，它们的对准程度明显超出中间范围——大脑与环境的对准程度过低甚至对准关系中断，环境信息不再被整合于静息状态活动中，如精神分裂症、抑郁症；或大脑与环境的对准程度过高，静息状态活动对环境信息过度敏感，如躁狂症——就会出现第一人称被给予性紊乱、经验自我异常、自我—非我区分的崩溃等。

[①] 诺瑟夫也曾用"神经—生态（社会）连续统"来刻画他的世界—大脑关系，并将之看作意识的形式；他还将连续统的两个极端描述为神经活动的"有节奏模式"与"连续模式"，或"神经极"与"生态（社会）极"。（参见 Georg Northoff, *The Spontaneous Brain*: *From the Mind-Body to the World-Brain Problem*, pp. 219 – 223）但他并没有将该连续统看作基础的自我。本书没有使用诺瑟夫的说法，理由一是突出差别：他的连续统是世界—大脑关系模型或者说意识模型，而本书构建的是自我模型，关注的是基础自我与不同经验自我变体的统一定位，强调大脑与环境的前认知对准可以被看作基础的自我，这是诺瑟夫所没有涉及的。理由二是诺瑟夫的说法很容易被误解为大脑与环境之间连续、无边界，尽管他本身想强调的是大脑和环境对神经活动的贡献度。如此一来，要么会遭到主张头盖骨和皮肤就是生理边界的传统理论的反驳，要么会被看作一种克拉克式延展理论（作出基础二分后的延展）。实际上，我们应该强调连续的是大脑与环境的对准程度而不是大脑与环境（神经与生态）本身，所以用极高和极低的对准程度描述两种极端更合适。在书中，诺瑟夫也简单提到躁狂症可能靠近生态极，但他没有明确表示或强调对准程度保持在适当范围内是意识保持高度统一以及第一人称被给予性、经验自我保持稳定的基础。另外，"有节奏模式"这一说法容易让人以为越靠近生态极越好。

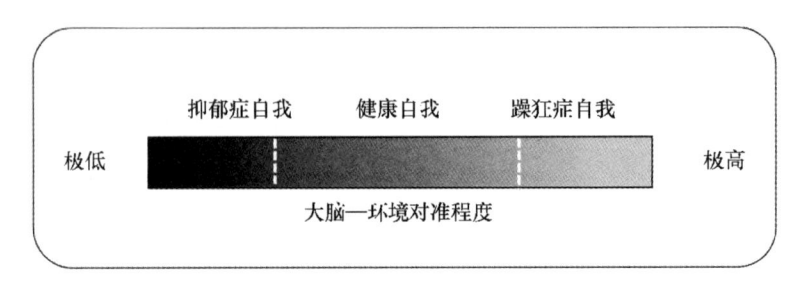

图 2-2　大脑—环境对准连续统

注：颜色越浅代表大脑—环境的时空对准程度越高（大脑高度对准于环境），越多环境信息被整合于大脑自发活动中；越深代表对准程度越低，越少环境信息被整合；中间虚线框范围表示大脑与环境适度对准，来自大脑自身与来自环境的信息在大脑自发活动中达到平衡。

第三节　双层关系自我模型

一　关系自我模型的两个层级

为了解释各种各样的经验自我变体，只是论证基础的自我是大脑—环境对准连续统是不足够的。我们还需要显示大脑—环境对准连续统如何导致不同的经验自我变体。因此，我们需要构建一个双层关系自我模型，以大脑—环境对准连续统为基础层级，以不同经验自我变体为次要层级。

如图 2-3 所示，在第一层（基础层级）上自我是大脑—环境对准连续统。大脑—环境对准连续统（曲线）的横坐标代表大脑自发活动及其时空结构在不同程度上对准于环境。曲线的深浅代表来自大脑自身的信息与来自环境的信息在大脑自发活动中的占比。连续统突出显示了在大脑自发活动中来自大脑自身的信息与来自环境的信息被内在整合的负相关关系：当来自大脑自身的信息占比较高（曲线偏深色）时，环境信息占比较低，对应于横坐标上较低的大脑—环境时空对准程度；反之，当来自大脑自身的信息占比较低时，环境信息占比较高（曲线偏浅色），对应于横坐标上较高的大脑—环

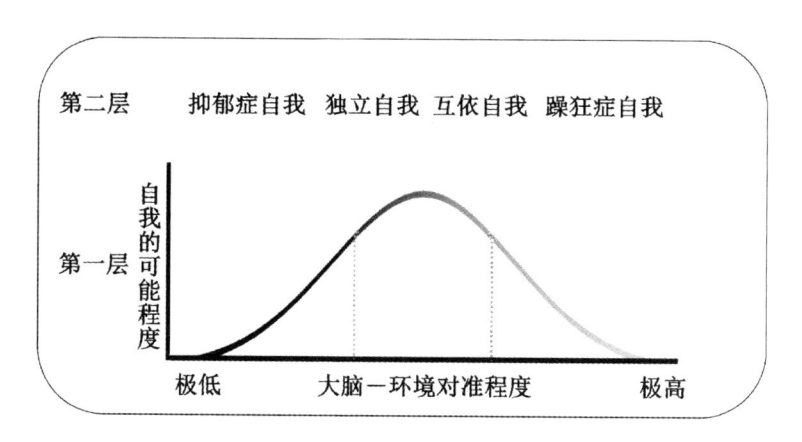

图 2-3 双层关系自我模型

注：第一层是大脑—环境对准连续统（前认知的大脑—环境关系），横轴表示大脑—环境时空对准程度，纵轴表示健康的经验自我的可能程度。与图 2-2 一致，曲线颜色越浅代表大脑—环境对准程度越高，即环境信息在静息活动中占比越高；越深代表对准程度越低，即环境信息占比越低。第二层是经验自我变体的例子及其可能的定位。

境时空对准程度。连续统的两端（曲线的两端）分别代表了两种极端情况：一种是大脑与环境的对准程度极低，几乎没有环境信息被静息状态活动内在整合；另一种是大脑与环境的对准程度极高，超量环境信息被静息状态活动内在整合。两种极端情况都代表了大脑—环境前认知对准关系的彻底崩溃。严重精神分裂症、重度昏迷、死亡等情况很可能靠近甚至位于两个极端之一。根据上文提到的神经科学与精神病学依据，在这两种极端情况下或者靠近这两种极端，经验自我是异常的甚至不可能的。相反，来自大脑自身的信息与来自环境的信息的内在整合越是平衡，拥有健康、稳定的经验自我的可能性就越高。之前已有研究指出，各种神经指标与心理特征（如意识水平）之间呈"非线性的倒 U 型关系"而非线性关系，"平均是好的，极端都是坏的"。[①] 因此，图 2-2 中的大脑—环境连续统可

[①] Georg Northoff and Shankar Tumati, "'Average is good, extremes are bad'—Nonlinear inverted U-shaped relationship between neural mechanisms and functionality of mental features", p. 13.

以被进一步刻画为图 2-3 中的倒 U 型曲线。连续统的纵轴表征健康的经验自我的可能程度。

  第二层（次要层级）表示，当脱离底层的大脑—环境对准连续统来理解自我时，我们会将锚定于连续统上的不同点区分和概念化为不同的经验自我变体，例如，独立自我与互依自我、抑郁症自我与躁狂症自我等。自我—环境区分也是在大脑—环境对准连续统基础上由社会文化或具体的认知任务建构的。如果回溯到基础层级上，我们就可以对它们作统一的把握。例如，之前提到的一种意识改变状态——流畅状态——很可能是一种大脑高度对准于手头上的任务而导致认知的自我意识短暂丧失的状态；睡眠包括非清醒梦中意识体验的离散或丧失以及心理拥有感和施动感的减弱或丧失则很可能与大脑—环境时空对准程度的大幅下降以及对准关系的暂时中断密切相关。换言之，流畅状态大致锚定于大脑—环境对准连续统的右侧，而各种睡眠（包括非清醒梦）状态则大致锚定于大脑—环境对准连续统的左侧，由于它们都暂时地超越了中间的适度对准区域，所以表现为各种自我意识形式（现象自我或者说最小自我方面）的部分甚至全部丧失以及意识体验的离散。在抑郁症的情况中，大脑仍在一定程度上对准于身体（较小时空尺度的环境）甚至物理和社会环境，而在深度睡眠状态，大脑不再对准于身体和其他环境。这可能是前者仅表现为异常经验自我，而后者表现为各种自我意识形式丧失的原因。

  需要澄清一点，第二层上的经验自我变体是离散的而不是连续的，原因包括：人们可能将底层连续统上许多不连续但相近的点概念化为同一种经验自我变体；另外，人们并没有将底层连续统上所有的点都概念化为特定经验自我变体，连续统上大部分点（大部分大脑—环境对准状态）还没有被认识和考察。第二层的经验自我变体以第一层的大脑—环境对准连续统为基础，不代表它们能直接还原为大脑—环境对准连续统。自我模型保留两个层级是必要的。

二 基于模型的解释与预测

基于双层关系自我模型,我们可以为经验自我变体提供统一的解释。以具身自我的变化与异常为例。在科塔尔综合征、离体体验、清醒梦与非清醒梦中呈现的经验自我(部分)丧失具身性,这可能是由于大脑自发活动的时空结构不再对准于身体其他器官活动的时空结构或者大脑与身体对准程度大幅降低导致的。前文提到的有关不同睡眠阶段大脑与胃部、心脏活动对准程度变化的发现,支持这种解释。换言之,只有在大脑与身体保持适度对准的情况下,具身的经验自我才是可能的。在一系列身体错觉实验中,在受到视触觉同步刺激或行动—视觉同步刺激持续影响下,大脑逐渐将自身活动的时空结构对准于橡胶手或虚拟身体的运动变化规律,从而导致橡胶手或虚拟身体被建构为具身自我的一部分。在操作电子游戏过程中,玩家将游戏中的数字替身视为自己,将数字替身在游戏环境中的运动看作自己在游戏环境内的真实行动,也是同样的道理——游戏内具身自我的生成同样以大脑—身体/环境在一定程度上的时空对准为基础,熟练游戏操作可以使玩家更好地对准于游戏内的身体以及游戏环境。在抑郁症状态下,患者表现出对身体状态关注程度的异常增强(如感觉到胃部不适),可能与他们的大脑过度对准于身体其他器官(如胃)的活动有关(尽管他们大脑与身体之外的环境的对准程度下降),不过这有待进一步研究。

此外,基于双层关系自我模型和有关自我文化变体的发现,我们可以合理地预测,与显示出较强独立自我的西方受试者相比,显示出较强互依自我的东方受试者的大脑更可能高度对准于他人/环境,即相对较多的环境信息被内在整合于东方受试者的大脑自发活动之中。反过来说,在大脑—环境对准连续统中间偏右的锚定点更可能被概念化为互依自我,而中间偏左的锚定点更可能被概念化为独立自我。当然,由于大脑—环境对准连续统与自我文化变体之间还有认知因素(概念化)的参与,所以独立—互依程度的差别与大脑——环境对准程度的差别不是完全对应的，但应该是相关的。

基于双层关系自我模型，我们还能合理地预测，通过调整基础的自我（前认知的大脑——环境对准关系）可以改变意识状态，调节经验自我的异常。前文提到的漂浮缸体验（漂浮休息）近年被用于治疗焦虑症。研究发现，与低敏感受试者相比，高敏感受试者在45分钟的漂浮休息中有更大的意识状态改变。① 焦虑可能是大脑过度对准于（敏感于）环境的表现，即靠近大脑——环境对准连续统的右侧极端（大脑——环境对准程度异常高）。已有研究指出，焦虑症在神经元水平上表现为 DMN 中功能连接的减弱，感觉运动网络（SMN）和突显网络（SN）中功能连接的增强。② 漂浮休息提供了短暂阻断大脑与环境的感觉联系的方式，因此有可能使患者经验自我的锚定点稍微滑向大脑——环境对准连续统的另一端，以回归中间较为正常的状态，环境信息不再过多地被整合于自我之中。高环境敏感度的人有更大的意识状态改变可能是因为前认知大脑——环境关系的平衡一旦被打破就比较容易改变，而处于正常范围内的关系则比较稳定。漂浮休息对治疗焦虑有效也从侧面印证了自我在基础上是一个关乎大脑——环境对准程度的大脑——环境对准连续统。

以上两个基于双层关系自我模型的预测代表着两种不同的检验双层关系自我模型的思路：（1）自上而下的检验思路，即检验不同的经验自我变体是否大体上对应于不同的大脑——环境时空对准程度；（2）自下而上的检验思路，即调节大脑——环境对准程度，观察意识状态或经验自我的异常是否得到改善。

---

① 参见 Anette Kjellgren, Andreas Lindahl and Torsten Norlander, "Altered states of consciousness and mystical experiences during sensory isolation in flotation tank: Is the highly sensitive personality variable of importance?", *Imagination, Cognition and Personality*, Vol. 29, No. 2, 2009, pp. 135–146。

② 参见 Georg Northoff, "Anxiety disorders and the brain's resting state networks: From altered spatiotemporal synchronization to psychopathological symptoms", in Yong-Ku Kim, ed., *Anxiety Disorders: Rethinking and Understanding Recent Discoveries*, Vol. 1191, Singapore: Springer Nature Singapore, 2020, pp. 71–90。

三 自我的概念化

从双层关系自我模型第一层的大脑—环境对准连续到第二层的自我概念,至少涉及一个重要的认知因素——概念化。

过去在不同学科中,学者们提出了各种各样对自我边界的理解或者自我—非我区分的标准:比如,哲学中的意识延伸范围、记忆、具身主体、拥有感与施动感、第一人称视角或体验的我属性等;又如,生物学、心理学、神经科学中的免疫耐受/免疫反应、基因和基因组、皮肤、神经网络(如皮质中线结构)、大脑、个体有机体、基因与环境交互产生的表型[1]、身体及其与社会文化环境的交互[2]、有机体与微生物群的交互等。简言之,学者们为自我划定了或清晰或模糊、或固定或可塑、时空上或大或小的不同边界,如从较小时空尺度的大脑神经网络到较大时空尺度的有机体,有时甚至包括周边的自然环境和社会环境。我们应该如何理解上述形形色色的自我概念和自我—非我区分标准?首先,它们无法被理解为从某种基础的、原初的自我—非我区分发展而来,因为前文已论证过,无论在现象层面上,还是在生物学层面上,我们都无法找到能够与各种经验自我变体相适应的基础的、原初的自我—非我区分。然而,在本节所构建的双层关系自我模型中,它们有望得到统一的理解。

根据双层关系自我模型,自我在基础上是前认知的大脑—环境关系(大脑—环境对准连续统),也就是说,自我在基础上是一种无界的关系存在。基础自我涉及大脑自发活动与不同时空尺度的环境

---

[1] 这是发展心理学家菲利普·罗沙特(Philippe Rochat)的观点,可参见 Philippe Rochat, "The self as phenotype", *Consciousness and Cognition*, Vol. 20, No. 1, 2011, pp. 109 – 119。

[2] 这是社会心理学家罗伊·鲍迈斯特(Roy F. Baumeister)的观点,可参见 Roy F. Baumeister, "Self and identity: A brief overview of what they are, what they do, and how they work", *Annals of the New York Academy of Sciences*, Vol. 1234, No. 1, 2011, pp. 48 – 55。

的对准与整合,这使得形形色色的自我—非我区分(自我边界)得以可能。不过,不同学科、不同理论中自我概念的形成不仅涉及前认知的大脑—环境关系,还涉及复杂的概念化与再概念化过程。首先,在大脑自发活动与环境保持适度的时空对准的前提下,人们的各种自我意识形式(身体拥有感、心理拥有感等)、前反思的自我概念得以生成和维持。随后,在社会文化交互中,人们的自我概念得以丰富和发展,更多方面被整合到自我概念之中,比如财产、声誉、社会角色。但日常自我概念是模糊的,它往往只是种种自我相关现象的统称。然而,理论概念尤其是科学概念必须是具有高度内聚性的,即概念所存储的种种信息之间紧密相连。因此,当日常自我概念进入不同学科的研究语境时,就经历了从日常概念到理论概念的转变,即经历了概念化的过程,这种概念化赋予了自我概念内聚性[①]——自我概念内聚于特定的自我模型或者说内聚于解释特定自我相关现象的理论目的。比如,瓦雷拉的自我概念(自我是有机体)服务于对五个自我方面(细胞学、免疫、语言、认知与社会交互)的解释。随着自我研究的深入,自我概念还可能经历再概念化的过程,再概念化修改或加强了自我概念的内聚性。比如,本章第一节提到,微观生物学为了更好地解释遗传、认知和免疫现象,对生物自我概念进行了修正。由于不同学科关心不同类型的自我现象,不同理论以解释不同自我现象为理论目的,因而单一的自我概念分化为多种不同的自我概念。多种不同的自我概念又界定了多种自我边界。这就是上述种种自我概念、自我边界同时存在的原因。

总的来说,从前理论的角度来说,自我是无界的、关系的;但从理论化的角度说,自我的边界是多元的,但不是任意的,而是具有认知约束的——对自我边界的界定不能违背常识自我概念,并且需要服务于对特定自我相关现象进行科学解释。

---

① 更多关于科学概念内聚性的讨论,可参见黄子瑶、徐嘉玮《概念消去论及其彻底解决》,第36—42页。

第四节 小结：关系自我论证

来自生物学、认知、神经科学等学科的经验证据都显示自我是关系的自我而非独立的自我，自我在基础上是有机体（大脑）与环境的前认知关系。从神经科学角度，这种关系可以被大脑自发活动与身体、环境的时空对准和平衡所刻画；从认知科学的角度，这种关系可以被大脑不断构建和调整关于身体和世界的预测模型以最小化预测误差所描述。

其中，本章最核心的论证可以概括如下。

前提一：如果各种自我相关现象存在共同的基础或核心，那么该基础或核心可以被视为基础自我或核心自我。

证据一：大脑（尤其是 DMN 中的）静息状态活动的时空特征与各类自我相关进程（经验自我的各个方面）、自我特异性（第一人称被给予性）、自我意识水平、自我连续性等密切相关。

证据二：大脑静息状态活动的时空结构有方向地耦合于（对准于）身体其他器官和环境的时空结构。

推论一：由证据一、二可以推出，大脑自发活动（静息状态活动）的时空特征是联结各个自我方面的核心，而大脑自发活动的时空特征至少部分由大脑自发活动与身体、环境的时空对准决定，因此各个自我方面可能与大脑—身体/环境时空对准密切相关。

证据三：意识水平与意识统一程度下降，伴随着大脑静息状态活动与身体其他器官活动对准程度的下降。

证据四：大脑静息状态活动与环境对准关系的中断，伴随着意识丧失、第一人称被给予性紊乱（如思想插入）、自我—非我区分崩溃等现象。

证据五：大脑静息状态活动与环境的对准程度过低或过高（极少环境信息被整合或太多环境信息被整合于静息状态活动中），都表现出异常的经验自我。

证据六：不同经验自我变体的出现可以解释为大脑与身体、环境对准程度的差异与变化的产物。

推论二：由证据三至六可以推出，大脑自发活动与身体、环境的时空对准和平衡是意识及其统一、第一人称被给予性/拥有感、自我—非我区分、经验自我建构等自我相关现象的共同必要基础；该对准关系的变化会导致意识水平及其统一程度的变化甚至丧失、第一人称被给予性的紊乱/拥有感强度下降、自我—非我区分变化或崩溃以及经验自我的变化或异常等。

结论：结合前提一与推论二可得，大脑自发活动与身体、环境的时空对准和平衡（本书所说的前认知的大脑—环境关系）是基础的自我。

基于上述关系自我论证，本书构建了以大脑—环境对准连续统为基础的双层关系自我模型。该模型在以下方面有别于西方传统的独立自我模型：第一，它强调了前认知的大脑—环境关系对自我的基础性和必要性，从而与经验更相适应；第二，它不仅能为各种经验自我变体提供统一的机制解释，还可以进行预测因而能实证检验，强调体验的我属性/拥有感具有程度差别的最小自我观虽然可以解释经验自我的异常与意识状态的改变，但不能实证检验；第三，它使自我—环境区分的动态变化成为可能。

第 三 章

作为关系实在的自我

第一节 自我关系实在论论证

一 科学实在论与悲观元归纳

科学实在论与反实在论之争是科学哲学领域中持久存在的关键争论。对科学实在论来说，一种"理想科学"需要满足以下两个条件：(1) 科学理论涉及的理论术语（电子、磁场等）有指称，即科学理论承诺的不可观察实体（entity）客观存在；(2) 科学理论是真的，即科学理论准确地刻画了世界中的事物（包括不可观察实体）及规律。同时，科学实在论主张当今科学已非常接近"理想科学"，也就是说，当今科学中大部分理论术语有指称而且科学理论近似于真。在非常接近"理想科学"的意义上，当今科学是具有实在性的。未来科学将越来越接近"理想科学"，科学大体上是进步的。与之相反，科学反实在论主张许多理论术语没有指称，世界中并不存在科学理论所承诺的不可观察实体；科学理论不是真的，只是经验适当或有用的。

科学的成功常常被科学实在论用作辩护理由——当代科学在解释、预测和运用上都取得了前所未有的巨大成功，只有接受科学实在论的主张，才不至于"使科学的成功成为奇迹"①。这是由科学实在论者希拉里·普特南（Hilary Putnam）提出的"无奇迹论证"。普特南认为，如果我们否认科学的实在性，那么科学的成功就会难以得到解释并沦为奇迹，这是荒谬且不可接受的，因此当代科学大体上是反映实在的。

同时，普特南意识到科学实在论面临着严峻的挑战。他发现许多以前使用的科学术语后来都被证实没有指称，继而他作出了如下归纳："就像五十年前的科学使用的术语没有指称一样，由此可得，现在使用的术语也没有指称。"② 如果理论术语没有指称，那么科学理论就不可能是关于世界的准确刻画。普特南的这个论证被称为"悲观元归纳"。尽管"悲观元归纳"只是归纳论证，它的结论不必然为真，而且它的前提存在问题——不少理论术语使用了超过五十年甚至一百年仍然没有被科学抛弃，反而得到越来越多证据的支持，如广义相对论中的"引力波"。但是，它足以让科学陷入悲观的处境，使我们能够合理地怀疑当代科学的实在性。

此外，悲观元归纳还有另一个由斯塔西斯·希洛斯（Stathis Psillos）提出的版本：③

(1) 当今成功的理论近似于真；
(2) 如果当今的理论接近真理，那么过去的理论就不可能是；
(3) 然而，[过去的] 错误理论曾是经验上很成功的；
那么经验上成功就与似真性无关，似真也不能解释成功。

---

① Hilary Putnam, *Mathematics, Matter and Method: Philosophical Papers*, Volume I, Cambridge, London, New York: Cambridge University Press, 1975, p. 73.
② Hilary Putnam, *Meaning and the Moral Sciences*, London: Routledge, 1978, p. 25.
③ Stathis Psillos, "Scientific realism and the 'pessimistic induction'", *Philosophy of Science*, Vol. 63, No. S3, 1996, p. S307.

希洛斯的悲观元归纳也可以改写成：过去的理论在经验上很成功，但不近似于真；由此可得，即使当今的理论很成功，也不意味着它们近似于真。有别于普特南版本，希洛斯版本主要针对科学理论是否近似于真而非理论术语有无指称，它反对科学实在论用科学成功为科学理论的似真性辩护的论证策略，亦即，反驳了无奇迹论证。但希洛斯版悲观元归纳的缺点也是明显的，因为近似于真与经验上成功都可以有程度差别。

相似地，拉里·劳丹（Larry Laudan）曾列举历史上许多成功但核心术语没有指称（因而也不可能被视为近似于真）的理论，比如，体液论、热质说、灾变论、燃素说、活力论、光以太学说。① 结合其他演绎论证，劳丹指出科学的成功与理论术语是否有指称、科学理论是否近似于真无关，科学的成功不能为科学实在论辩护，反过来，科学实在论也无法为大量科学成功的例子提供解释。

虽然悲观元归纳本身存在种种问题，它不足以彻底推翻科学实在论，但它确实为科学实在论带来了极大的难题：如何同时调和无奇迹论证与悲观元归纳？在接受科学成功与理论术语是否有指称以及科学理论是否近似于真无关的前提下，如何解释科学的巨大成功，使之避免沦为奇迹，并维护科学的实在性？为了克服这个难题，20世纪末，科学哲学家提出了一种新的科学实在论——结构实在论。

二 认识的结构实在论

结构实在论最早由约翰·沃勒尔（John Worrall）明确提出。结构实在论的核心观点是，在科学理论的交替中，虽然旧理论承诺存在的科学实体（如燃素、以太）不断被新理论抛弃，但旧理论中的数学结构在新理论中得到延续和重新诠释，这种结构的累积是当代成熟科学取得巨大成功的原因，经过一次次的修正，它们越来越准

---

① 参见 Larry Laudan, "A confutation of convergent realism", *Philosophy of Science*, Vol. 48, No. 1, 1981, pp. 19–49。

确地表征了物理世界中的关系。

沃勒尔曾列举一些新旧科学理论交替的实例来论述他的结构实在论,例如牛顿万有引力理论与爱因斯坦相对论的交替。牛顿理论在预测上获得过许多成功,如海王星和哈雷彗星都是科学家利用牛顿引力定律推算出来的,这些成功不可能只是奇迹。如果不想让牛顿理论的成功沦为奇迹,那么我们应该接受它具有实在性。按照过去的科学实在标准,牛顿理论具有实在性意味着它是真的或近似于真的。然而,牛顿理论不可能是真的或近似于真的,因为它被与它相矛盾的相对论取代了,牛顿理论假定空间是无限的、时间是绝对的、物体的质量是恒常的,而相对论假定空间是有限而无界的、时间是相对的、物体的质量不是恒常的(随着速度增加而增加),两种理论描述的世界截然相反。① "如果爱因斯坦理论是真的,那么牛顿理论必定是假的"②。所以,要么过去科学实在的标准有问题,要么牛顿理论的成功只是奇迹。沃勒尔指出,虽然两种理论描述的世界很不同,但相对论并没有把牛顿理论中的一切统统抛弃,"牛顿公式是相应的相对论公式的限定情况(limiting cases)"③。这表明在牛顿理论与相对论的交替中公式(数学结构)是连续和累积的。如果说牛顿理论在解释、预测和应用上的巨大成功不是奇迹,那么很可能是因为它包含的公式准确地反映了物理世界中的部分关系,它在结构上具有实在性。结构上的实在性造就了牛顿理论的成功。

此外,沃勒尔还关注了光学理论的交替,主要是菲涅尔波动理论与麦克斯韦电磁理论的交替。17世纪末18世纪初,牛顿在其著作

---

① 参见 John Worrall, "Structural realism: The best of both worlds?", *Dialectica*, Vol. 43, No. 1 - 2, 1989, p. 109。

② John Worrall, "Structural realism: The best of both worlds?", p. 104.

③ John Worrall, "Structural realism: The best of both worlds?", Vol. 43, No. 1 - 2, 1989, p. 109. "限定情况"的意思是,在特定(物体质量和速度对时空的影响可以忽视)的情况下,牛顿公式可以从相对论公式推出;而在其他(物体质量和速度对时空的影响不可忽视)的情况下,两种公式不能相互推导。这是因为相对论公式在牛顿公式的基础上纳入了更多的影响因素(变量),从而适用于更多的情况且更精确。

《光学》中提出光是一种在均匀介质中保持匀速直线运动的高速粒子流，这种粒子学说在解释和预测反射与折射现象上很成功。同时期，惠更斯提出光的波动学说，主张光是一种波而非粒子。19世纪，托马斯·杨的双缝干涉实验与菲涅尔的衍射实验均证明光拥有波独有的特征（干涉、衍射），正如波动学说所预测的。因此，波动学说取代粒子学说成为主流。菲涅尔构建了成熟的波动理论和公式，并指明光是一种横波。为了解释光为什么只有横波，菲涅尔不得不假定光以太的存在。不久后，基于磁光效应等发现，麦克斯韦又提出光是电磁现象中的一种，并用电磁理论取代了菲涅尔的波动理论。但是，麦克斯韦仍然假定存在以太作为电磁振动的传播媒介（实际上这是不必要的）。尽管后来光电效应的发现证实了光与电相关，但电磁理论的预测与光电效应中的许多现象不吻合，而且光电效应体现出了光的粒子性，另外以太的存在被迈克尔逊－莫雷实验彻底否定了。为了更好地解释光电效应及其他现象，20世纪初，爱因斯坦用光子理论取代了电磁理论，指出光由具有波粒二象性的光子构成，而且不再假定以太的存在。纵观光学理论发展史，科学家对构成光的基础存在的本体论承诺一直在改变，从粒子到波再到电磁场再到另一种粒子，这些理论实体的性质截然不同，对它们的承诺是相互矛盾的；另外，科学家对光以太的承诺，从肯定到否定，更是明显对立的。因此，不同光学理论对世界的刻画是不融贯的，它们不可能同时为真或近似于真。显然，光学理论的发展史与悲观元归纳描述的科学图景十分吻合：再成功的光学理论后来都被证明是错的，它们承诺的理论实体并不存在。

沃勒尔接受了这种悲观的科学图景，他承认现象背后的实体可能永远无法被认识，但他认为关系或结构可以。他指出，在从菲涅尔波动理论到麦克斯韦电磁理论的交替中，数学结构完全没有改变，菲涅尔公式可以从后来的麦克斯韦公式完整推出，只是公式中的变量在电磁理论中得到了新的诠释。① 他认为，数学结构完全不变的情况是特殊的，大多数情况下旧公式会作为新公式的限定情况保留。② 也就是说，在理论交替中数学结构是连续和累积的。对沃勒尔来说，菲涅尔理论和麦克斯韦理论之所以都很成功，很可能就是因为它们共享了能反映实在物理关系的公式。沃勒尔援引了庞加莱的相关分析来补充说明这一点："这些公式［菲涅尔公式和麦克斯韦公式］表达关系，如果［在理论交替中］公式仍然成立，那是因为关系维持了它们的实在性。它们告诉我们事物之间存在这种或那种关系；只是这些事物我们过去称为运动，现在称为电。但这些只是用来替代永远藏在我们视线之外的真实对象的形象的名称。真实对象之间的真实关系是我们唯一可以认识的实在。"③ 不难发现，庞加莱仍然承诺了对象（实体、个体）真实存在且关系由对象构成，只是我们的认识无法触及更基础的实体/对象层级。这是在本体论上坚持实体实在论、在认识论上坚持实体不可知论的表现。有别于庞加莱，沃勒尔本身并没有对本体论上何者实在明确表态。

综合来看，一个科学理论获得巨大成功不是因为它准确描述了不可观察实体的性质，而是它的数学结构准确反映了物理世界中的关系；在理论交替中，对不可观察实体的承诺和描述往往是不连续的，但数学结构是连续和累积的，科学的进步与数学结构的连续和累积密切相关。更一般地说，我们对实体的认识可能总是出错，但我们对物理世界中的关系的认识大体上在不断进步。以上就是结构实在论的主张。结构实在论能很好地调和悲观元归纳与无奇迹论证，为科学的实在性作辩护。因此，它被我国科学哲学家张华夏评价为"最有辩护力的"④ 科学实在论。

---

① 参见 John Worrall, "Structural realism: The best of both worlds?" pp. 117 - 120。
② 参见 John Worrall, "Structural realism: The best of both worlds?" p. 120。
③ John Worrall, "Structural realism: The best of both worlds?", p. 118.
④ 张华夏:《科学实在论和结构实在论——它们的内容、意义和问题》，《科学技术哲学研究》2009 年第 6 期。

沃勒尔式的结构实在论通常被称为"认识的结构实在论"（epistemic structural realism，ESR），它区分于后来由史蒂文·弗伦奇（Steven French）和詹姆斯·莱德曼（James Ladyman）提出的"本体的结构实在论"（ontic structural realism，OSR），以及由曹天予提出的"建构的结构实在论"（constructive structural realism，CSR）。

三 本体的结构实在论、关系实在论与建构的结构实在论

OSR 不但主张我们所能认识的只有关系或结构，而且强调关系或结构是本体论上实在的。根据对对象（个体、实体）的实在性的不同态度，OSR 还可以细分为消去的 OSR 和非消去的 OSR：消去的 OSR 否定一切对象的实在，主张关系是原初的、不由对象构成；而非消去的 OSR 承诺"薄"对象的存在，"薄"对象及其同一性由特定关系而非内在属性规定。① 迈克尔·埃斯费尔德（Michael Esfeld）与文森特·林（Vincent Lam）的温和结构实在论就是一种非消去的 OSR："对象和关系（结构）处于同一本体论基础上，对象的特征仅由它们所处的关系刻画。"② 显然，OSR 挑战了自亚里士多德以来的实体实在论思路，颠覆性地把关系看作比实体/个体更基础的存在。

OSR 倡导者莱德曼指出，ESR 难以与传统科学实在论相区分且 ESR 的优势不明显：(1) 从内在性质刻画实体的理论与从结构或关系刻画实体的理论可以相互转化；(2) 本体论上的不连续对 ESR 来说仍然是问题。③ 于是，他主张从两方面入手修正结构实在论，将

---

① 参见 Steven French, "Shifting to structures in physics and biology: A prophylactic for promiscuous realism", *Studies in History and Philosophy of Science Part C: Studies in History and Philosophy of Biological and Biomedical Sciences*, Vol. 42, No. 2, 2011, p. 165。

② Michael Esfeld and Vincent Lam, "Moderate structural realism about space-time", *Synthese*, Vol. 160, 2008, p. 27.

③ 参见 James Ladyman, "What is structural realism?", *Studies in History & Philosophy of Science Part A*, Vol. 29, No. 3, 1998, pp. 409–424。

ESR 发展为 OSR：(1) 用科学理论的语义观取代句法观，把科学理论理解为"表征系统的结构或模型而非得到部分诠释的公理系统"，也就是说，把科学理论看作与现象模型"部分同构"的理论结构或模型，而非一套描述对象及其性质且具有真值的句子；(2) 承诺结构或关系才是"原初的且在本体论上实存的"。① 他论证 OSR 的理由包括：(1) 在理论交替中连续的是结构而非实体，因此我们不应"假定理论是关于对象或属性的"（也不应假定关系由实体构成）；(2) 当代物理学中的相对论和量子力学理论都能用群论（group theory）来统一理解，理论中的对象只是一组"个体化的关于特定变换群的不变量……[如]基本粒子只是一组在粒子物理学的对称群下的不变量"。② 简言之，理论对象（个体化的不变量）依存于特定结构（变换群），结构比对象在本体论上更基础。

OSR 最直接和强力的依据来源于当代物理学。当代物理学表明，基础物理学对象不具有个体性，或者不是孤立的个体而是处于关系中、不能脱离关系存在的对象。例如，全同粒子（如电子、光子等）在经典物理学中根据时空坐标的不同理论上是可分辨的，但在量子力学中是不可分辨的；两个内在性质完全相同的小球 A、B 分别放在盒子 M、N 中与分别放在 N、M 中是可分辨的，但两个电子 A、B 分别处于 M、N 量子态与 N、M 量子态是不可分辨的，在概率上两个电子分别处于一种量子态只是一种情况，它与两个电子都处于 M 和都处于 N 的概率分别是 1/3，也就是说，两个电子在任何情况下都是不可分辨的。③ 换言之，全同粒子无法个体化，但量子力学中大多数基础对象都是全同粒子，这暗示在物理世界中基础且实在的东西不是个体的。根据量子场论，粒子作为场的激发态依存于场，场可以说是一种模态结构，也就是说，结构才是基础且实在的。另外，

---

① James Ladyman, "What is structural realism?", pp. 416, 420.
② James Ladyman, "What is structural realism?", pp. 420–421.
③ 参见张华夏《科学实在论和结构实在论——它们的内容、意义和问题》，《科学技术哲学研究》2009 年第 6 期。

广义相对论暗示，时空可能是结构或关系本身，而非实体/对象（绝对的时空点）或实体/对象构成的关系。①

基于当代物理学，国内科学哲学家罗嘉昌也提倡用关系实在论取代亚里士多德式实体实在论。虽然关系实在论是在一般形而上学讨论中提出的，但它的主张——"关系是实在的；实在是关系的；关系在一定意义上先于关系者；关系者是关系谓词的名词化；关系者和关系可随关系算子的限定而相互转换"②——与OSR基本一致。总的来说，当代物理学本身指向本体的结构（关系）实在论。

此外，生物学也为OSR以及一般关系实在论提供了间接支持。OSR的另一位倡导者弗伦奇研究发现，如果坚持生物学基础对象（如基因、自然选择单元、个体有机体等）是实体，要么将面临无法用一组性质为它们提供明确定义的问题，要么必须接受一个生物学基础对象实际上作为多个具有不同性质的对象真实存在（如多水平选择理论主张基因、个体和群体是不同水平上的自然选择单元）；然而，如果用关系或结构重新概念化生物学对象，就能得到更简单和统一的生物学本体论。③ 因此，关系或结构更可能是实在的、基础的，至少关系/结构实在论成立的可能性不亚于实体实在论。

由于颠覆了延续两千多年的实体实在论传统，OSR遭受了许多批评和质疑：比如，（1）没有关系者的关系是不可理解且不可能的；（2）数学结构是纯形式的、没有经验内容的，仅凭数学结构不可能表征经验世界；（3）基于关系或结构无法解释因果等。针对（1），OSR回应道：没有关系者的关系是可以理解的，如"高于"关系可以独立于任何实例被理解；没有关系者或者不随附于关系者的关系

---

① 参见James Ladyman, "Structural Realism", E. N. Zalta, ed., *The Stanford Encyclopedia of Philosophy* (Winter 2020 Edition), URL = < https://plato.stanford.edu/archives/win2020/entries/structural-realism/ >.

② 罗嘉昌：《从物质实体到关系实在》，中国社会科学出版社1996年版，第8页。

③ 参见Steven French, "Shifting to structures in physics and biology: A prophylactic for promiscuous realism", pp. 164–173.

是可能的，如时空关系；关系者可以不是实在的个体，而是空洞的逻辑变元 x 或者子关系。① 针对（2），OSR 支持者从更广泛的意义上使用结构（不仅仅把结构看作数学结构）；而且他们主张模型之间存在垂直结构，自下而上（从数据模型、现象模型到理论模型）越来越抽象和数学化，自上而下则经验内容越来越丰富，不过他们认为即使是最高层级的模型（数学结构）必定也"捕捉到一些事实"，它们（通过与现象模型部分同构）"表征现象之间的模态关系"。② 针对（3），OSR 认为，现象之间的模态结构才是本体论上基础和实在的，因果结构只是模态结构"在特殊科学中实用上的重要替代物"③。简言之，解释因果不是基础科学的必要任务，因果的引入只是为了让我们更好地理解实在的模态结构。

另外，还有一种建构的结构实在论（CSR），由曹天予提出。在认识论上，曹天予承认我们只能直接且可靠地获得结构知识，但他认为我们不应该把认识停留在结构层面，而应"以一种结构化的方式来构想物理实体"的性质，并随着结构知识的增加来不断修正和重构实体概念，在这个意义上，他主张"不可观察实体的实在性能从结构的实在性中推断出来"。④ 在本体论上，他仍然坚持实体比关系或结构更基础。对 CSR 来说，结构在认识论上优先，而实体在本体论上优先。CSR 不仅继承了 ESR 对理论交替中的连续性和累积性的解释，还进一步阐明了新实体取代旧实体的机制——根据不断累积的结构知识来重构实体。由于保留了实体的基础地位，CSR 不会使因果、（无关系者的）关系、科学理论的经验内容成为难题。但是，哪怕我们可以通过结构知识间接推出实体知识，实体知识的客观性由结构知识的客观性保证，而且保留实体有解释上的优势，但

---

① 参见 James Ladyman, "Structural Realism"。
② James Ladyman, "What is structural realism?", p. 418.
③ James Ladyman, "Structural Realism".
④ 曹天予:《在理论科学中基本实体的结构进路》，李宏芳译，《自然辩证法通讯》2015 年第 1 期。

这不代表我们必须承诺在本体论上实体比关系或结构更基础和实在。我们可以假定在本体论上基础和实在的既有实体又有关系，或者像非消去的 OSR 那样假定存在完全由关系定义的"薄"对象。CSR 并没有为它的本体论主张提供充分辩护。如果 CSR 承诺基础实体只作为一组稳定的关系实在，它没有非结构化的性质，那么 CSR 将成为 OSR 的一种变体。

四 从结构/关系实在论到自我关系实在论

在本书第二章中，我们已揭示了自我在基础上是关系的自我，是大脑与身体、环境在神经元水平上的前认知时空对准关系，我们将之描述为一个关乎对准程度的大脑—环境对准连续统。近年许多神经科学和精神病学研究表明，大脑与环境的前认知对准是意识体验和经验自我产生的必要前提条件；大脑与环境的对准程度或平衡程度差异与意识水平及其统一程度的差异、经验自我的变化和异常密切相关。因此，大脑—环境对准连续统可以被合理地看作基础的自我。我们将各种经验自我变体锚定于底层的大脑—环境对准连续统之上，从而构建起一个兼具解释性与预测性的双层关系自我模型。

基于结构/关系实在论，我们可以合理地接受基础的、关系的自我（前认知大脑—环境关系）就是实在的自我。根据结构/关系实在论版本的不同，我们可以从两种意义上说自我作为前认知的大脑—环境关系实在，即发展出两种不同的自我关系实在论。

基于 ESR 和 CSR，我们可以发展出一种较为温和的自我关系实在论：我们所能直接且可靠地认识到的只有关系的自我而非独立的、个体的自我，我们的各种独立自我概念只是想象的或者是在有关关系自我的认识上间接建构的；与关于独立自我的知识相比，我们获得的关于关系自我的知识更可能具有实在性。

基于 OSR 或一般关系实在论，我们还可以发展出一种较为激进的自我关系实在论：关系的自我才是本体论上实在的，各种独立的自我最多作为由关系自我规定的"薄"对象（锚定于大脑—环境对准连续统上的点）存在，即独立自我依存于底层关系自我。

无论从哪种意义上说，双层关系自我模型（以大脑—环境对准连续统为基础统一诠释各种独立自我）都比西方传统独立自我模型（把关系自我理解为以独立自我为基础的延展）与从结构/关系实在论推出的自我关系实在论更相一致。更重要的是，与实体实在论相比，结构/关系实在论是目前更具有希望的、更具有辩护力的、与当代物理学与生物学更相容的实在论形式；同样地，与自我实体实在论（实体观）、自我属性实在论（最小自我观）相比，自我关系实在论应该也是更具有理论优势的自我实在论形式。

自我的处境与前面提到的基因、有机体等生物学基础对象的处境相一致。如果我们把自我看作实体，我们将陷入无法通过一组内在属性为它提供明确定义、使它原初地区分于非我的困局；如果我们接受一种自我多元论（样式理论），自我将被割裂为多种异质的、不能相互还原的自我方面，最终可能会走向自我的消去论；如果我们接受自我是一种关系——前认知的大脑—环境关系，我们将有望能为自我相关现象提供统一的解释，建立起融贯的自我理论。考虑理论的简单性与融贯性，自我关系实在论是比自我多元论更好的自我理论；从最佳解释推理的角度看，自我关系实在论更可能是真的理论，也就是说，自我更可能作为关系真实存在。

然而，有人可能会反驳说大脑—环境关系本身就是实体间的关系，大脑和大脑外事物的存在优先于大脑—环境关系的存在。与科学实体如电子等不同，大脑的属性及其边界是可观察的，而不是通过科学理论建构的。如果自我是前认知的大脑—环境关系，那么自我就不可能是实在的、基础的，因为它依存于大脑与大脑外事物的存在。这种反驳所采取的依然是一种实体实在论思路。当我们用本体的结构/关系实在论取代实体实在论时，大脑与其他事物也不再是实体/个体，而是依存于关系、由关系定义的"薄"对象，大脑始终只能通过（前认知的或认知的）大脑—环境关系被理解和定义，而不能独立于关系被把握。因此，不是大脑—环境关系由大脑与外部事物构成，而是大脑—环境关系定义了大脑与外部事物。

例如，诺瑟夫就提倡，大脑在本体论上由世界—大脑关系决定，而世界—大脑关系指的是不同时空尺度之间的嵌套与整合关系，就像大脑内部不同频率的波动之间的嵌套与整合关系那样；脑死亡时，不同时间尺度之间不再存在嵌套与整合的关系，即世界—大脑关系中断；反过来说，当不同时间尺度之间相互嵌套与整合时，大脑才是存在的，大脑的存在由时空关系定义。[①] 这种大脑本体论依赖时空的关系实在论。随着广义相对论取代牛顿经典物理学，强调时间与空间是关系存在的时空关系论比主张存在绝对的时空点的时空实体论更占优势。如果采取诺瑟夫的本体论观点，主张时空关系就是本体论上最基础和实在的东西，那么自我作为前认知的大脑—环境关系存在，归根结底，就是作为特定时空关系存在。

不过，本书目前将采取一种相对保守的立场，不对最基础和实在的关系是否时空关系进行断言。本书只强调自我在基础上是关系的存在而非个体的存在，基础的关系自我在经验上表现为一种前认知的大脑—环境关系（大脑自发活动与身体、环境在时空结构上的对准）；与个体自我相比，这种关系自我更有可能在认识论与本体论上是实在的。至于在本体论上如何理解前认知的大脑—环境关系，尚待进一步研究的探讨。

第二节 自我信息结构实在论

近年，认知哲学家马吉德·贝尼结合了科学理论的结构实在论和认知科学中的意识理论论证自我作为信息结构实在。贝尼希望在自我实体论与反实体论之间找到一条中间路径，兼容二者的长处，

[①] 参见 Georg Northoff, *The Spontaneous Brain: From the Mind-Body to the World-Brain Problem*, Chapter 9。

即符合直觉、与经验科学相适应且不自相矛盾。

一 自我是信息结构

在 2019 年的著作《结构化自我》(*Structuring the Self*) 中，为了建立自我的信息结构实在论，贝尼首先以结构观视角重新审视了一系列经典自我理论：亚里士多德提出灵魂/自我是人的形式，他的主张可以被理解为自我结构观，尽管他认为实体更基础；休谟强调自我是一束知觉，而知觉是根据特定经验原则联结起来的，如果把知觉的经验联结结构看作自我，休谟的自我观也是结构观；康德主张自我是意识的先验主体结构，显然是一种结构观。贝尼考察传统自我理论的目的在于论证自我是意识的结构，以及说明自我结构观由来已久。通过提倡结构观使传统实体观和反实体观相互协调，其实在康德那里已经完成了。只是过去的学者一方面受当时脑科学发展水平的限制，无法进一步阐明自我是怎样的结构；另一方面受实体实在论进路的约束，没有明确提出自我作为结构实在。贝尼援引了科学哲学中的非消去的本体结构实在论（保留"薄"对象的 OSR）来论证自我作为结构实在。[1] 这与本书的论证思路是基本一致的，本书所辩护的自我关系实在论与贝尼的信息结构实在论都打破了实体实在论的限制。

贝尼借助当今认知科学中的多个意识结构理论来阐明结构的自我究竟是什么。他主要用到的意识结构理论包括：(1) 神经科学家托诺尼的信息整合理论——该理论提出了关于意识体验的关键特征的五条公理，把意识体验诠释为高度整合的信息体，并主张意识的物理基础必须具备对应于五条公理的特征；(2) 诺瑟夫的静息状态活动理论；以及 (3) 弗里斯顿的自由能原理。[2] 贝尼强调这三种意

---

[1] 参见 Majid D. Beni, *Structuring the Self*, Cham, Switzerland: Springer Nature Switzerland AG, 2019, p. 63。

[2] 参见 Majid D. Beni, *Structuring the Self*, pp, 159, 162–163。

识理论在结构上相互关联，它们从不同角度揭示了一个统一的结构的部分。① 对贝尼来说，自我作为它们共同揭示的结构真实存在。

具体来看，贝尼认为"大脑皮质中线结构（CMS）部分地体现了自我的基础结构"②。换句话说，CMS是具身的自我基础结构的一部分。他的理由是CMS以处理自我相关信息为主，参与反思自我、自传式自我、情绪自我、社会自我、生态自我等多个自我方面的信息加工，并且具有赋予自我方面以第一人称视角的能力。③ 不难看出，贝尼依据的是诺瑟夫最初提出的CMS理论，各种自我相关进程统一于CMS。虽然贝尼也提到CMS包含于DMN之中，但他只是强调静息状态活动与自我相关信息的持续加工有关，没有关注大脑静息状态活动与身体、世界的时空对准关系。他认为CMS赋予了自我方面以第一人称视角的依据是，诺瑟夫曾指出DMN受损会影响意识的第一人称视角和时间结构的稳定性。④ 贝尼援引的是诺瑟夫在2014年的著作《揭开大脑》（*Unlocking the Brain*）中的说法，但根据诺瑟夫后来对精神疾病（如精神分裂症）的研究来看，也可能是DMN受损，导致DMN与CEN、SMN的连接性减弱，即在大脑自发活动中自我—环境信息整合失衡，大脑—环境时空对准关系异常或中断，才导致了意识体验的异常，如意识体验丧失第一人称被给予性。

贝尼之所以说CMS只是部分体现了自我基础结构，是因为他认为社会自我以及道德自我等自我方面主要由加莱塞发现的镜像神经元系统（Mirror Neuron System，MNS）实现；他指出，CMS与MNS之间存在耦合，它们共同指定了具身的自我基础结构。⑤ 他还将具身自我、生态自我等自我方面阐述为自我基本信息结构（CMS和MNS

---

① 参见 Majid D. Beni, *Structuring the Self*, p. 193。
② Majid D. Beni, *Structuring the Self*, pp. 132 – 133.
③ 参见 Majid D. Beni, *Structuring the Self*, pp. 133 – 134。
④ 参见 Majid D. Beni, *Structuring the Self*, p. 134。
⑤ 参见 Majid D. Beni, *Structuring the Self*, pp. 135, 137, 212。

的耦合）向身体、社会关系和环境的因果结构的延展。①

贝尼认为，CMS 和 MNS 共同指定具身的自我结构，而自由能原理指定抽象的自我结构。② 不过，它们之间是存在关联的。他指出静息状态活动理论与自由能原理都预设了基于差异的信息编码结构——大脑静息状态活动的时空结构产生自大脑对刺激间的时空差异的编码；自由能的最小化（预测失误的最小化）也依赖大脑对预测输入和实际输入之间差异的编码——只是后者比前者更数学化。③ 如果说自我是静息状态活动理论与自由能原理共同揭示的结构，那么自我至少作为一种基于差异的信息编码结构存在。

贝尼还指出自由能原理中的最小化自由能可以与信息整合理论中的最大化 Φ 相对应。④ Φ 指系统中不可化约的因果结构的最大值。Φ 越大意味着系统高度整合的信息越多，各部分的独立信息越少，不确定性越小。换言之，自由能原理与信息整合理论之间也存在部分同构的关系。在关于科学理论的讨论中，结构实在论者强调结构得以在理论交替中连续和积累必定是因为它们反映了实在的关系。贝尼论述了三种意识理论在结构上的联系，显然也是为了证明它们准确地反映了意识结构，即反映了实在的自我。

另外，贝尼还构建了关于意向性的结构实在论：意向活动是关于非存在对象的活动，意向关系优先于意向对象存在；结合 OSR，意向关系才是本体论上实在的，而意向对象只作为被意向关系规定的对象依赖意向关系而存在，即只作为无内在属性的"薄"对象存在。⑤

总的来说，贝尼的论证思路是不同自我方面分别可以被不同水平的信息结构所诠释，这些信息结构之间存在关联或者说存在部分

---

① 参见 Majid D. Beni, *Structuring the Self*, pp. 71, 151。
② 参见 Majid D. Beni, *Structuring the Self*, pp. 234 - 235。
③ 参见 Majid D. Beni, *Structuring the Self*, pp. 173, 193 - 194。
④ 参见 Majid D. Beni, *Structuring the Self*, p. 195。
⑤ 参见 Majid D. Beni, *Structuring the Self*, pp. 198 - 201。

同构关系，因此自我是信息结构。根据消去的 OSR，结构才是本体论上实在的，所以自我作为特定信息结构实在。

二 贝尼与加拉格尔之争

前文提到，加拉格尔提出了自我的样式理论，他认为自我由多个方面或特征共同构成。他列举了其中一些自我方面："最小具身方面"、"最小体验方面"（第一人称视角、拥有感等）、"情绪方面"、"主体间方面"、"心理学或认知方面"（外显的自我意识、人格与记忆等）、"叙事方面"、"延展方面"（财产、国家等）、"情境方面"（环境、文化等）。[①] 其中一些方面正是其他自我理论主张的最小自我。但加拉格尔认为没有任何一个方面是其他所有自我方面的基础或者与其他所有自我方面相联系，不同自我方面之间是兼容的、平等的，它们对自我来说都是充分但不必要的。他试图以一种中立的态度看待所有自我样式（自我理论），以将它们熔于一炉。

在贝尼提出自我信息结构实在论前，加拉格尔曾明确反驳诺瑟夫最初提出的 CMS 理论（各个自我方面统一于 CMS）。加拉格尔援引了他人的分析来批评 CMS 理论：CMS 不具有自我特异性，自我参照进程本身还涉及关于他人的信息，无法将他人排除，而且只有第一人称视角的具身结构足以称为自我特异性结构，但第一人称视角的具身结构是未明的；另外，他指出 CMS 只是构成自我的其中一个方面而不是所有自我方面的基础，它与其他自我方面是平等的，因为许多自我方面不能还原为神经活动。[②]

不过，诺瑟夫的 CMS 理论本身并不是一种还原论。在最初的 CMS 理论中，诺瑟夫强调的是与（各种自我理论提出的）自我方面相关的神经进程之间呈现特定的数学结构（三个集群），并且他把这种数学结构及与之对应的生理结构看作自我的神经关联物。他使用

---

① Shaun Gallagher, "A pattern theory of self", pp. 3–4.
② 参见 Shaun Gallagher, "A pattern theory of self", pp. 5–6。

统计学方法对经验数据进行了数学建模，然后进行理论建模，再用这些自下而上构建的模型来表征自我相关神经进程之间的经验关系，而并不是企图将自我的各个方面都还原为特定神经活动。

另外，贝尼承认，CMS 不是"自我特异的"而是"自我相关的"。① 他的意思是，CMS 是参与自我信息加工的主要结构，但它不是专门负责自我信息加工的结构。此外，为了避免关于自我特异性的指责（已知的具身结构都不具有自我特异性），他更强调把自我理解为抽象的数学结构，CMS 及其编码方式只是这种数学结构的部分具身体现。

同时，他指出多元论（如加拉格尔的样式理论）和消去论（如梅青格的模型观）都是自相矛盾的：他们主张一些方面或模型是自我相关的，同时他们否定基础自我或核心自我的存在；一旦否定了基础自我或核心自我，他们将无法阐明为什么这些方面或模型都是自我相关的；只有承认存在核心自我，自我相关才有意义，这个核心自我不一定是实体，它可以是结构。② 如果多元论所说的自我相关是与某个虚构的自我（如叙事自我）相关，那么它很可能会滑向消去论。如果多元论所说的"自我相关"是与多个日常被称为"我"或"我的"的事物中的任意一个相关，那么它在非日常语境下仍然会滑向消去论。如果多元论所说的"自我相关"是与某个实在自我相关，那么它就需要指明这个实在自我是什么，而贝尼的回答是结构。这个结构不是超越自我方面的结构，而是自我方面之间显示的结构（类似于休谟所主张的知觉之间的经验联结）。自我作为结构实在正好可以说明自我如何多元且统一。简言之，贝尼反过来指出样式理论需要自我信息结构实在论的补充。

---

① Majid D. Beni, *Structuring the Self*, p. 134. 诺瑟夫也曾明确表示"CMS 不是自我特异的"(Georg Northoff, and Shankar Tumati, "'Average is good, extremes are bad' - Non-linear inverted U-shaped relationship between neural mechanisms and functionality of mental features", p. 17)。

② 参见 Majid D. Beni, *Structuring the Self*, p. 104。

贝尼还指出，许多自我理论不可能同时兼容，比如，自我多元论与消去论无法兼容，主张 CMS 是自我特异结构与主张 MNS 才是自我特异结构的理论也无法兼容。① 换言之，多元论内部是不融贯的。

三　信息结构实在论的不足之处

然而，贝尼的信息结构实在论仍然存在一系列问题。

在具身水平上，贝尼先论述了 CMS 和 MNS 的耦合是自我的基础结构，再将具身自我、生态自我、道德自我等解释为自我基础结构向身体、社会环境和生态环境的结构的延展，即在自我—环境区分基础上解释自我—环境联系。这体现了贝尼仍在一定程度上受制于西方传统独立自我模型。因此，他将面临最小自我观支持者所面临的挑战。虽然借助结构的耦合和延展，他能解释自我的丰富和扩展，但无法解释自我在意识改变状态下的进一步收缩。他只能笼统地将经验自我的异常解释为 CMS、MNS 或它们之间的耦合的受损。受传统独立自我模型的限制，他只关注 DMN/CMS，而忽视了 DMN 和 CEN、SMN 之间的负相关动态调节关系。如果他无法为各种经验自我异常提供合理的解释，那么他的理论也是经验不适当的。

DMN/CMS 除了与 MNS 耦合，还与其他多个功能网络耦合，如 CEN、SMN 等，甚至与身体和环境的时空结构耦合。如果与 CMS 耦合就是自我基础结构，那么自我基础结构的范围应该划得更大，至少应该包括大脑其他网络、身体和周围环境的时空结构。贝尼只把 CMS 和 MNS 的耦合看作自我基础结构是独断的。哪怕只把 CMS 看作自我基础结构，它也会面临刚才所说的经验自我异常的问题。在精神疾病状态下，一些自我相关进程将无法进行，如精神分裂症患

---

① 参见 Majid D. Beni, *Structuring the Self*, p. 111。

者难以区分和整合自己和他人的行动表征①，从他们的自我相关神经进程抽象出来的空间结构很可能与健康受试者的有明显差别。作为小世界网络的大脑功能网络中连边数极多的节点失效很可能导致结构与原本截然不同。简言之，自我基础结构与非基础结构的明确划分是不可能的，它们是连续的。所谓"基础结构"只是特例，它可以收缩、扩展或变异。

基于差异的编码是全脑的，而不是 DMN/CMS 特有的。如果说 DMN/CMS 而非其他神经网络与意识的第一人称视角的产生有关，那么必定不是或不只是与基于差异的编码有关。换言之，贝尼实际上并没有阐明现象学中的最小自我是怎样的信息结构。至今，神经科学仍然无法指明第一人称视角由怎样的结构产生。各项研究仍在探寻第一人称视角产生的临界条件。不过，已有不少证据表明它不是由大脑单独产生的，而是由前认知的大脑—环境交互产生的，因此只着眼于 DMN/CMS 是难以为第一人称视角提供令人满意的机制解释的。

即使大脑是贝叶斯大脑，基于预测编码模型可以对大脑的功能作统一解释，也不代表预测编码模型或预测编码模型所表征的结构就是意识的结构（结构化的自我）。信息以预测编码的方式加工，不一定会产生意识，大脑中许多信息加工过程都是无意识的过程。意识是否以预测编码的方式产生也仍未明朗。预测编码不需要主体性的存在，但主体性是意识的重要属性。如果把自我看作预测编码结构，那么意识的主体性仍然是一种没有得到解释的突现特征。

---

① 有研究表明，精神分裂症病人存在自我—他人行动整合缺陷——社会西蒙效应（Social Simon effect）/双人刺激—反应兼容性效应（Stimulus-Response compatibility effect）大幅缩减。无论在兼容还是不兼容（兼容：三角形出现在屏幕右边时，坐在右边的受试者按按钮；不兼容：三角形出现在屏幕左边时，坐在右边的受试者按按钮）的情况下，精神分裂症患者的反应时间都很长，两种情况无差别，也就是说，没有兼容性效应。（参见 Roman Liepelt, Johanna C. Schneider, Désirée S. Aichert, et al., "Action blind: Disturbed self-other integration in schizophrenia", *Neuropsychologia*, Vol. 50, No. 14, 2012, pp. 3775–3780）

信息整合理论承认意识体验的基础存在，主张它是高度整合、不可划分为部分的信息体，再根据其特征推断与之相应的物理系统的特征。然而，一旦接受意识体验的基础存在，扎哈维等学者就会把意识体验本身的内在属性（我属性）看作基础自我，而非把使信息高度整合得以可能的物理结构看作基础自我。

考虑到结构观比实体观与有关大脑和意识的研究成果更相适应，而且结构实在论比实体实在论在解释科学的连续性和巨大成功上更有希望，自我作为信息结构实在的主张是可接受的。只是在现阶段，无论在具身水平还是抽象水平上，试图指明自我（基础）结构具体是一种怎样的结构（如基于差异的编码）都是较为激进的做法。

第三节 自我关系实在论与其他自我理论的比较

一 与信息结构实在论的异同

本书所辩护的自我关系实在论与贝尼的信息结构实在论在以下两方面很相似。

第一，双方均突破了实体实在论的约束，借助结构/关系实在论论证自我可以作为结构/关系实在，或者说，结构/关系的自我才是实在的，而实体或性质的自我不是。即使自我不是特定实体或性质，也不会因此丧失实在性。

第二，双方均以诺瑟夫的静息状态活动理论与自由能原理等最新认知神经科学理论为依据阐明自我的本质。

但是，自我关系实在论与信息结构实在论在其他许多方面存在差别。

第一，自我关系实在论突破了独立自我模型，而信息结构实在论没有彻底做到这一点，这种突破是关键且有意义的。这是二者的主要差别所在。坚持独立自我模型的自我理论将难以与经验自我的诸多变化和异常相适应。经验自我的变化和异常本身暗示了自我—非我/环境区分不是基础的而是派生的。

第二，自我关系实在论认为自由能原理、静息状态活动理论以及意识的时空理论、具身模拟理论等共同表明自我在基础上是关系的自我，各个方面的自我（具身自我、认知自我、现象自我等）都以大脑—环境的前认知关系而不只是以大脑为必要基础，且有关意识体验产生条件和精神疾病的研究发现支持了这一点。如果大脑—环境的前认知关系是使意识体验和各种经验自我变体成为可能的必要基础，且它能为各种经验自我变体提供统一的机制解释（对准或平衡程度），那么我们可以合理地将它看作基础的自我。

信息结构实在论则认为它们共同指定了自我结构，如基于差异的编码结构，但目前来说这是缺乏辩护的。现阶段，最多只能证明这些结构是自我相关的，而不能证明它们是自我特异的。不过，指定自我结构本身要求结构是自我特异的，而且以一个结构解释特定方面是自我相关的也要求该结构是自我特异的。如果该结构只是自我相关的，那么就会陷入循环定义——自我相关方面因能被该结构统一解释而是自我相关的；但该结构本身就是因从自我相关神经进程中抽象出来，或者因能够为自我相关方面提供解释而是自我相关的。只有追溯该结构的发生基础，才有可能跳出这一循环。

自我关系实在论认识到目前仍无法指定产生第一人称视角等自我方面的具体结构，同时也认识到自我结构不会是独立于环境的大脑神经活动结构，更不可能只是无经验内容的数学结构本身，它必定是大脑与环境共同构成的结构。现阶段根据自由能原理等，只能得出自我在基础上是关系的自我，是前认知的大脑—环境关系，其他结论还有待进一步的研究。相对而言，自我关系实在论没有信息结构实在论那么激进。

第三，信息结构实在论主要援引了诺瑟夫 2014 年及以前的研究成果——CMS 作为自我的神经关联物，CMS 包含于 DMN（静息—自我重叠），以及基于差异的编码——来论证自我是（具身的）信息结构；自我关系实在论则主要援引了诺瑟夫2016年及之后的研究成果——意识的时空理论、精神疾病的自我—环境失衡（DMN 和 CEN、SMN 失衡）——来论证自我是前认知的大脑—环境关系。诺瑟夫是在2016年后才越来越多地关注大脑、身体和世界的时空对准关系。只有追溯到更底层的大脑—环境时空对准关系，静息状态活动的时空结构、基于差异的编码才能真正得到理解。静息状态活动的时空结构不完全是大脑自发的、随机的，它不是噪声，它是由大脑、身体和世界之间的前刺激、前认知、有方向的耦合决定的。基于差异的编码也需要优先建立大脑—环境的时空对准关系，然后才能仅仅编码出现差异的部分。如果无法建立大脑—环境时空对准或者对准程度过低（如随机背景音条件下），大脑就只能直接编码实际刺激本身的特征，而无法编码刺激之间的差异。因此，即使接受信息结构实在论的主张——自我是一种基于差异的编码结构，也可以坚持在非常基础的层级上自我是关系的自我，是大脑—环境的前认知关系；反之则不然。

虽然自我关系实在论与信息结构实在论的差异是明显的，但它们是可兼容的。信息结构实在论只要往更基础的层级多走一步，关注信息结构与大脑—环境关系之间的联系，就能发展为本书所辩护的自我关系实在论，这一步是关键且有意义的。只有多走这一步，它才能解释为什么特定信息结构是自我相关的而不陷入循环，才能与各种经验自我变体相适应，才不至于因指定自我基础结构而备受质疑。

二 自我关系实在论的优势

传统形而上学实体观是得不到理论和经验辩护的、独断的、存在内部矛盾的；而各种反实在论（无我观）又会导致一切丧失意义，使知识及其规范性和道德责任归属等难以成为可能；而自我关系实在论既不断言形而上学实体自我的存在，又保留了自我的实在性，因此能避免实体观和无我观的缺陷并整合二者的优势——不但能避免高昂的本体论成本，而且能使具有规范性的知识和道德成为可能。不过，基于关系自我，我们会对知识和道德产生有别于传统的理解。例如，如果基础的自我是特定大脑—世界（环境）关系，那么由自我产生的知识就是以大脑—世界关系为基础的知识，知识与世界之间不是二分的。在非常基础的层级上、在前认知阶段世界中的事物已经内在于自我之中，因此关于世界的知识是可能的。在协调形而上学实体观和无我观上，自我关系实在论至少与各种现当代自我理论（最小自我观、科学实体观和信息结构实在论等）具有同等的竞争力。

与社会建构观、叙事观相比，自我关系实在论没有忽视或否定经验自我建构需要以前反思的、前语言的自我（或自我概念）为基础，而只是主张哪怕前反思、前语言的自我（或自我概念）也是关系的，因而可以避免最小自我观对社会建构观、叙事观的有效批评，并与前语言时期婴儿能识别出镜中自我等发现相适应。另外，社会建构观、叙事观的自我是人工类，不是自然类，我们不可能有关于纯粹建构的自我的科学定律。但是，自我关系实在论的自我仍然是一种自然类（大脑—环境关系），我们可能得到关于它的科学定律。

与科学实体观相比，自我关系实在论更能与有关生物自我的新发现（免疫、认知和遗传都是由有机体与微生物群的交互关系决定的）相适应。另外，科学实体观往往采取还原论进路，但目前自我相关方面（尤其是第一人称视角）如何还原为神经进程仍然是未明的。自我关系实在论不承诺自我能还原为特定神经进程，只强调大脑自发的神经活动与身体、环境的有方向耦合（对准）是意识体验和经验自我的必要基础。值得一提的是，与科学实体观相似，自我关系实在论认可在多数情况下大脑或身体可以作为同一自我的识别标准。但是，自我关系实在论不认可大脑或身体就是自我，而且在大脑—环境前认知关系彻底中断的异常情况（如脑死亡、重度昏迷）下，即使大脑和身体仍在运作（保持着生理活动），自我也不再持续。

与最小自我观、具身自我观等现象学自我观相比，自我关系实在论不把特定现象属性或者说现象自我（第一人称视角、具身性、拥有感、施动感）看作对自我来说基础和必要的，不预设自我从基础上区分于他人和环境，只把各种经验自我变体、自我—环境区分理解为在大脑—环境对准连续统上建构的二阶特例，从而更具经验适当性，更能与各种经验自我变体（经验自我的收缩、扩展和丧失）、自我—环境区分的变化和崩溃等相适应。

　　由于自我关系实在论只是在信息结构实在论基础上往更底层迈进了一小步，把信息结构产生的前提条件，即大脑—世界的前认知时空对准，而不是把信息结构本身看作基础的自我，所以信息结构实在论能够提供解释的，自我关系实在论自然能解释。同时，信息结构实在论难以解释的，如各种经验自我变体，自我关系实在论也能提供机制解释。更大的优势是，自我关系实在论所包含的双层关系自我模型能够对现象进行预测从而是可检验的，如采取前文（本书第二章第三节）提到的两种检验方案——要么根据经验自我变体预测底层的大脑—环境时空对准程度，要么尝试通过调节时空对准程度（漂浮休息）来调节异常的经验自我。然而，自我信息结构实在论只能为各个自我方面提供解释，但难以对经验现象作出预测。

第 四 章

双层关系自我模型的实证应用

第一节 双层关系自我模型对实证研究进路的启发

理论模型的革新会启发实证研究进路的革新。在传统独立自我模型的指导下，我们极力将自我从环境中分离出来进行调查，关注个体自我内部属性的变化或不同个体自我之间的差异。这是目前大多数甚至几乎所有自我实证研究采取的进路。

然而，根据新的双层关系自我模型，自我—环境关系（关系的自我）比自我—环境区分（个体的自我）更基础，我们应该尝试从作为基础的自我—环境关系（底层关系自我）——前认知大脑—环境对准——入手研究自我。换言之，我们不仅要关注第二层级上的个体经验自我变体，还应该尝试追溯它在基础层级（大脑—环境对准连续统）上的锚定位置。

以关于自我的文化差异研究为例。过去的研究通常把来自不同文化群体的个体对自我相关量表的回答、在自我相关（vs. 非自我相关）认知任务中的行为表现及神经活动作跨文化对比，如比较中国受试者与美国受试者在对自我构念量表回答上的差异，这就是在独立自我模型指导下的自我实证研究。

在双层关系自我模型指导下，我们应该转变视角，关注不同文化群体在心理学和神经元特征上的个体间一致性差异，即自我—他人或者说大脑—社会环境对准程度差异，如将中国样本在自我意识上的个体间一致性与美国样本在自我意识上的一致性进行比较；或者关注不同文化群体在大脑—物理环境耦合程度上的差异，如比较中国受试者和美国受试者在静息状态活动与相同背景音的耦合程度上的差异。由于双层关系自我模型强调基础自我是前认知的关系，所以不能只是直接测量受试者对自身与他人/环境的一致程度的知觉①，也不能只是测量在执行认知任务过程中的大脑—环境对准程度，而需要关注和测量受试者间或受试者的大脑与物理环境时空结构之间在不执行特定认知任务状态下内隐的、实际的一致（对准）程度。

对双层关系自我模型来说，过去有关自我文化变体（如独立自我构念 vs. 互依自我构念）的发现是属于第二层级的发现。为了检验双层关系自我模型，我们可以观察第二层级上的发现是否能合乎预测地转化为基础层级上的文化差异（如较低程度的大脑—环境对准 vs. 较高程度的大脑—环境对准）。

第二节　研究实例：静息状态脑—脑对准程度的跨文化差异

一　研究介绍

如本书第二章第一节介绍的，过去文化心理学研究发现，文化

---

① 过去一些研究测量过受试者对自身和他人的相似程度的知觉，例如，可参见 Catherine J. Ott-Holland, Jason L. Huang, Ann Marie Ryan, Fabian Elizondo and Patrick L. Wadlington, "The effects of culture and gender on perceived self-other similarity in personality", *Journal of Research in Personality*, Vol. 53, 2014, pp. 13–21. 但它们测量的并不是受试者自我与社会环境之间实际的、前认知的一致（对准）程度。

塑造着人的自我概念：与在西方文化中成长的受试者相比，在东方文化中成长的受试者在心理学和神经元水平上、外显地或内隐地体现出更强的互依自我构念或更弱的独立自我构念。根据双层关系自我模型，文化可能通过调节大脑—环境时空对准程度，即调节自我在大脑—环境对准连续统上的锚定位置，塑造人的经验自我和自我概念。虽然人的自我概念是大脑—环境前认知对准程度和认知因素（概念化）共同作用的产物，但我们还是可以合理地推测，东方受试者之所以在心理学和神经元水平上表现出更强的互依自我构念，是因为看重集体价值、强调社会和谐的东方文化显著提高了他们的大脑—环境对准程度（尤其是脑—脑对准程度），使他们的自我在大脑—环境对准连续统上的锚定点滑向中间偏右的位置。反过来说，由于受到东方集体主义、家庭主义等文化因素的塑造，东方受试者更多地在心理学和神经元水平上将自身对准于他人，所以才倾向于将自身定义、知觉和处理为与他人处于关系之中的自我，从而才会被概念化为具有更强的互依自我构念。当然，双层关系自我模型的第一层和第二层之间是相互作用的，受试者的自我概念在形成后也会持续影响着（增强或减弱）底层的大脑—环境对准关系。总而言之，我们可以合理地预测，东方受试者展现出的比西方受试者更强的互依自我构念大致上可以转换为东方受试者之间更高的对准程度。

我们之前进行的一项实证研究初步证明了东方受试者之间比西方受试者之间前认知的（静息状态）脑—脑对准程度更高。在该研究中，我们主要计算和分析了来自中国和加拿大的受试者样本的个体间神经元特征的一致程度，以及个体间人格特征的一致程度，并对它们进行了跨文化比较；此外，我们还分析了个体间神经元特征相似性与人格特征相似性之间的关联。①

在神经元特征方面，我们分析了不同文化样本中受试者彼此之间在闭眼静息状态脑电的时间动力学特征（包括宽频段功率、子频段功率与 α 峰值频率）上的一致程度，这相当于测量了在时间特征上的前认知脑—脑对准程度。本研究预测，中国受试者彼此之间比加拿大受试者彼此之间，在静息状态脑电的时间动力学特征上显示更高的一致程度以及更低的变异性。

在人格特征方面，我们分析了不同文化样本中受试者彼此之间对自我意识量表（self-consciousness scale，SCS）② 的回答及其子量表得分的一致程度。这一方面是因为我们的主要数据集既包含闭眼静息状态脑电数据，也包含自我意识量表数据。基于此我们可以对个体间神经元相似性与个体间人格特征相似性之间的关联进行研究，近年来也有其他研究发现在刺激或任务状态下的脑—脑

---

① 该实证研究是本人访学期间与回国后在诺瑟夫教授指导下，与 Soren Wainio-Theberge 等合作完成的。我们基于研究发现撰写的英文论文已在 *Social Neuroscience* 发表，详细内容请见 Jiawei Xu, Soren Wainio-Theberge, Annemarie Wolff, … Georg Northoff, "Culture shapes spontaneous brain dynamics—Shared versus idiosyncratic neural features among Chinese versus Canadian subjects", *Social Neuroscience*, Vol. 18, No. 5, 2023, pp. 312 – 330。该期刊论文的研究思路由本人与诺瑟夫教授（Georg Northoff）提出。数据分析和视觉化由本人与 Soren Wainio-Theberge 合作完成。论文撰写由本人、Soren Wainio-Theberge 和诺瑟夫教授共同完成。数据来自诺瑟夫教授的实验室及其合作实验室或公开数据集：Annemarie Wolff、秦鹏民、张艺卉、佘璇、Joelle Choueiry、Verner Knott、Angelika Wolman、David Smith、Julia Ignaszewski、王莹莹、Andrea Scalabrini 提供了主要的和用于重复研究的静息状态脑电与自我意识量表数据集（除了用于重复研究的中国脑电样本 CN2，该样本来自公开数据集），他们均是该论文的合作作者，感谢他们贡献的数据和修改意见。该论文本身并不涉及双层关系自我模型的内容，所以本书与该论文对研究发现的诠释和讨论角度会有所不同，但实验假设是一致的。

② 自我意识量表详见 Allan Fenigstein, Michael F. Scheier and Arnold H. Buss, "Public and private self-consciousness: Assessment and theory", *Journal of Consulting and Clinical Psychology*, Vol. 43, No. 4, 1975, pp. 522 – 527; Michael F. Scheier and Charles S. Carver, "The Self-Consciousness Scale: A revised version for use with general populations", *Journal of Applied Social Psychology*, Vol. 15, No. 8, 1985, pp. 687 – 699。

同步与人格特征的相似性密切相关①。另一方面是因为自我意识量表作为一种久经检验、具有较高信度和效度的自我相关量表，近年被发现与静息状态活动的时间特征显著相关②，所以它适合用于初步窥探双层关系自我模型两个层级（个体自我意识与底层关系自我）之间的联系。本研究预测，中国受试者之间比加拿大受试者之间在对自我意识量表的回答上具有更高的一致程度以及更低的变异性；以及，受试者之间神经元特征的相似性与人格特征的相似性相关。

为了检验上述假设，我们的研究主要运用了三种方法来测量受试者间在静息状态脑电时间特征以及对自我意识量表回答上的一致程度。第一种方法是受试者间相关性（inter-subject correlation, ISC）。ISC 常被用于测量关于刺激或任务诱发活动的个体间一致程度（神经同步程度）。③ 我们的研究把 ISC 迁移用在测量静息状态脑电宽频段（1—30Hz）功率谱的受试者间一致程度上。第二种方法

---

① 参见 Wei Liu, Nils Kohn and Guillén Fernández, "Intersubject similarity of personality is associated with intersubject similarity of brain connectivity patterns", *NeuroImage*, Vol. 186, 2019, pp. 56 – 69; Sandra C. Matz, Ryan Hyon, Elisa C. Baek, Carolyn Parkinson and Moran Cerf, "Personality similarity predicts synchronous neural responses in fMRI and EEG data", *Scientific Reports*, Vol. 12, No. 1, 2022, 14325。

② 参见 Annemarie Wolff, Daniel A. Di Giovanni, Javier Gómez-Pilar, et al., "The temporal signature of self: Temporal measures of resting-state EEG predict self-consciousness", pp. 789 – 803; Zirui Huang, Natsuho Obara, Henry (Hap) Davis Ⅳ, et al., "The temporal structure of resting-state brain activity in the medial prefrontal cortex predicts self-consciousness", pp. 161 – 170。

③ 参见 Uri Hasson, Yuval Nir, Ifat Levy, Galit Fuhrmann and Rafael Malach, "Intersubject synchronization of cortical activity during natural vision", *Science*, Vol. 303, No. 5664, 2004, pp. 1634 – 1640; Uri Hasson, Asif A. Ghazanfar, Bruno Galantucci, Simon Garrod and Christian Keysers, "Brain-to-brain coupling: A mechanism for creating and sharing a social world", *Trends in Cognitive Sciences*, Vol. 16, No. 2, 2012, pp. 114 – 121; Samuel A. Nastase, Valeria Gazzola, Uri Hasson and Christian Keysers, "Measuring shared responses across subjects using intersubject correlation", *Social Cognitive and Affective Neuroscience*, Vol. 14, No. 6, 2019, pp. 669 – 687。

是欧氏距离（*Euclidean distance*）①，即欧几里得（多维）空间中两点之间的最短距离。我们将欧氏距离与ISC组合成一种新方法——受试者间距离（inter-subject distance，ISD）。我们用ISD测量了脑电宽频段功率谱以及对自我意识量表22个条目的回答的受试者间一致程度。第三种方法是变异系数（coefficient of variation，CV），CV适用于比较平均数间存在显著差异的样本之间的变异性，因为它本身已消除平均数差异带来的影响。② 我们的研究运用CV测量来自不同文化的样本在脑电功率谱的子成分（不同频段的功率谱和α峰值频率）以及自我意识量表的子量表得分上的受试者间变异程度。③

二 样本

在神经元特征的研究部分，我们分析了四组受试者样本（四个闭眼静息状态脑电数据集）（见表4-1）。其中，包括两组加拿大健康受试者样本（CA1和CA2）④和两组健康中国受试者样本（CN1和CN2⑤）。CA1和CN1是主要实验样本，而CA2和CN2是独立于

---

① 参见Ivan Dokmanic；Reza Parhizkar；Juri Ranieri and Martin Vetterli，"Euclidean distance matrices：Essential theory，algorithms，and applications"，*IEEE Signal Processing Magazine*，Vol. 32，No. 6，2015，pp. 12 – 30。

② 参见Glenn R. Carroll and J. Richard Harrison，"Organizational demography and culture：Insights from a formal model and simulation"，*Administrative Science Quarterly*，Vol. 43，No. 3，1998，pp. 637 – 667。

③ 具体研究方法在此略，详见Jiawei Xu，Soren Wainio-Theberge，Annemarie Wolff，et al.，"Culture shapes spontaneous brain dynamics—Shared versus idiosyncratic neural features among Chinese versus Canadian subjects"，pp. 312 – 330。

④ CA1来自Annemarie Wolff，Daniel A. Di Giovanni，Javier Gómez-Pilar，et al.，"The temporal signature of self：Temporal measures of resting-state EEG predict self-consciousness"，pp. 789 – 803；CA2来自Annemnarie Wolff，Sara de la Salle，Alana Sorgini，et al.，"Atypical temporal dynamics of resting state shapes stimulus-evoked activity in depression—An EEG study on rest-stimulus interaction"，*Frontiers in Psychiatry*，Vol. 10，2019，p. 719。

⑤ CN2来自公开数据集Hanshu Cai，Zhenqin Yuan，Yiwen Gao，et al.，"A multi-model open dataset for mental-disorder analysis"，*Scientific Data*，Vol. 9，2022，178。

CA1 和 CN1 的样本，它们之间的比较以及与 CA1、CN1 的交叉比较被用于重复实验。

表 4-1　　　　　　　　　闭眼静息状态脑电数据集

样本简称	受试者	人数（女）	年龄（Mdn, M, SD）	仪器（公司）	参照电位；采样率；电极阻抗；记录时长
CA1	加拿大受试者	31（17）	25, 30.58, 10.74	Neuroscan SynAmps amplifier with a 64-channel cap（Compumedics Neuroscan, Charlotte, NC, USA）	右乳突；1000Hz；5kΩ 以下；5 分钟
CN1	中国受试者	26（8）	24, 27.15, 8.25	BrainAmp amplifier with a 64-channel cap（Brain Products GmbH, Munich, Germany）	FCz；1000Hz；5kΩ 以下；2 分钟
CA2	加拿大受试者	25（14）	46, 45.88, 15.79	Brain Vision EasyCap with 32 Ag/AgCl electrodes（Brain Products GmbH, Munich, Germany）	鼻子；500Hz；5kΩ 以下；3 分钟
CN2	中国受试者	29（9）	29, 31.45, 9.15	Net Amps Amplifier with a 128-channel HydroCel Geodesic Sensor Net（Electrical Geodesics Inc., Oregon Eugene, USA）	Cz；250Hz；50kΩ 以下；5 分钟

在人格特征的研究部分，我们也分析了四组受试者样本（四个自我意识量表数据集）（见表 4-2），包括两组健康的加拿大受试者样本（CA1 和 CA3）和两组健康的中国受试者样本（CN1 和 CN3）。这里的 CA1 和 CN1 样本与脑电研究部分的主要样本 CA1 和 CN1 分别来自同一数据集，不过 CN1 中部分受试者只有自我意识量表数据而没有脑电数据。CA3 和 CN3 则是独立的自我意识量表数据集，它

们之间的比较以及与 CA1、CN1 的交叉比较被用于重复实验。

表 4-2　　自我意识量表数据集

样本简称	受试者	人数（女）	年龄（Mdn, M, SD）	自我意识量表版本
CA1	加拿大受试者	31（17）	25, 30.58, 10.74	修改版（Scheier & Carver, 1985）
CN1	中国受试者	57（21）	23, 23.89, 7.38	原版（Fenigstein et al., 1975）
CA3	加拿大受试者	43（21）	21, 26.95, 11.77	修改版
CN3	中国受试者	69（52）	24, 25.49, 6.69	修改版

由于本研究要考察受试者间一致程度（对准程度）的文化差异，所以我们将 CA1 中三位亚裔受试者的数据排除；我们也将 CA3 中五位亚裔受试者的数据排除，同时将 CA3 中六位缺少自我意识量表数据、人口统计数据或实验期间正使用药物（抗抑郁症药物）的受试者的数据排除。其余样本中没有受试者的数据被排除。[①]

以上受试者在参与实验前均填写了知情同意书，且所有实验数据的采集都得到了伦理委员会的批准。

三　结果报告与分析

1. 静息状态脑电研究结果

通过对比主要的加拿大受试者样本（CA1）与中国受试者样本（CN1）的闭眼静息状态脑电数据，我们发现，中国受试者彼此之间比加拿大受试者彼此之间在大脑静息状态活动的时间动力学特征上具有更高的一致性，这与我们的实验假设相一致。

---

① 在我们已发表于 *Social Neuroscience* 的期刊论文中，共有四个脑电数据集（如表 4-1 所示）和两个自我意识量表数据集（表 4-2 的前两个数据集）；本书增加了 CA3 和 CN3 两个自我意识量表数据集的结果。主要原因是期刊论文的篇幅有限，最终删减了 CA3 和 CN3 相关结果的呈现。其次，本书本章的侧重点与期刊论文略有不同。期刊论文侧重研究的是个体间静息状态神经元特征一致程度的文化差异，本书本章的重点则是在经验上初步检验双层关系自我模型，分析它对实证研究是否具有指导意义。

我们首先使用快速傅里叶变换法计算了两个主要脑电样本的静息状态脑电的宽频段（1—30Hz）功率谱。然后，比较了两个样本在宽频段功率谱上的受试者间相关性（ISC）与受试者间距离（ISD）的差异（结果见图4-1）。置换检验（10000次置换）结果显示，两个主要脑电样本在ISC上存在显著的差异（$z = -2.28$，$p = 0.0202$），加拿大受试者彼此之间在宽频段功率谱上的相关性显著低于中国受试者之间的相关性。同时，两个主要脑电样本在ISD上也存在边缘显著差异（$z = 1.81$，$p = 0.0666$），中国样本的受试者间

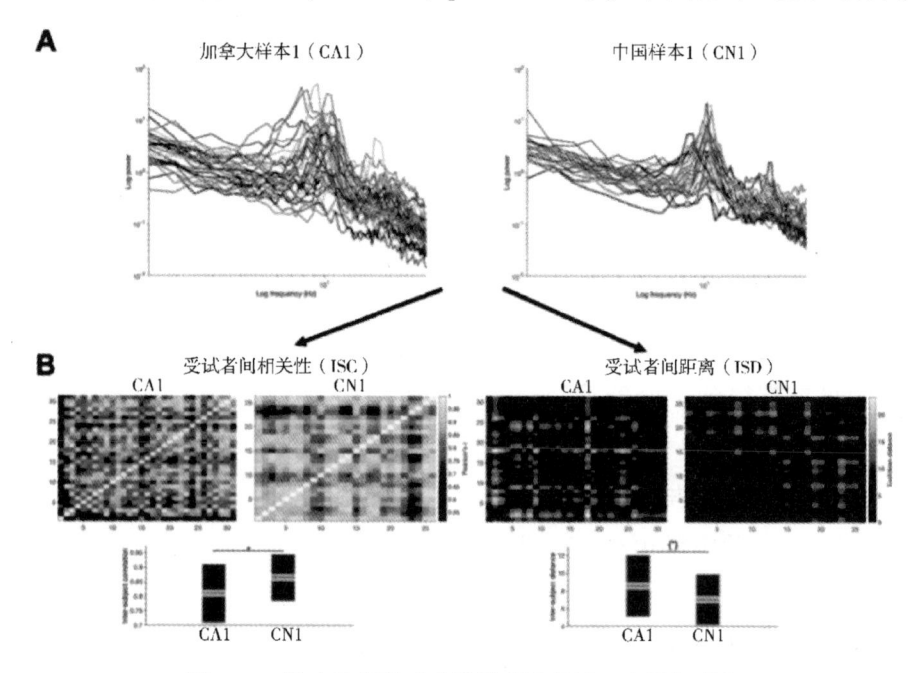

图4-1 脑电宽频段功率谱的受试者间一致程度对比

注：主要脑电样本（加拿大样本CA1与中国样本CN1）。A：每组样本log变换后的功率谱图，每条线代表一个受试者。B的上半部分：每组样本的ISC矩阵（左）和ISD矩阵（右）。ISC矩阵颜色越浅代表受试者间相关性越高（一致程度越高），越深代表受试者间相关性越低；ISD矩阵颜色越深代表受试者间距离越小（一致程度越高），越浅代表受试者间距离越远。B的下半部分：每组样本的ISC（左）和ISD（右）的分布箱型图。星号代表组间差异的显著程度：（*）= $p < 0.1$，* = $p < 0.05$。（详见Jiawei Xu, Soren Wainio-Theberge, Annemarie Wolff, et al., "Culture shapes spontaneous brain dynamics—Shared versus idiosyncratic neural features among Chinese versus Canadian subjects" 中的图2。此处省略了脑电地形图的结果。）

距离对比加拿大样本的受试者间距离更小。这些结果都表明中国受试者彼此之间在宽频段功率谱上更相一致。

另外,我们还计算了每个受试者的脑电功率谱的子特征,包括不同频段的功率谱和 α/alpha 峰值频率;然后比较两个主要脑电样本(CA1 和 CN1)在这些子特征上的相对变异性(CV)差异(结果见图 4-2)。我们观察到,在 θ/theta 频段的功率谱上,两个脑电样本的相关变异性存在显著差异($z = -1.87$,$p = 0.0462$),而在其他频

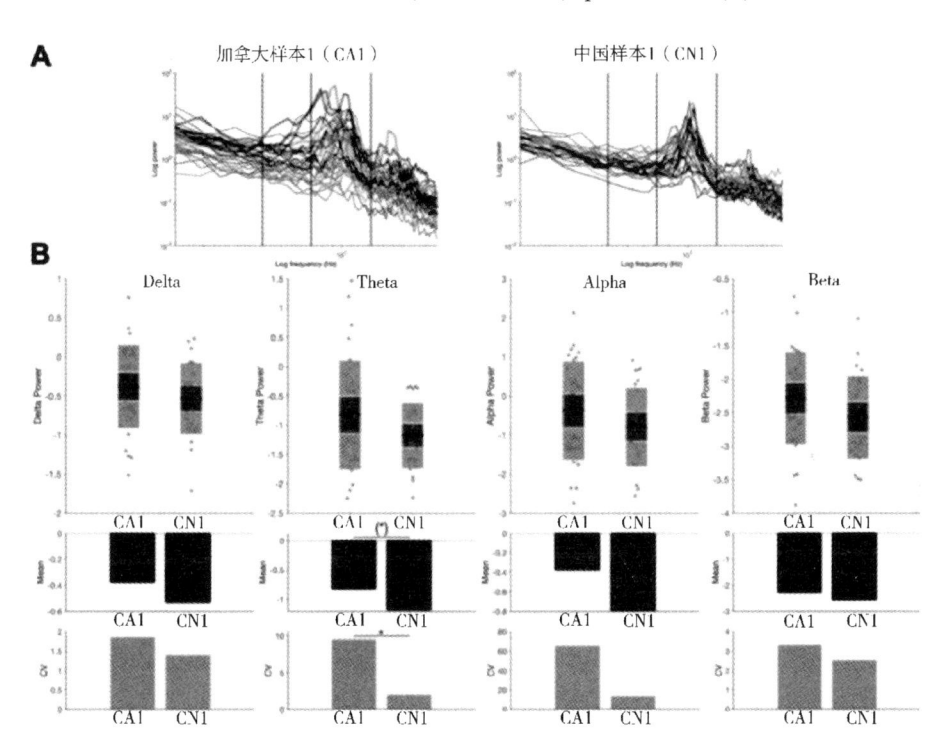

图 4-2 各频段功率谱的受试者间变异性对比

注:主要脑电样本(加拿大样本 CA1 与中国样本 CN1)。A:两组样本的功率谱密度图,黑色竖线代表各频段的边界。B 的最上方:两组样本 log 变换后的 delta、theta、alpha 和 beta 频段功率的分布箱型图。B 的中间:各频段功率的平均数的条形图。B 的最下方:各频段功率的 CV(变异系数)的条形图。星号代表组间显著差异:(*)= $p < 0.1$,* = $p < 0.05$。(详见 Jiawei Xu, Soren Wainio-Theberge, Annemarie Wolff, et al.,"Culture shapes spontaneous brain dynamics—Shared versus idiosyncratic neural features among Chinese versus Canadian subjects" 中的图 3。此处同样省略了脑电地形图的结果。)

段的功率谱上没有显著差异；另外，它们在平均功率上也不存在显著差异。关于 θ 频段的功率谱，中国样本的相对变异性显著低于加拿大样本的相对变异性（其他频段的结果虽然不显著，但也表现出相同的样式）。这表明中国样本在 θ 频段功率上的受试者间一致程度显著高于加拿大样本。

接着，我们比较了两个主要脑电样本在脑电功率谱另一个子特征即 α 峰值频率上的相对变异性（CV）差异（结果见图 4-3）。结果显示，中国样本在 α 峰值频率上的相对变异性显著低于加拿大样本（$\chi2(1) = 4.06, p = 0.0438$），但两个样本的平均 α 峰值频率没有显著差异。这表明中国受试者间比加拿大受试者间在 α 峰值频率上也具有更高的一致性。

为了确保结果稳健和可重复，我们用相同的方法对两个独立样本（CA2 和 CN2）的脑电数据进行了比较。关于宽频段功率谱，中国样本 CN2 的受试者间距离（ISD）显著小于加拿大样本 CA2（$p = 0.0965$），但二者的受试者间相关性（ISC）没有显著差异（$p = 0.846$）；关于不同频段功率谱的 CV，δ/delta 频段上 CN2 显著低于 CA2（$p = 0.0486$），而在 θ/theta 频段上 CN2 边缘显著低于 CA2（$p = 0.0662$），另外两个频段没有显著差异；关于 α 峰值频率的 CV，CN2 显著低于 CA2（$p = 0.0221$）。在重复样本 CA2 与 CN2 对比中的发现重复了在 CA1 与 CN1 对比中的发现，中国受试者间在低频率频段功率谱和 α 峰值频率上比加拿大受试者间具有更高的一致性。其他交叉对比（CA1 与 CN2，CA2 与 CN1）也得到了类似发现。然而，在同文化的组间对比（CA1 与 CA2、CN1 与 CN2）中，所有指标都没有发现显著差异。[①] 这表明，这里观察到的受试者间神经元一致程度组间差异很可能是一种文化差异。

---

① 关于重复实验的结果，详见 Jiawei Xu, Soren Wainio-Theberge, Annemarie Wolff, et al. , "Culture shapes spontaneous brain dynamics—Shared versus idiosyncratic neural features among Chinese versus Canadian subjects" 的补充材料。

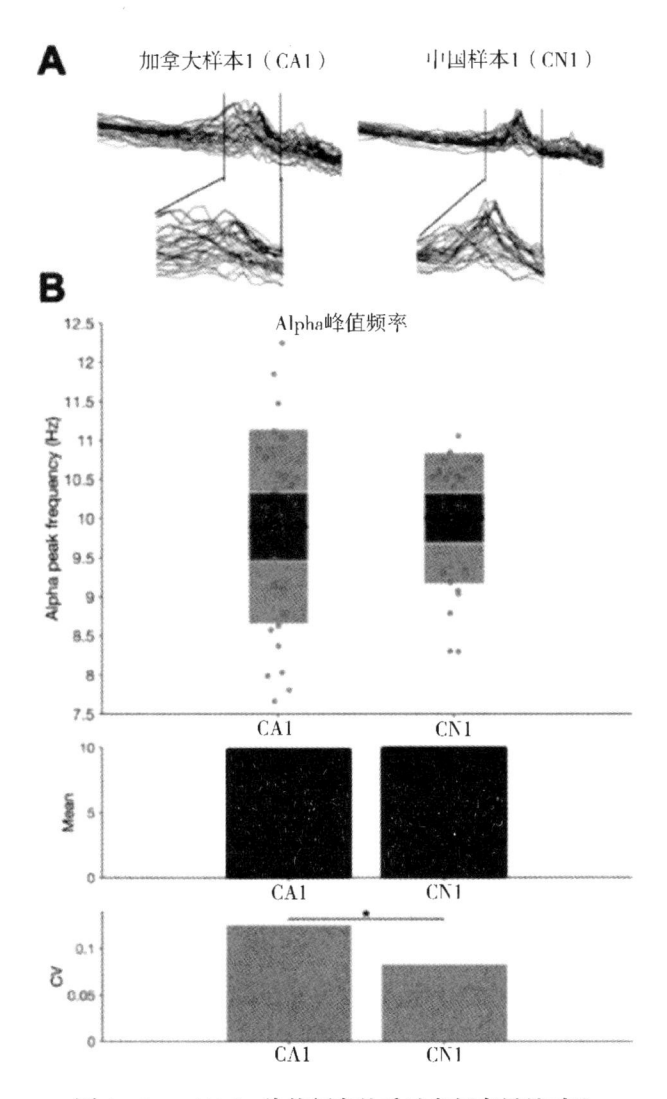

图 4-3 α/Alpha 峰值频率的受试者间变异性对比

注:主要脑电样本(CA1 与 CN1)。A:两个样本的功率谱,放大的是 alpha 频段(α 波)。B 的最上方:每组样本的 alpha 峰值频率的分布箱型图。B 的中间与最下方:每组样本 alpha 峰值频率的平均数和 CV 值条形图。星号代表组间显著差异:(*) = $p < 0.1$,* = $p < 0.05$。(详见 Jiawei Xu,Soren Wainio-Theberge,Annemarie Wolff,et al.,"Culture shapes spontaneous brain dynamics—Shared versus idiosyncratic neural features among Chinese versus Canadian subjects" 中的图 4。此处同样省略了脑电地形图的结果。)

2. 自我意识量表研究结果

通过对两组加拿大受试者样本（CA1、CA3）与两组中国受试者样本（CN1、CN3）的自我意识量表数据进行交叉对比[①]，我们发现，中国受试者彼此之间比加拿大受试者彼此之间在对自我意识量表的回答上具有更高的一致性，这与我们的实验假设相一致，并且与神经元水平上的文化差异发现保持一致。

我们首先计算了每组样本中每两个受试者之间在对自我意识量表的 22 个条目的回答上的受试者间距离（ISD），从而得出每组样本的 ISD 矩阵图（见图 4-4A）；然后对不同样本的 ISD 矩阵进行比较。置换检验（10000 次置换）结果显示，两组加拿大样本（CA1、CA3）与两组中国样本（CN1、CN3）的 ISD 之间存在显著差异（$p<0.001$）。事后两两比较显示，主要中国样本（CN1）的 ISD 高度显著地低于两组加拿大样本（CA1 和 CA3：$p<0.001$，Bonferroni-Holm 校正）。该结果在另一组中国样本（CN3）中得到重复：CN3 的 ISD 也高度显著低于 CA1 和 CA3（$p<0.001$，Bonferroni-Holm 校正）。以上结果共同揭示，中国受试者之间比加拿大受试者之间在对自我意识量表的 22 个条目的回答上具有更高的一致性。

我们还比较了两组中国样本和两组加拿大样本在自我意识量表各个子量表的评分上的受试者间相对变异性差异（见图 4-4B）。渐进检验结果显示，CA1、CA3 与 CN1、CN3 在自我意识量表的子量表评分的相对变异性上存在显著差异（私人自我意识：$p<0.001$；公共自我意识：$p<0.001$；社会焦虑：$p<0.001$）。在事后两两检验中我们发现，在私人自我意识维度上，CA1 与 CN1（$p=0.001$），CA3 与 CN1（$p<0.001$），CA3 与 CN3（$p=0.020$）存在显著差异；在公共自我意识维度上，CA1 与 CN1（$p<0.001$），CA1 与 CN3（$p=0.010$），CA3 与 CN1（$p<0.001$），CA3 与 CN3（$p=0.017$）

[①] 我们在期刊论文中只报告了两个主要样本 CA1 与 CN1 之间的比较结果，本书将重复实验和交叉比较的结果一并呈现，它们的结果是相一致的。

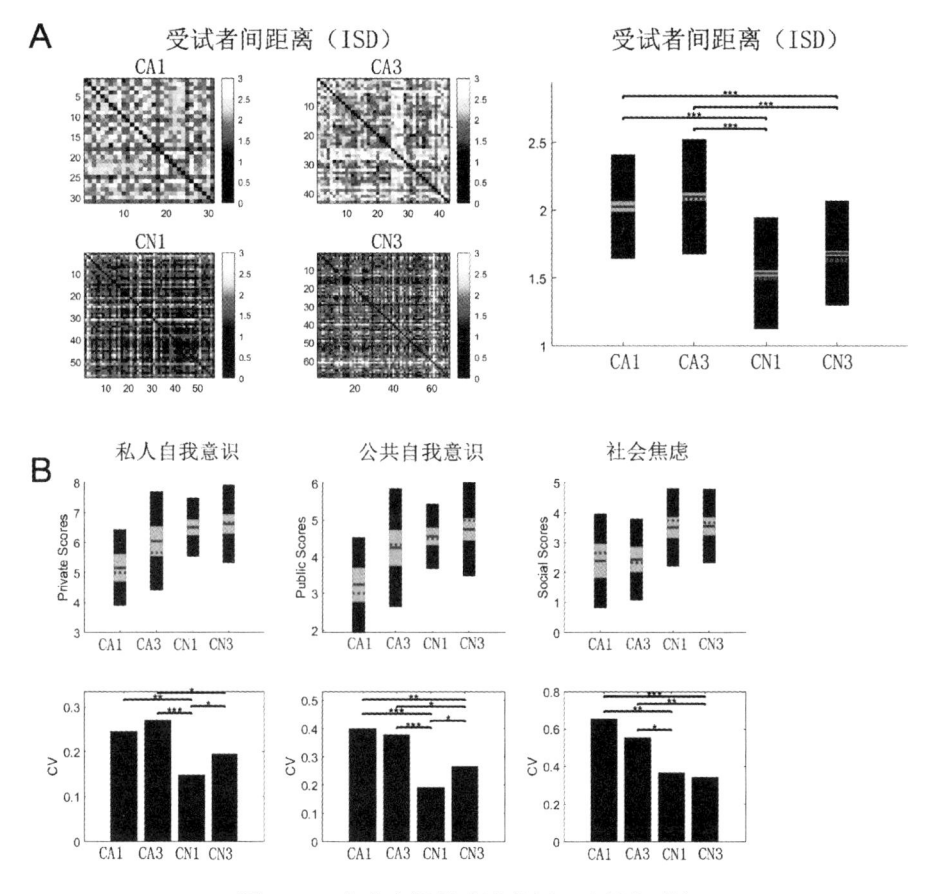

图 4-4 自我意识的受试者间一致程度对比

注：加拿大样本（CA1、CA3）与中国样本（CN1、CN3）。A 的左边：每个样本的 ISD 矩阵图。颜色越深代表 ISD 越小，即一致程度越高；颜色越浅代表 ISD 越大，即一致程度越低。A 的右边：每个样本的 ISD 分布箱型图。星号（*）代表两两比较中的中位数显著差异。B 的第一行：每个样本的标准化子量表评分（私人自我意识，公共自我意识，社会焦虑子量表评分）的分布箱型图。B 的第二行：样本间在子量表评分上的 CV 值对比。星号代表两两比较中的显著差异。 $* = p < 0.05$，$** = p < 0.01$，$*** = p < 0.001$。

存在显著差异；在社会焦虑维度上，CA1 与 CN1（$p = 0.001$），CA1 与 CN3（$p < 0.001$），CA3 与 CN1（$p = 0.014$），CA3 与 CN3（$p = 0.002$）存在显著差异。概括来说，两组中国受试者样本的相对变异

性在各个自我意识子维度上显著低于两组加拿大受试者样本。①

此外,通过分析两个主要样本的静息状态脑电功率谱的受试者间相关性矩阵图与对自我意识量表的回答的受试者间距离矩阵图之间的相关性,我们发现,在脑电功率谱上相似的受试者在对自我意识量表的回答上也显著更相似(CA1 与 CN1 组合起来:$r = -0.246$,$p = 0.0002$),尤其是在中国受试者样本(CN1)当中(CN1:$r = -0.302$,$p = 0.0202$;CA1:$r = -0.0683$,$p = 0.397$)。② 这表明受试者对自我意识的看法(自我报告的人格特征)的相似性与受试者间的神经元相似性是相互关联的。

3. 结果讨论

通过比较来自不同文化的样本,我们发现,与加拿大受试者相比,中国受试者彼此之间在静息状态脑电时间动力学特征和对自我意识量表的回答(人格特征)上都具有更高的一致性,也就是说,中国受试者在大脑自发活动的时间特征和人格特征上更对准于来自同一文化群体的他者。换言之,大部分中国受试者的自我锚定于大脑—环境对准连续统中间偏右的位置,而大部分西方受试者的自我锚定于中间偏左的位置。

首先,研究结果表明,文化对自我的塑造不仅体现在个体态度、认知倾向和刺激诱发活动的差异上,还反映在自我—他人/脑—脑一致程度或者说大脑—社会环境对准程度上。将这一研究的发现与过去关于中国受试者比加拿大受试者显示出更强的互依性的研究发现

---

① 实际上,我们还运用了两个意大利样本(自我意识量表数据集)进行交叉比较,中国样本和意大利样本的对比结果与中国样本和加拿大样本的对比结果相一致:在对 SCS 的 22 个条目的回答上,意大利样本的 ISD 显著大于中国样本;在 SCS 子量表评分上,意大利样本的相对变异性也显著较高。如需了解详细结果,请与本书作者联系。

② 详见 Jiawei Xu, Soren Wainio-Theberge, Annemarie Wolff, et al., "Culture shapes spontaneous brain dynamics—Shared versus idiosyncratic neural features among Chinese versus Canadian subjects" 的图 5。

相结合①，我们可以推断较强的互依自我构念（或较弱的独立自我构念）可能与较高的自我—他人/脑—脑一致程度相关。这与我们根据双层关系自我模型做出的预测一致，从而为双层关系模型提供了初步的证明——经验自我变体与大脑/自我—环境对准程度相关。

其次，中国受试者间在静息状态脑电的时间特征上具有较高的一致性，而静息状态活动的记录不涉及任何实验刺激和认知任务，受试者之间也相互不认识，这表明大脑自发活动尤其它的低频波动与社会环境（大脑之间）在前认知阶段已经相互联结。这与之前有关大脑—环境时空对准的发现——大脑自发活动的低频波动的时空特征耦合于物理环境（背景音）以及社会环境（一起演奏的其他吉他手的大脑）的时空特征②——相融贯。我们研究的发现与之前的相关发现，再结合有关"静息—自我重叠"的发现，共同暗示了自我在基础上就是关系的自我，是大脑—环境前认知对准关系。

本研究的发现可以为与自我文化变体相关的发现提供新的诠释。前文提到，有研究发现，在自我判断与母亲判断的比较中，中国受试者显示出自我—母亲神经重叠，而西方受试者显示出自我—母亲神经分离。③ 过去，这一现象通常被解释为文化（自我构念）对任务诱发活动的调节。然而，基于本研究的发现，它可以被诠释为文化对大脑自发活动及其与环境的联系的调节：中国文化使大脑自发

---

① 参见 Han Z. Li, "Culture, gender and self-close-other(s) connectedness in Canadian and Chinese samples", *European Journal of Social Psychology*, Vol. 32, No. 1, 2002, pp. 93 – 104; Han Z. Li, Zhi Zhang, Gira Bhatt and Young-Ok Yum, "Rethinking culture and self-construal: China as a middle land", *The Journal of Social Psychology*, Vol. 146, No. 5, 2006, pp. 591 – 610。

② 参见 Charles E. Schroeder and Peter Lakatos, "Low-frequency neuronal oscillations as instruments of sensory selection", pp. 9 – 18; Ulman Lindenberger, Shu-Chen Li, Walter Gruber and Viktor Müller, "Brains swinging in concert: Cortical phase synchronization while playing guitar"。

③ 参见 Ying Zhu, Li Zhang, Jin Fan and Shihui Han, "Neural basis of cultural influence on self-representation", pp. 1310 – 1316。

活动更多地将自身对准于他人（其他大脑），使大脑间共享更多的相似性，因此在刺激发生时或社会认知任务中大脑无须额外消耗大量能量去捕捉和加工来自他人的信息，从而表现为静息—自我—他人神经重叠。

不过，目前的研究仍然非常初步。本研究的发现还无法对以下情况进行判决：自我文化变体以及相关认知偏好促使人们更多或更少地对准于他人和环境；抑或，文化调节自我—他人/大脑—环境对准程度，从而导致人们将自身定义、知觉或处理为不同的东西，如与环境的对准程度较低导致人们把自身看作独立的、有界的自我；抑或，它们是相互作用的。简言之，研究结果还无法明确告诉我们自我文化变体和大脑—环境对准程度差异之间何者更为优先。不过，它至少显示双层关系自我模型具有指导实证研究的价值——双层关系自我模型让我们关注到长期被忽视的底层关系自我（前认知的大脑—环境关系），使我们发现了大脑—环境对准程度的跨文化差异。同时，它让我们对文化与自我之间的交互关系有了崭新的认识。

另外，本研究在方法上还存在一些不足：（1）需要在更多的文化群体中进行重复实验；（2）没有直接测量自我构念量表得分与大脑—环境对准程度的相关关系，只是根据过去的研究发现把加拿大受试者看作独立自我的代表，把中国受试者看作互依自我的代表；（3）神经元特征相似性与人格特征相似性之间的相关关系只用了一种量表（自我意识量表）来调查，还需用其他人格特征量表以及非人格特征量表来进一步检验；（4）尽管采取了一些控制手段（如排除加拿大样本中的亚裔受试者），但仍难以完全排除文化多样性、人口组成复杂度、基因同质性等因素对受试者间一致程度的影响。

针对以上不足，未来的研究将进行更多的重复实验，并尽量保证所使用的量表版本、仪器等相一致，以进一步确定我们发现的差异是文化方面的差异。未来的研究还将更直接考察受试者对自我构念的态度与受试者间脑—脑一致程度之间的关联，以进一步确定自我文化变体是否能够大致转化为大脑—环境对准程度的文化差异。

由于外显自我构念量表的有效性颇受质疑①，而对自我构念的内隐测量更具系统性和稳定性②，所以未来研究会更关注受试者对自我构念的内隐态度与受试者间一致程度的关系。另外，未来的研究还将从更多方面考察大脑—环境对准程度的文化差异，如测量大脑自发活动与背景音的耦合程度的文化差异。虽然东方受试者间较高的脑—脑一致程度可能是多种因素（文化、人口组成、基因同质性等）共同作用导致的，但这不影响本研究的关注焦点——受试者间一致/对准程度较高的文化群体更可能将自我定义为一种互依自我，不同的自我文化变体是在不同程度的大脑—环境前认知对准基础上构建的。

第三节 实证研究的哲学意蕴和启示

关于受试者间脑—脑一致程度的研究以及通过研究观察到的文化差异给我们带来了以下哲学意蕴和启示。

（1）人的大脑自发活动在前认知阶段已在一定程度上（或多或少地）与他人和环境保持一致，即在一定程度上对准于他人和环境。这一研究发现可以作为新的证据支持关系自我论证。

（2）社会文化环境可以调节大脑—环境前认知对准程度，从而建构出不同的经验自我变体和自我概念。

（3）自我变体的区分可能与大脑—环境前认知对准程度差异有关——更互依的自我可能与较高的大脑—环境对准程度有关，更独

---

① 参见 Timothy R. Levine, Mary Jiang Bresnahan, Hee Sun Park, et al., "Self-construal scales lack validity", *Human Communication Research*, Vol. 29, No. 2, 2003, pp. 210-252。

② 参见 Jiyoung Park, Yukiko Uchida and Shinobu Kitayama, "Cultural variation in implicit independence: An extension of Kitayama et al. (2009)", pp. 269-278。

立的自我则可能与较低的对准程度有关。

（4）人不仅像加莱塞所说的无意识地模仿他人的行动，还无意识地"模仿"他人大脑自发活动的时空结构。

（5）自我—他人前认知对准（无意识"模仿"）可能是社会认知的前提，也就是说，自我—他人认知关系不是以区分于环境的独立自我而是以自我—他人前认知关系为基础的——自我—他人前认知对准使自我与他人具有一定程度的心理和神经相似性，这种相似使通过相同或相似方式处理自我和他人信息成为可能，因而使自我与他人的相互理解成为可能。近几年，许多研究发现，在刺激或任务条件下的脑—脑同步（受试者间的神经相似性）与人格相似性、对叙事的共同理解、对演奏的共同喜好、友谊和社会合作等密切相关。① 有学者提出，我们大脑（DMN中）的自发活动可能在社会交互中持续相互塑造以求达到相互对准，从而使社会交流与共同理解成为可能。② 我们的跨文化发现支持了这种观点：在更强调社会协作

---

① 参见 Wei Liu, Nils Kohn and Guillén Fernández, "Intersubject similarity of personality is associated with intersubject similarity of brain connectivity patterns", *NeuroImage*, Vol. 186, 2019, pp. 56–69; Sandra C. Matz, Ryan Hyon, Elisa C. Baek, Carolyn Parkinson and Moran Cerf, "Personality similarity predicts synchronous neural responses in fMRI and EEG data", *Scientific Reports*, Vol. 12, No. 1, 2022, 14325; Mai Nguyen, Tamara Vanderwal and Uri Hasson, "Shared understanding of narratives is correlated with shared neural responses", *NeuroImage*, Vol. 184, 2019, pp. 161–170; Yingying Hou, Bei Song, Yinying Hu, Yafeng Pan and Yi Hu, "The averaged inter-brain coherence between the audience and a violinist predicts the popularity of violin performance", *NeuroImage*, Vol. 211, 2020, 116655; Carolyn Parkinson, Adam M. Kleinbaum and Thalia Wheatley, "Similar neural responses predict friendship", *Nature Communications*, Vol. 9, No. 1, 2018, 332; Diego A. Reinero, Suzanne Dikker and Jay J. Van Bavel, "Inter-brain synchrony in teams predicts collective performance", *Social Cognitive and Affective Neuroscience*, Vol. 16, No. 1–2, 2020, pp. 43–57。

② 参见 Yaara Yeshurun, Mai Nguyen and Uri Hasson, "The default mode network: Where the idiosyncratic self meets the shared social world", *Nature Reviews Neuroscience*, Vol. 22, No. 3, 2021, pp. 181–192。

与社会联系的文化群体中,我们观察到了更高的脑—脑对准程度。这进一步表明,前认知的大脑—社会环境关系很可能是认知的大脑—社会环境关系的必要基础。

(6) 中国人之间较高的对准程度可能是中国大规模社会合作得以形成的原因之一。

第五章

双层关系自我模型的理论应用

第一节 关于自我同一性的诘难

自我关系实在论最有可能面临的一个反驳就是它将使得基础自我不再具有同一性。各种自我同一现象——例如，上周在广州的"我"与这周在厦门的"我"，尽管处于不同的时空位置，但仍然保持同一——在新的理论框架下可能无法依赖基础自我的同一性而得到解释。反驳者可能会因此指出自我关系实在论只能解释自我的多样性，而在解释自我的同一性上有所缺陷。

诚然，基于自我关系实在论与双层关系自我模型，基础自我不再具有严格意义上的同一性，基础自我不能通过原初地区分于非我而得到个体化，而这本身正是自我关系实在论的核心观点。然而，这并不意味着自我同一现象无法得到解释。

基于双层关系自我模型，我们的自我同一性/连续性应被理解为在底层关系自我基础上的派生属性，由底层关系自我的特征所规定。前文（本书第二章第二节）已提到，有研究指出，自我意识的时间特征很可能与大脑静息状态活动的时间特征（时间嵌套、时间连续性、时间整合）密切相关；而有研究证明，大脑静息状态不同频段波动之间越是相互嵌套（以幂律指数为指标），历时的静息状态活动越是相互关联（以自相关窗口为指标），受试者的自我连续性越强。① 同时，一系列研究表明，时空嵌套和整合不局限于大脑之内，不局限于大脑高低频波动之间，大脑自发活动还对准和嵌套于更低频的其他身体器官活动以及环境之中（详见本书第二章第二节）。由此可以推断，在适度范围内，大脑自发活动越是在时空结构上对准于身体和环境，即越是整合于较大的时空尺度，经验自我表现出的连续性越强。相反，当大脑自发活动不再对准于身体和环境的时空结构时，经验自我可能表现为不连续甚至离散的，就像在精神分裂症或睡眠状态下那样。换句话说，自我在多大时空范围内保持连续同一，是由大脑高低频波动之间以及大脑与身体、环境之间在多大程度上对准决定的。

有人可能会反驳说，按照自我关系实在论，当一个学生从中国前往英国留学，他不再对准于同一环境时，他将表现出与之前不连续、不同一的经验自我，然而这是荒谬的，因此自我关系实在论对自我同一现象的解释是不恰当的。首先，留学生的大脑自发活动仍然对准于其相对持续稳定的身体活动。另外，需要注意的是，诺瑟夫强调的时空对准主要指的是时空结构而非内容上的对准。尽管不同社会在政治经济、历史文化、语言等方面存在差异，但自然环境、社会环境的结构甚至内容相似仍然是普遍的，正是这些相似，使得移民、留学生甚至短期停留的游客能够顺利在其他国家和地区旅行、生活、学习和工作，而不至于对自然和社会环境中发生的事情完全失去预判从而寸步难行。大脑活动、身体活动的稳定性以及环境结构的相似性，使基于大脑—身体/环境对准关系生成的经验自我在一

---

① 参见 Annemarie Wolff, Daniel A. Di Giovanni, Javier Gómez-Pilar, et al., "The temporal signature of self: Temporal measures of resting-state EEG predict self-consciousness", pp. 789 – 803; Ivar R. Kolvoort, Soren Wainio-Theberge, Annemarie Wolff and Georg Northoff, "Temporal integration as 'common currency' of brain and self-scale-free activity in resting-state EEG correlates with temporal delay effects on self-relatedness", pp. 4355 – 4374。

定程度上保持连续。不过，当环境发生较大变化时，经验自我的连续程度确实有所下降，比如，感觉自己不再是过去内向的自己，但连续程度的下降并不代表连续性/同一性的彻底丧失。只有在脑死亡、长期昏迷等情况下，大脑不可能再对准于身体和环境时，经验自我才会彻底丧失其连续性/同一性。

自我的同一性问题除了与自我的连续感的生成有关，还与自我的概念化有关。前文（本书第二章第三节）论述过，由于不同学科关心不同水平、不同方面的自我现象，它们的理论内聚于不同的理论目的，因而将单一自我概念分化为多种不同的自我概念，这些自我概念界定了不同的自我边界，也就是界定了不同的自我同一性标准。过去学者们提出的以意识/记忆、身体、大脑、第一人称视角等为自我的同一性标准，都在一定解释范围内具有适当性。然而，不容忽视的是，正是底层关系自我使得各种自我同一性标准得以同时存在。

有人还可能质疑，如果基础自我缺乏同一性，那么不同基础自我的区分将是不可能的，这是我们无法接受的理论后果。尽管自我关系实在论主张基础自我是关系存在而非个体存在，自我不能原初地、明确地区分于非我，但这不意味着基础自我之间没有模糊的、可塑的区分。首先，本书所说的基础自我不是贝尼所论证的抽象数学结构，而是具体关系，哪怕彼此间（大体）同构，仍然可以是不同的关系。更重要的是，基因、过往经历[①]以及与所处环境的持续对准和交互持续塑造和规定着我们大脑自发活动的时空特征，使我们的大脑自发活动之间体现出一定的差异性，基于具有差异的大脑自发活动，又可以持续建立起具有差异的大脑—环境关系即不同的基础自我。假设蝙蝠也拥有自我，由于蝙蝠的大脑及其与环境的对准

---

① 诺瑟夫在其书中提到，大脑与童年经历的关系可能导致大脑自发活动时空结构的熵有所不同，从而使大脑得以在经验上个体化。（参见 Georg Northoff, *The Spontaneous Brain: From the Mind-Body to the World-Brain Problem*, p. 257）

和交互方式明显不同于人类，那么人类与蝙蝠的基础自我之间的差距将远大于人类与人类的基础自我之间的差距。

此外，有人还可能反驳说基础自我缺乏严格的同一性可能导致道德责任归属成为问题。本章第三节将具体解答这一问题。

总的来说，自我关系实在论不会使自我同一现象得不到解释，也不会导致基础自我不能在一定程度上相互区分，而只是为自我同一现象和基础自我之间的区分提供了不同的理论解释。

第二节 基于关系自我的表征与知识

科学建模是当代科学中最重要的科学实践之一，科学家大部分时间都在与科学模型打交道。近数十年来，科学建模、科学模型成了科学哲学领域的重要研究课题。哲学家针对模型是什么、模型如何表征世界、如何通过模型获得关于世界的知识、不同模型之间存在怎样的关系等问题开展了广泛的讨论。其中，科学模型的语义学问题，即科学表征问题——科学模型如何能表征世界中特定的现象和系统——是最受重视的问题。因为解决科学表征问题通常被认为是解决其他相关问题的关键。

哲学家对科学表征问题做出了许多不同的回答。

语义观的支持者认为：（1）科学模型表征世界，即科学模型是关于世界的；（2）模型与世界之间的表征关系依赖它们之间客观的、实质的关系，或者说，模型与世界之间的客观关系为它们提供了语义相关性。具体来说，科学模型和它们的目标系统在与问题相关的方面同构、同态或相似，换句话说，模型与它们的目标系统（或目标系统的数据模型）拥有相同或相似的形式或非形式特征。针对这类观点，毛里西奥·苏阿雷斯（Mauricio Suárez）指出，模型和世界之间特定类型的客观关系（如相似、同构）对科学表征而言既非充分也非必要，而且一旦将科学表征还原为模型与世界之间的特定客观关系，科学表征就会失去其最基础、最重要的特征——表征的方向性（模型表征世界而世界不表征模型）。① 同时，语义观没有为错误表征（如 J. J. 汤姆逊的原子结构的梅子布丁模型）、虚构表征（如单摆模型）留有余地。在原子结构问题上，汤姆逊的梅子布丁模型呈现的原子结构与真实的原子结构（目前已知的原子结构）并不同构，前者没有原子核，而后者有原子核，前者的电子是随机分布的，而后者的电子是分层的；梅子布丁模型与真实的原子的相似程度甚至不如与真实的梅子布丁的相似程度高，但它始终表征原子而非梅子布丁。在卢瑟福通过金箔实验发现原子核前，梅子布丁模型一直被认为是好的原子结构模型；哪怕时至今日，我们也不会否认梅子布丁模型表征原子，只是它不再是关于原子结构的好的科学表征。

针对语义观的种种问题，有的学者提倡把科学表征诠释为语用关系（科学家—模型—世界关系）而非语义关系（模型—世界关系），将科学家的意图和想象等看作科学表征得以可能的关键，这种观点被称为"语用观"。前面提到的苏阿雷斯就是语用观的倡导者之一，他认为科学表征是科学家用模型作出关于目标系统的替代推理，② 他的观点被称为"推理观"。另外，一种观点认为科学表征是科学模型像假装游戏中的道具那样与生成规则一起指定我们关于世界特定部分的想象。③ 这种观点被称为"科学虚构观"。当根据由特定模型指定的想象能做出一系列关于目标系统的有效推理和准确预测时，该模型就可以被视为具有准确性和实在性，是关于目标系统

---

① 参见 Mauricio Suárez, "Scientific representation: Against similarity and isomorphism", *International Studies in the Philosophy of Science*, Vol. 17, No. 3, 2003, pp. 225 – 244。

② 参见 Mauricio Suárez, "An inferential conception of scientific representation", *Philosophy of Science*, Vol. 71, No. 5, 2004, pp. 767 – 779。

③ 参见 Adam Toon, "Models as make-believe", in Roman Frigg, and Matthew Hunter, eds., *Beyond Mimesis and Convention: Representation in Art and Science*, Dordrecht, Heidelberg: Springer, 2010, pp. 82 – 84。

的好的表征。① 与语义观相比，语用观（推理观、科学虚构观等）没有忽视从模型到世界的指向性，也没有过多地承诺对科学表征不必要的元素（同构、相似），同时能够包容虚构表征、错误表征，且能用实用标准（做出成功的预测）解释科学表征的认识论规范性。

语用关系对科学表征固然是必要的，但是语用关系是不充分的。过去，每家每户都有电话，孩子在进行佯装游戏时会拿着香蕉放到耳边假装打电话，这时香蕉表征电话。但孩子通常不会拿苹果假装打电话，这是因为孩子有意识或无意识地根据过去观察到的关于电话的特征或结构来挑选电话的表征物。当我们看到有人把香蕉拿到耳边时，我们很容易想象到他在打电话；但当我们看到有人把苹果拿到耳边时，我们一般不会想象他在打电话，因为我们的想象也是与过去的经验密切相关的。这说明除了语用因素（想用某个道具代替电话），来自目标系统本身的信息（电话的形状）在模型中的整合对科学表征来说也是关键的。来自模型创造者和使用者的信息（兴趣、意图、想象、猜测）与来自目标系统的信息及它们之间的有机整合对科学表征来说缺一不可。只强调其中一个方面而忽视另一个方面的科学表征理论都不是令人满意的科学表征理论。

修正的语义观和部分语用观曾试图结合语用关系和语义关系来理解科学表征，如科学哲学家罗纳德·吉尔（Ronald Giere）。吉尔曾指出科学表征是"科学家为了特定目的用模型去表征世界的某些方面"且"模型与世界某些方面的相似性被用于表征"。② 但吉尔的修正也只是将二者简单地叠加，而没有阐明它们之间的联系。

语用观和修正的语义观存在两个明显的缺陷。第一，在科学实践中，科学模型的构建和使用不总是伴随着明确意图，尤其是对数据模型或现象模型的构建和使用。例如，神经科学家偶然形成一个

---

① 参见 Adam Toon, "Models as make-believe", p. 87。
② Ronald N. Giere, "How models are used to represent reality", *Philosophy of Science*, Vol. 71, No. 5, 2004, pp. 742, 747.

模糊的想法，打算考察意识水平和静息状态活动之间的关系，于是采集了处于不同意识状态（清醒、植物状态、微意识）受试者的静息状态 EEG 数据，然后对之进行预处理，再对预处理后的数据进行傅里叶变换，最后将傅里叶变换后的数据可视化，从而得到每位受试者脑电数据的功率谱图。这些功率谱图本身就是数据模型，它们的特征表征受试者静息状态活动的时间特征。在同一个坐标系或同一张图中呈现不同意识状态受试者的功率谱图，则构成了关于意识状态相关神经特征的数据模型。在最初使用该数据模型进行研究时，科学家并没有明确用功率谱的哪些特征来表征意识水平的意图。只是在反复观察、计算和比较不同受试者的功率谱后，他们发现了 α/alpha 频段的波峰可能与意识水平高低相关：清醒状态下 α 频段（8—12Hz）通常有一个明显的波峰，而植物状态和微意识状态下没有或不明显。[①] 可见，在科学发现过程中，科学家的意图常常是在使用模型进行表征和研究过程中、基于不同阶段的发现才逐步明晰的。

第二，存在若干没有清晰意图的科学表征的使用场合，如科普。比如，在面对 Lotka-Volterra 方程（狩猎者—猎物模型）时，缺乏科学训练的大众只知道它表征狩猎者和猎物关系，而不具有其他任何清晰明确的意图。在很多时候，大众用该模型表征真实的狐狸和兔子的关系，给模型打上浪漫主义的色彩，而不知科学家用它表征一种抽象的、理想化的狩猎者—猎物关系。

用意图来理解科学表征，为模型与目标对象建立相关性和提供指向性，是一种理智主义的思路。然而，在实践中，科学模型的构建和使用不总是高度理智的，它常常是试探性的、意图模糊的甚至浪漫的。在缺乏明确意图或明确意图还无法建立的情况下，科学表征如何可能？是什么为模型与目标系统提供了相关性？是什么为科

---

① 参见 Nicholas D. Schiff, Tanya Nauvel, Jonathan D. Victor, "Large-scale brain dynamics in disorders of consciousness", *Current Opinion in Neurobiology*, Vol. 25, 2014, pp. 7–14。

学表征指派了语义？

传统观点可能认为，在缺乏明确意图时，表征是不可能的或无意义的。但正如上文所说，在科学发现过程中科学家常常缺乏明确意图地使用或操作科学表征，他们显然不是在进行一系列无意义的活动。

自我关系实在论（双层关系自我模型）可以为理解缺乏明确意图情况下的科学表征提供启发。根据自我关系实在论，自我在基础上是关系的自我，是大脑自发活动持续不断地将自身的时空特征对准于环境的时空特征的前认知对准关系。这意味着自我始终处于与世界的信息交互之中，来自世界的信息不断被整合于自我。前文已论述过，大脑与环境的时空对准是有方向的——大脑自发活动的时空特征对准于环境（环境调节大脑自发活动的时空特征）而非相反。

这样一种基础的、亚人水平的自我—环境关系能为缺乏明确意图时的科学表征提供相关性和指向性。在科学家将某个事物设立为研究对象之初，他还没有明确的意图，但他已经开始与研究对象进行持续不断的信息交互——科学家根据模糊的想法收集预实验数据，根据数据构建数据模型，通过数据模型获得发现，通过发现选择适当的统计学分析方法以构建其他更能体现这一发现的数据模型，再结合理论背景和从数据模型获得的发现提出明确的实验假设，进行正式实验，再根据实验结果构造新的数据模型，再设计重复实验来检验结果的稳定性……最后才有意图地使用更高级的表征模型来表征对象特定方面的特征。在这个过程中，科学家的自我与环境之间持续不断的信息交互为科学表征提供了最基础的相关性和指向性。换言之，缺乏明确意图下建立的科学表征不是无意义的。只有在自我—环境联系中断（大脑—环境的对准程度过高或过低）的情况下，即精神分裂症、昏迷等状态下，表征才可能是无意义的、不关于或不指向世界的。

科学表征（尤其是自下而上构建的科学表征）不是一种静态结构，而是一种以自我—环境持续信息交互为基础的动态建构关系，在这种动态建构过程中，意图越来越清晰明确并不断得到强化。对科学表征来说，自我与环境之间的动态交互关系比模型与对象之间的语用关系和语义关系更优先和基础，它使得模型与对象之间的语用关系和语义关系得以有机统一。大脑—环境前认知对准与自我—环境持续交互作为基础确保了模型与对象的基本语义关系的同时，使获得关于对象的知识（特别是有关其结构化特征的知识）成为可能。

第三节　基于关系自我的道德责任归属

一　道德责任归属的一般条件及其认知诠释

道德责任归属问题，即谁应该为特定事件或行为承担道德责任，或者说，我们应当如何对特定事件或行为进行道德责任归属的问题，是道德哲学领域中的基本问题之一。[1]

早在古希腊时期，亚里士多德就讨论过道德责任归属的一般条件。他认为，如果一个人是出于自身意愿做出某行动的，那么他就应该为该行动及其后果负责；而一个行动只有满足以下两个条件，才能算作出于行动者自身意愿的行动：（1）"发动他的肢体去行动的那个始因（first principle）是在他自身之中的"[2]；（2）他清晰认识到自己做出该行动时的情境和可能带来的后果。[3]

依据亚里士多德的道德责任归属一般条件，我们可以成功确定一些行动者无须为行动负责的情况——出于无知做出的行动或出于

---

[1]　本节（本书第五章第三节）的部分内容已于本人的期刊论文中发表，详细请参见徐嘉玮、黄子瑶《从认知视角分析虚拟现实中的道德责任归属》，《自然辩证法通讯》2021年第6期。

[2]　[古希腊] 亚里士多德：《尼各马可伦理学》，廖申白译，商务印书馆2003年版，第59页。

[3]　参见 [古希腊] 亚里士多德《尼各马可伦理学》，廖申白译，第63—64页。

外因（如受他人强迫）做出的行动。但是，我们无法确定行动者需要承担道德责任的情况，因为亚里士多德所说的行动的始因是不存在的或无法确定的。始因的意思是最初的原因，它决定其他事物的发生但它本身不由任何其他事物所决定。经验世界中的一切事物都有其原因因而都不可能成为始因，只有亚里士多德所说的灵魂中的逻各斯及其做出的选择，①或康德所说的作为自在道德主体的人的意志等超越因果律的形而上学存在，才可能成为行动的始因。然而，它们的存在是独断的、得不到辩护的。既然始因是不存在的或无法确定的，那么我们不能诉诸它，不能根据它的所在之处进行道德责任归属。

在当代，古典相容论者将道德责任归属的一般条件修改为：如果一个人的行动是自由的，那么他需要为该行动负责。如果他的行动满足以下三个条件，那么他的行动就是自由的：（1）他的选择是他行动的原因，即如果他原本决定采取其他行动方式，那么他会那样做；（2）他的行动是出于自愿的，而非出于生理特性或疾病因素（如强迫症）；（3）他的行动不是被迫的（如受到生命威胁）。②古典相容论者不再诉诸始因进行道德责任归属，但以上三个有关自由行动的条件仍然包含了一些模糊且难以实际操作的概念，如"自愿""被迫"等。

20世纪下半叶兴起的认知科学为澄清这些概念以及进一步阐明道德责任归属的一般条件提供了可能。我们可以基于认知科学理论把古典相容论者提出的三个关于自由行动的条件诠释为下述这个条件：一个人的行动是自由的，当且仅当，这个行动是某个决策活动的后果，并且该决策活动的控制中心位于行动者的大脑之中。"控制中心"是其中最为核心的概念。认知科学家把人类心智比作计算机，把具有认知能力的生物有机体及其所处的环境看作一个由若干模块

---

① 参见［古希腊］亚里士多德《尼各马可伦理学》，廖申白译，第70页。
② 参见 A. J. Ayer, "Freedom and Necessity", pp. 278–282。

构成的表征计算系统。在不同的认知过程中，系统里不同的模块参与信息加工。对某次认知过程而言，系统里起决定作用的部分（模块、环节）就是该认知过程的控制中心。

传统认知科学认为，根据控制中心所在位置的不同可将认知系统划分为三类：（1）控制中心位于环境的、实现基本生理反应的反应表征系统；（2）控制中心位于身体的、实现身体技能的生成表征系统；（3）控制中心位于大脑之中、实现高级认知功能的符号表征系统。① 然而，根据新兴的延展认知理论，即便是信念、决策等高级认知能力也具有定位上的广泛性，它们的控制中心可能位于大脑之中，也可能转移至身体或环境之中。② 在患病、被迫等情况下，要么行动不是任何决策活动的后果，要么决策活动的控制中心位于行动者的大脑之外，因而它们不属于自由行动。

基于对自由行动的认知诠释，道德责任归属的一般条件将转变为：如果一个行动是某个决策活动的后果并且该决策活动的控制中心位于行动者的大脑之中，那么行动者需要为该行动负责。

二 关系自我与道德责任

再来谈谈道德责任归属对象（道德责任主体）——行动者。传统上，行动者一般指在世界中思维和行动的具身主体，即具身自我。无论对亚里士多德还是对艾耶尔等古典相容论者来说，必须预设这样的具身自我真实存在，道德责任归属才是可能的。只有作为思维和行动主体的具身自我真实存在，行动选择和行动才能作为"我"的选择和"我"的行动统一起来，行动选择才可能是行动的决定性因素，从而行动的道德责任归属才是可能的；如果具身自我不存在，

---

① 参见 Robert A. Wilson, *Boundaries of the Mind: The Individual in the Fragile Sciences—Cognition*, Cambridge, New York: Cambridge University Press, 2004, pp. 186–187。

② 参见 Robert A. Wilson, *Boundaries of the Mind: The Individual in the Fragile Sciences-Cognition*, p. 209。

那么行动选择与行动没有真实联系，它们最多只是偶然地、相继地发生，从而道德责任归属就是不可能的。如果像叙事观所主张的，自我只是大脑不断"叙述"的故事的虚构主角，那么道德责任归属就是不可能的或者无意义的，它最多只是虚构故事中的一环。

对道德责任归属条件的认知分析使得道德责任归属可以摆脱这种传统预设。道德责任归属不再需要预设能将行动选择与行动统一的零结构单一主体，只要能判断导致行动或事件发生的认知活动的控制中心所在位置即可，行动的实施者和导致行动发生的认知活动的控制中心之所在可以分离。

同时，根据本书所论证的自我关系实在论（双层关系自我模型），特定的具身自我只是属于第二层的自我；从基础上看具身自我是一种大脑—身体—环境前认知动态关系，特定的具身自我只是锚定于该关系构建的大脑—环境对准连续统上的点，关系的变化会导致具身自我（锚定点）的变化。各种身体错觉实验证明了这一点。根据各种身体错觉实验的发现，我们平常知觉到的具身自我并不是特殊的存在，人工的甚至虚拟的身体也可以成为主客体统一的具身自我。

将行动的道德责任归属于具身的行动主体，说到底就是将行动的道德责任归属于一种相对平衡和稳定的大脑—身体—环境关系或者说归属于由稳定关系规定的节点。

这会导致两个重要的理论后果：（1）行动或事件的道德责任不是归属于零结构的单一主体的，而是归属于关系网络的；（2）行动或事件的道德责任可以合理地归属于与作为基础自我的特定大脑—环境前认知关系相类似的其他非人的但具有决策机制的关系网络或由它规定的节点。

三 虚拟现实中的道德责任归属

对道德责任归属条件进行认知诠释和基于自我关系实在论（双层关系自我模型）对道德责任主体进行澄清是有重要意义的，它们能一并用于解决信息时代新兴的道德责任归属问题。传统上，与自我持续不断交互的环境是纯粹的因果关系网络；然而，在信息时代，基于人工智能技术、虚拟现实技术（virtual reality，VR，一种为用户提供沉浸式体验的技术）等信息技术，与自我持续不断交互的环境部分地变为由算法实现的、可能具有决策机制的关系网络。这一方面使得认知活动中部分环节的控制中心位于颅外的情况将变得非常常见，另一方面导致新兴道德责任主体的出现。首先，让我们来设想在现象世界和虚拟世界中两个非常相似的场景。

场景1：在现实世界中的一个大风天气里，住在公寓一楼的居民A在自家院子里生火烧枯树叶，火星被风吹到了邻居家，把邻居B的院子和客厅都烧了。

场景2：在基于VR技术搭建的虚拟世界中的一个大风天气里，住在公寓一楼的用户角色A*在自家院子里生火烧枯树叶，火星被风吹到了邻居家，把邻居（用户角色）B*的院子和客厅都烧了。

简单地看，以上两个场景描述的都是大风天气下生火导致了火灾的发生。在只考虑场景中提及的条件的情况下，我们通常会认为场景1中的居民A应该为B家的火灾承担道德责任；然而，在场景2中，我们很有可能会认为VR公司（该虚拟世界的开发团队、运营团队或服务器管理团队）应该为B*家的火灾承担（部分）道德责任，而不会过多指责操纵角色A*的用户。这是因为，如果VR公司没有将该虚拟世界设计为有大风天气的、火星会被风吹走的以及火星能够点燃建筑的世界，那么操纵角色B*的用户的体验和利益就不会受损。VR公司应该对操纵角色B*的用户做出一定赔偿，尽快恢复他/她先前的存档，并尽早修改有损用户体验的设计。

针对上述两个相似的场景，我们之所以做出不同的道德责任归属，是因为在这两个场景中导致火灾发生的决策活动的控制中心所在位置以及其中所涉及的认知资源是不同的。在场景2中有来自虚拟世界的认知资源参与到决策活动当中，而在场景1没有。这导致了两个场景中决定火灾发生的决策活动的控制中心之间存在差异。

在场景 1（现实世界）中，大风天气、火星被风吹走等都属于自然现象，它们的发生本身不是由特定决策活动导致的。因此，居民 A 选择大风天气下在自家院子里生火的决定是唯一与火灾发生相关的决策活动。换句话说，导致火灾发生的决策活动主要在居民 A 的大脑中进行，其控制中心就在居民 A 的大脑中。所以，居民 A 应该为火灾承担（主要的）道德责任。在场景 2（虚拟世界）里，大风天气、火星被风吹到 B* 家等现象的出现均由 VR 程序决定和实现。因此，在场景 2 里，决定火灾发生的决策活动的控制中心不仅可能出现在操纵角色 A* 的用户的大脑之中，还可能出现在虚拟世界所依托的 VR 程序中，或者说，出现在虚拟世界的创造者（VR 程序的开发者等）身上。正因为决定火灾发生的决策活动的控制中心所在位置不同，我们才对两个相似场景做出了不同的道德责任归属。

根据本节开头对道德责任归属一般条件的认知分析，道德责任归属取决于导致行为发生的决策活动的控制中心之所在。根据控制中心所在位置的不同，依托 VR 技术或其他信息技术构建的虚拟世界（现有的网络游戏已经是一种大型的、多人参与的虚拟世界）中的道德责任主体可分为以下三大类。

第一类是 VR 用户。当决定虚拟世界中的事件发生的决策活动的控制中心位于某一个（或多个）VR 用户的大脑之中时，事件的道德责任应归属于该 VR 用户。这与在现实世界中的道德责任归属情况是连续的、一致的。

第二类是虚拟世界的创造者。虚拟世界与现实世界的一个关键差别在于虚拟世界是人为创造的，并由人持续维护，而现实世界是自然的。虚拟世界（VR 程序）的开发者和运营者可以在很大程度上决定虚拟世界中特定事件的发生与否，以及事件与事件之间的联系，从而约束、干涉和决定虚拟世界中 VR 用户所做行动的后果，他们可以被称为"虚拟世界的创造者"。考虑到这一点，当虚拟世界中的某个事件发生是由实现虚拟世界的算法决定的，同时该算法是由虚拟世界创造者的决策活动所充分决定的，事件的道德责任就应该部分地或者全部地归属于虚拟世界创造者。

第三类是虚拟世界本身。尽管计算机程序是人为开发和维护的，但在机器学习和人工智能逐渐兴起的今日，一旦程序运行起来，它所做的决定未必尽如开发人员所预料。比如，阿尔法围棋（Alpha Go）是世界上第一台能够战胜围棋世界冠军的人工智能机器。尽管原则上开发人员对 Alpha Go 算法的每个细节能有充分的认识，但开发人员并无法据此预知 Alpha Go 在对弈时将棋子下到棋盘上的哪些位置。事实上，开发人员只能知道 Alpha Go 不会做出违反围棋规则的行为，因为这是开发人员可以预先设定的；但是，开发人员无法知道 Alpha Go 在学习了大量棋谱和经历了大量自我对弈之后所采取的棋路和所展现出来的棋力，这是开发人员也无法决定的。在具有万亿参数的大模型（如 GPT-4）出现以后，人类越发难以预测人工智能在特定情境中的确切行动和在持续学习中的演化方向。在这个意义上，现今人工智能具有越来越高的自主性。同样地，虚拟世界的程序所做出的决定未必都出自开发人员的意愿。在这种情况下，如果我们简单地将所有由虚拟世界决定发生的事件的道德责任都归属于虚拟世界创造者，显然是不合理的。因此，我们需要对决策活动的认知资源主要来源于虚拟世界时的情况作进一步的划分：一部分来自虚拟世界的认知资源是虚拟世界创造者有目的设计的结果，即虚拟世界的一部分决定来源于其创造者的决定，虚拟世界本身别无他选；而另一部分来自虚拟世界的认知资源则是虚拟世界创造者也难以预料的后果，即虚拟世界的另一部分决定并非来源于其创造者的决定。如果虚拟世界所做的某个决定没有任何律则式原因，那么这个决定就是难以预料的后果。如果前一种来自虚拟世界的认知资源在一个认知活动中起决定性作用，那么虚拟世界创造者就需要对该认知活动的后果负责；如果后一种认知资源在一个认知活动中起决定性作用，那么虚拟世界本身就应该为该认知活动的后果负责。

传统上，虚拟世界作为道德责任主体是难以被接受的。但是，在自我关系实在论框架下，虚拟世界本身成为道德责任主体是合理、可接受的。传统的道德责任主体——具身自我——在基础上是一种关系网络。由 VR 技术或其他信息技术实现的虚拟世界同样是一种关系网络。具身自我是由大脑与环境构成的关系网络实现的；虚拟世界则是由计算机、程序和用户构成的关系网络实现的。大脑与环境构成的关系网络可以进行决策活动；计算机、程序和用户构成的关系网络也可能具有决策机制，实现决策功能。将道德责任归属于具身自我与归属于虚拟世界从基础的层级上看是相似的。如果将道德责任归属于特定具身自我（某种稳定的大脑—身体—环境关系）是可接受的，那么将道德责任归属于虚拟世界（稳定的计算机—程序—用户关系）也是可接受的。

总的来说，根据决策活动控制中心所在位置及其原因的不同，虚拟世界中事件的道德责任可以合理地归属于 VR 用户、虚拟世界或虚拟世界创造者。从更基础的层级来看，事件的道德责任可以合理地归属于由信息技术搭建起来的、具有决策机制的庞大关系网络、子网络或由关系规定的特定节点。

结语与展望

结合理论与实证研究，本书得出以下结论：（1）自我在基础上（基础的自我）是关系的自我，它是大脑—环境前认知对准关系，该关系的持续是使意识体验和经验自我成为可能的必要基础，它的失衡（大脑—环境对准程度太低或过高）和中断会导致意识水平及其统一程度的下降以及经验自我的异常甚至丧失，它可以被刻画为一个关乎对准程度的大脑—环境对准连续统；（2）各种经验自我变体（如独立自我 vs. 互依自我，抑郁症自我 vs. 躁狂症自我）、自我—非我之分（身体 vs. 非身体，第一人称视角 vs. 非第一人称视角）都只是锚定于大脑—环境对准连续统上的点，或只是在大脑—环境对准连续统基础上通过认知建构（概念化）形成的特例，它们对自我来说不是基础、原初或必要的，更底层的大脑—环境对准连续统才是；（3）作为前认知的大脑—环境关系的自我可以在认识论和本体论上实在，因为我们最好的知识（科学知识）也只能认识到关系而非实体，且关系很可能才是世界上基础的存在。这三点共同构成本书对自我问题的初步回答。其中，前两点共同构成一个双层关系自我模型，而第三点将双层关系自我模型发展为一种自我的关系实在论。

本书所论证的自我关系实在论（包含双层关系自我模型）至少是解答自我问题的一个可替代选项，甚至是一种好的自我理论，理由如下。

第一，它是合理和可接受的。文化心理学研究表明，独立自我预设和实体实在论思路具有文化局限性，实在自我不一定从基础上区分于他人和环境，实体（个体、对象）也不一定比关系更基础。由于受文化约束，西方学者们才不加辩护地接受它们是真的。在突破这些预设的限制后，实在自我的标准只剩下作为意识统一、经验自我建构等自我相关现象的共同基础。来自多个学科的最新研究发现表明，前认知的大脑—环境关系是意识体验和经验自我产生的必要基础，来自大脑、身体和环境的信息在该前认知关系中的平衡（大脑保持与身体、环境的时空对准关系，但不过度对准）是意识体验保持高度统一以及经验自我保持健康、稳定的前提，因此我们可以合理地把前认知的大脑—环境关系看作基础的自我。

第二，它得到最新理论依据和经验证据的支持。新的生物自我理论、关于大脑的自由能原理和预测编码模型、意识的时空理论、具身模拟理论等共同指示自我在基础上是关系的自我，经验自我的各个方面均以有机体（大脑）与环境的前认知关系为基础。有关大脑静息状态活动与身体、环境的时空对准程度能预测关于目标刺激的意识体验和刺激诱发活动的发现，有关精神疾病与不同静息状态网络失衡（主要处理自我相关信息的 DMN 与主要处理环境相关信息的 SMN、CEN 之间的失衡）相关的发现等共同支持了自我在基础上是大脑—环境关系。本书第四章介绍的我们进行的一项实证研究也表明了自我的文化变体很可能对应于不同程度的大脑—环境前认知对准。另外，它与目前最有希望的科学实在论和一般实在论进路——结构/关系实在论——相融贯。

第三，它更具经验适当性。各种形式的独立自我（如实体自我、先验自我、具身自我、体验的我属性等）要么得不到辩护，要么不具有经验适当性。以体验的我属性为例，如果意识体验可以丧失我属性，那么它对自我来说不是必要的；如果意识体验不可能丧失我属性，那么它无法与各种经验自我变体相适应。在坚持独立自我预设的同时，为了适应经验自我的变化和异常，各种传统自我理论不得不走向多元论（主张多种性质共同构成自我但它们对自我来说都不是必要的）或程度论（如主张体验的我属性具有程度之分）。自我关系实在论打破了独立自我预设，不承诺存在任何现象学特征（具身性、体验的我属性）使自我从基础上区分于他人和环境，不承诺任何现象学特征对自我来说是必要的，而只强调更底层的、自然的大脑—环境前认知关系是必要的，所以能与各种经验自我变体、自我—环境之分相适应，并且大脑—环境的前认知关系与各种经验自我变体的关联已得到诸多经验证据的支持。自我关系实在论能为各种经验自我变体、自我—环境之分作统一的定位和机制解释。它既比多元论更简单、融贯，又比程度论更清晰、明确。

第四，它不会使自我—他人/环境联系成为难题，也不会因解释自我—他人/环境联系而导致内部矛盾。它主张，关于他人和环境的信息在非常基础的层级上、在大脑自发活动与环境的前认知对准中就内在地整合于自我，正是这种对准使人与人的心理特征和神经特征之间具有一定的相似性，而基于相似性他们之间的相互理解就不成为问题。自我与他人的前认知联系为自我与他人的认知联系奠定了基础。相反，坚持独立自我预设的各种自我理论，为了解释自我—他人/环境联系，最终往往包含着内部矛盾。例如，为了解释主体间交互的可能，扎哈维不得不承认主体间性内在于主体性之中。除非主体间性与主体性属于不同层级，否则主体间性内在于主体性之中是难以理解的。换言之，为了解释自我—他人联系同时避免内部矛盾，最小自我观也只能走向自我关系实在论。

第五，它使实际的、经验的意识统一现象真正成为解释对象。意识体验是统一的还是离散的；如果是统一的，意识统一于主体（性）还是无主体结构地自身统一——这是有我观与无我观一直争论的焦点之一。然而，实际上，意识体验不只有统一和离散两种极端的状态，意识统一是有程度区别的，如随着睡眠的深入，意识越来越模糊和离散。自我关系实在论能为各种程度的意识统一提供统一和合理的解释——大脑—环境前认知对准关系及其良好平衡是意识高度统一的前提，它的失衡（过度对准或对准程度太低）和中断很可能导致意识在不同程度上变得模糊和离散——并且这种解释是可经验检验的。各种传统自我观则难以与在不同程度上统一的意识相适应，因为它们讨论的意识统一现象是假定的、逻辑的，而不是实际的、经验的。

第六，它能被经验检验而且能够指导实证研究。我们可以检验各种经验自我变体、不同水平或统一程度的意识状态是否能转换为不同程度的大脑—环境前认知对准；也可以检验对大脑—环境前认知对准的调节是否有助于改善经验自我和意识状态的异常。它指引我们从自我—环境关系入手研究自我。在自我关系实在论（双层关系自我模型）的指导下，通过实证研究，我们观察到了前认知脑—脑一致程度的跨文化差异。

第七，它可以为解答知识和道德相关问题提供新的启示。它启发我们把表征理解为以大脑—环境前认知对准为基础的、持续的自我—环境动态信息交互与整合，而非静态的关系。自我—环境持续交互使表征得以关于和指向世界。它还启发我们可以合理地将事件的道德责任归属于由新兴信息技术（如虚拟现实技术、人工智能技术）构建起来的、起控制中心作用的庞大关系网络、子网络或网络节点，以适应新时代探讨道德责任归属问题的需要。

第八，它能为自我同一现象和基础自我的区分提供合理解释，而不畏惧相关反驳。

不过，目前，对自我关系实在论的论证和对双层关系自我模型的构建仍处在初步阶段，还有一些不足的方面需要在未来的研究中作进一步探索和补充。

第一，对意识体验和经验自我以大脑—环境前认知对准关系为基础的论证还需要补充更多的经验证据，尤其是直接且强力的证据——大脑自发活动与环境之间具体处于怎样的状态会达到第一人称视角紊乱或丧失的临界点。现在，越来越多神经科学研究开始关注大脑静息状态活动及它与身体、环境的关系，还有它们与意识水平和经验自我异常等自我相关现象的关联，相信未来会有更多相关证据出现。

第二，如果读者不接受任何形式的结构/关系实在论，那么也将难以接受本书所论证的自我关系实在论，毕竟自我关系实在论是在结构/关系实在论基础上建立的。过去学者们对结构实在论的质疑也会成为对自我关系实在论的质疑。不过，结构实在论者曾对这些质疑作出有力的回应。另外，本书只尝试在弱意义上为自我关系实在论辩护——我们有诸多合理的理由接受自我关系实在论为一种好的解答自我问题的方案，如它与目前最有希望的科学实在论进路相一致，它与最新实证研究发现相融贯，它能更好地解释甚至预测自我相关现象（尤其是各种经验自我变体），它能为自我实证研究以及知识与道德相关问题的解答提供新的启示等——而非在强意义上论证自我必然作为关系实在。

第三，实证研究方面，我们只从其中一种进路（自上而下）入手检验双层关系自我模型——只考察了第二层级的自我文化变体是否能转变为第一层级的大脑—环境时空对准程度的文化差异——而没有从另一种进路（自下而上）入手检验该模型。

第四，现阶段，双层关系自我模型还只是一个简单的理论模型，随着研究的不断深入，未来有望将它精细化甚至数学化。

第五，在关系自我的基础上，表征的语义指派不成为问题，但如何通过表征获得知识还有待进一步研究。

本书所辩护的自我关系实在论启发我们，对意识产生机制的研究，对如何构建有（自我）意识的强人工智能的探索，都不能只着眼于大脑神经活动，而应该更多地关注大脑神经活动与身体、环境的前认知关系。目前来看，在处理实际刺激和执行特定认知任务前，持续不断地将自身对准于环境的时空结构，以环境为标准塑造自身，使自身成为环境的部分，至少是使人工智能得以发展为强人工智能的必要条件之一。

此外，自我关系实在论还启发我们，干预、调节和重启大脑—环境前认知关系可能是治疗精神疾病（经验自我异常）的有效方案。

例如，运用漂浮休息来干预焦虑症①，使患者的大脑自发活动不再过度对准于环境；使用音乐来治疗抑郁症②，使患者的大脑自发活动能够重新对准于环境中的节律；使用安眠药来唤醒昏迷患者③，使患者的大脑—环境联系得到重启；等等。

在自我关系实在论的指导下，未来无论是有关自我和意识的研究，还是有关人工智能开发和精神疾病治疗的探索，都应该尝试从自我—环境关系入手，更多地关注前认知的大脑—环境关系以及它对后续的认知关系的调节，而不应该极力将自我从环境中割裂出来。

自我不是超越大脑的自我，而是作为前认知的大脑—环境关系的自我。

---

① 参见 Kristoffer Jonsson and Anette Kjellgren, "Promising effects of treatment with flotation-REST (restricted environmental stimulation technique) as an intervention for generalized anxiety disorder (GAD): A randomized controlled pilot trial", *BMC Complementary and Alternative Medicine*, Vol. 16, 2016, 108。

② 参见 Ae-Na Choi, Myeong Soo Lee and Hyun-Ja Lim, "Effects of group music intervention on depression, anxiety, and relationships in psychiatric patients: A pilot study", *The Journal of Alternative and Complementary Medicine*, Vol. 14, No. 5, 2008, pp. 567 – 570; Daniel Leubner and Thilo Hinterberger, "Reviewing the effectiveness of music interventions in treating depression", *Frontiers in Psychology*, Vol. 8, 2017, 1109。

③ 参见 R. P. Clauss, W. M. Güldenpfennig, H. W. Nel, M. M. Sathekge and R. R. Venkannagari, "Extraordinary arousal from semi-comatose state on zolpidem. A case report", *South African Medical Journal*, Vol. 90, No. 1, 2000, pp. 68 – 72；[美] 帕特丽夏·丘奇兰德《触碰神经：我即我脑》，第 193—194 页。

参考文献

一 中文文献

曹天予：《在理论科学中基本实体的结构进路》，李宏芳译，《自然辩证法通讯》2015年第1期。

高建民：《格式塔与意识领域——论古尔维奇对胡塞尔先验现象学的批判与重构》，《自然辩证法研究》2012年第9期。

关群德：《梅洛－庞蒂的身体概念》，《世界哲学》2010年第1期。

何裕嘉、张玮、郑高兴、于玉国：《音乐增强大脑网络小世界特性》，《复旦学报》（自然科学版）2017年第6期。

黄子瑶、徐嘉玮：《概念消去论及其彻底解决》，《自然辩证法通讯》2022年第10期。

黄子瑶、徐嘉玮：《智能机器的道德问题研究》，《广州大学学报》（社会科学版）2019年第1期。

李曦：《休谟的自我与个人同一性：澄清与辩护》，《哲学动态》2010年第7期。

刘高岑：《自我、心灵与世界——当代心灵哲学的自我理论研究》，科学出版社2018年版。

罗嘉昌：《从物质实体到关系实在》，中国社会科学出版社1996年版。

倪梁康：《胡塞尔哲学中的"原意识"与"后反思"》，《哲学研究》1998年第1期。

饶尚宽译注：《老子》，中华书局2006年版。

帅巍：《康德物自体思想的实践哲学效应——以"自我"与"他者"的关系为中心》，《广西师范大学学报》（哲学社会科学版）2016年第2期。

孙通海译注：《庄子》，中华书局2007年版。

维之：《人类的自我意识》，现代出版社2009年版。

徐嘉玮、黄子瑶：《从认知视角分析虚拟现实中的道德责任归属》，《自然辩证法通讯》2021年第6期。

杨伯峻译注：《论语译注》，中华书局2006年版。

杨国荣：《〈庄子〉哲学中的个体与自我》，《哲学研究》2005年第12期。

翟学伟：《儒家式的自我及其实践：本土心理学的研究》，《南开学报》（哲学社会科学版）2018年第5期。

张华夏：《科学实在论和结构实在论——它们的内容、意义和问题》，《科学技术哲学研究》2009年第6期。

张静、陈巍：《基于自我错觉的最小自我研究：具身建构论的立场》，《心理科学进展》2018年第7期。

张学义、隋婷婷：《专家直觉与大众直觉之辨——实验哲学的方法论基础新探》，《哲学动态》2018年第8期。

［丹］丹·扎哈维：《主体性和自身性：对第一人称视角的探究》，蔡文菁译，上海译文出版社2008年版。

［德］埃德蒙德·胡塞尔：《笛卡尔式的沉思》，张廷国译，中国城市出版社2001年版。

［德］黑格尔：《精神现象学》上卷，贺麟、王玖兴译，商务印书馆1979年版。

［德］莱布尼茨：《单子论》，附于《神义论》，朱雁冰译，生活·读书·新知三联书店2007年版。

［德］莱布尼茨：《人类理智新论》上册，陈修斋译，商务印书馆1982年版。

［德］莱布尼茨：《新系统及其说明》，陈修斋译，商务印书馆1999

年版。

[德] 马丁·海德格尔:《存在与时间》,陈嘉映、王庆节译,生活·读书·新知三联书店 2006 年版。

[德] 马克思:《关于费尔巴哈的提纲》,《马克思恩格斯全集》第三卷,中共中央马克思恩格斯列宁斯大林著作编译局译,人民出版社 1960 年版。

[德] 伊曼努尔·康德:《康德著作全集第 3 卷·纯粹理性批判》(第 2 版),李秋零译,中国人民大学出版社 2004 年版。

[德] 伊曼努尔·康德:《康德著作全集第 5 卷·实践理性批判·判断力批判》,李秋零译,中国人民大学出版社 2006 年版。

[德] 伊曼努尔·康德:《任何一种能够作为科学出现的未来形而上学导论》,庞景仁译,商务印书馆 1978 年版。

[法] 笛卡尔:《第一哲学沉思集》,庞景仁译,商务印书馆 1986 年版。

[法] 笛卡尔:《谈谈方法》,王太庆译,商务印书馆 2000 年版。

[法] 莫里斯·梅洛-庞蒂:《知觉现象学》,姜志辉译,商务印书馆 2001 年版。

[法] 让-保尔·萨特:《存在与虚无》,陈宣良等译,生活·读书·新知三联书店 2007 年版。

[法] 让-保尔·萨特:《自我的超越性》,杜小真译,商务印书馆 2010 年版。

[古罗马] 奥古斯丁:《忏悔录》,周士良译,商务印书馆 1963 年版。

[古希腊] 柏拉图《斐多》,杨绛译,辽宁人民出版社 2000 年版。

[古希腊] 亚里士多德:《范畴篇 解释篇》,方书春译,商务印书馆 1959 年版。

[古希腊] 亚里士多德:《灵魂论及其他》,吴寿彭译,商务印书馆 1999 年版。

[古希腊] 亚里士多德:《尼各马可伦理学》,廖申白译,商务印书

馆 2003 年版。

［加］格奥尔格·诺赫夫：《病脑启示：神经哲学与健康心智》，陈向群译，台北：台湾大学出版中心 2018 年版。

［美］安东尼奥·达马西奥：《当自我来敲门：构建意识大脑》，李婷燕译，北京联合出版公司 2018 年版。

［美］查尔斯·霍顿·库利《人类本性与社会秩序》，包凡一、王㳚译，华夏出版社 1989 年版。

［美］帕特里夏·丘奇兰德：《触碰神经：我即我脑》，李恒熙译，机械工业出版社 2015 年版。

［美］乔治·H·米德《心灵、自我与社会》，赵月瑟译，上海译文出版社 1992 年版。

［英］布鲁斯·胡德：《自我的本质》，钱静译，浙江人民出版社 2020 年版。

［英］霍布斯：《利维坦》，黎思复、黎廷弼译，商务印书馆 1985 年版。

［英］洛克：《人类理解论》上册，关文运译，商务印书馆 1959 年版。

［英］洛克：《人类理解论》下册，关文运译，商务印书馆 1959 年版。

［英］乔治·贝克莱：《人类知识原理》，关文运译，商务印书馆 2010 年版。

［英］休谟：《人类理智研究》，周晓亮译，中国法制出版社 2011 年版。

［英］姚新中：《自我建构与同一性——儒家的自我与一些西方自我观念之比较》，焦国成、刘余莉译，《哲学译丛》1999 年第 2 期。

二 英文文献

Adam Toon, "Models as make-believe", in Roman Frigg, and Matthew Hunter, eds., *Beyond Mimesis and Convention: Representation in Art and Science*, Dordrecht, Heidelberg: Springer, 2010.

Ae-Na Choi, Myeong Soo Lee and Hyun-Ja Lim, "Effects of group music intervention on depression, anxiety, and relationships in psychiatric patients: A pilot study", *The Journal of Alternative and Complementary Medicine*, Vol. 14, No. 5, 2008.

A. J. Ayer, "Freedom and Necessity", in A. J. Ayer, ed., *Philosophical Essays*, London and Basingstoke: The Macmillan Press, 1954.

Alan Fogel, "Relational Narratives of the Prelinguistic Self", in Philippe Rochat, ed., *The Self in Infancy: Theory and Research*, Amsterdam, New York: Elsevier, 1995.

Albert Newen, "The embodied self, the pattern theory of self, and the predictive mind", *Frontiers in Psychology*, Vol. 9, 2018.

Allan Fenigstein, Michael F. Scheier and Arnold H. Buss, "Public and private self-consciousness: Assessment and theory", *Journal of Consulting and Clinical Psychology*, Vol. 43, No. 4, 1975.

Alyssa S. Fu and Hazel Rose Markus, "My mother and me: Why tiger mothers motivate Asian Americans but not European Americans", *Personality and Social Psychology Bulletin*, Vol. 40, No. 6, 2014.

Andrea Scalabrini, Jiawei Xu, and Georg Northoff, "What COVID-19 tells us about the self: The deep intersubjective and cultural layers of our brain", *Psychiatry of Clinical Neurosciences*, Vol. 75, No. 2, 2021.

Andrea Scalabrini, Sjoerd J. H. Ebisch, Zirui Huang, et al., "Spontaneous brain activity predicts task-evoked activity during animate versus inanimate touch", *Cerebral Cortex*, Vol. 29, No. 11, 2019.

Andreas Kalckert and H. Henrik Ehrsson, "Moving a rubber hand that feels like your own: A dissociation of ownership and agency", *Frontiers in Human Neuroscience*, Vol. 6, 2012.

Andrew N. Meltzoff and M. Keith Moore, "A theory of the role of imitation in the emergence of self", in Philippe Rochat, ed., *The Self in Infancy: Theory and Research*, Amsterdam, New York: Elsevier, 1995.

Andy Clark and David Chalmers, "The extended mind", *Analysis*, Vol. 58, No. 1, 1998.

Andy Clark, *Supersizing the Mind: Embodiment, Action, and Cognitive Extension*, New York: Oxford University Press, 2008.

Andy Clark, "Whatever next? Predictive brains, situated agents, and the future of cognitive science", *Behavioral and Brain Sciences*, Vol. 36, No. 3, 2013.

Anette Kjellgren, Andreas Lindahl and Torsten Norlander, "Altered states of consciousness and mystical experiences during sensory isolation in flotation tank: Is the highly sensitive personality variable of importance?", *Imagination, Cognition and Personality*, Vol. 29, No. 2, 2009.

Annemarie Wolff, Daniel A. Di Giovanni, Javier Gómez-Pilar, et al., "The temporal signature of self: Temporal measures of resting-state EEG predict self-consciousness", *Human Brain Mapping*, Vol. 40, No. 3, 2019.

Annemnarie Wolff, Sara de la Salle, Alana Sorgini, et al., "Atypical temporal dynamics of resting state shapes stimulus-evoked activity in depression—An EEG study on rest-stimulus interaction", *Frontiers in Psychiatry*, Vol. 10, 2019.

Arnaud D'Argembeau, Fabienne Collette, Martial Van der Linden, et al., "Self-referential reflective activity and its relationship with rest: A PET study", *NeuroImage*, Vol. 25, No. 2, 2005.

Arnaud Delorme and Scott Makeig, "EEGLAB: An open source toolbox for analysis of single-trial EEG dynamics including independent component analysis", *Journal of Neuroscience Methods*, Vol. 134, No. 1, 2004.

B. C. H. Kuo and Laurie Gingrich, "Correlates of self-construals among Asian and Caucasian undergraduates in Canada: Cultural patterns and implications for counselling", *Guidance and Counselling*, Vol. 20, No. 2, 2005.

Benedetta Conio, Matteo Martino, Paola Magioncalda, et al., "Opposite effects of dopamine and serotonin on resting-state networks: Review and implications for psychiatric disorders", *Molecular Psychiatry*, Vol. 25, 2020.

Carole Peterson, Qi Wang and Yubo Hou, " 'When I was little': Childhood recollections in Chinese and European Canadian grade school children", *Child Development*, Vol. 80, No. 2, 2009.

Carolyn Parkinson, Adam M. Kleinbaum and Thalia Wheatley, "Similar neural responses predict friendship", *Nature Communications*, Vol. 9, No. 1, 2018.

Catherine J. Ott-Holland, Jason L. Huang, Ann Marie Ryan, Fabian Elizondo and Patrick L. Wadlington, "The effects of culture and gender on perceived self-other similarity in personality", *Journal of Research in Personality*, Vol. 53, 2014.

Catie Chang, Coraline D. Metzger, Gary H. Glover, et al., "Association between heart rate variability and fluctuations in resting-state functional connectivity", *NeuroImage*, Vol. 68, 2013.

Charles E. Schroeder and Peter Lakatos, "Low-frequency neuronal oscillations as instruments of sensory selection", *Trends in Neurosciences*, Vol. 32, No. 1, 2009.

Craig G. Richter, Mariana Babo-Rebelo, Denis Schwartz and Catherine Tallon-Baudry, "Phase-amplitude coupling at the organism level: The amplitude of spontaneous alpha rhythm fluctuations varies with the phase of the infra-slow gastric basal rhythm", *NeuroImage*, Vol. 146, 2017.

Daniel C. Dennett, *Consciousness Explained*, London: Penguin Books

Ltd., 1993.

Daniel C. Dennett, "The self as a center of narrative gravity", in Frank S. Kessel, Pamela M. Cole, and Dale L. Johnson, eds., *Self and Consciousness: Multiple Perspectives*, New Jersey: Lawrence Erlbaum Associates, Publishers, 1992.

Danielle Smith Bassett and Ed Bullmore, "Small-world brain networks", *The Neuroscientist*, Vol. 12, No. 6, 2006.

Daniel Leubner and Thilo Hinterberger, "Reviewing the effectiveness of music interventions in treating depression", *Frontiers in Psychology*, Vol. 8, 2017.

Dan Zahavi, "Self and other: From pure ego to co-constituted we", *Continental Philosophy Review*, Vol. 48, No. 2, 2015.

Dan Zahavi, *Subjectivity and Selfhood: Investigating the First-Person Perspective*, Cambridge: MIT Press, 2005.

David Hume, *A Treatise of Human Nature*, Vol. 1: Texts, David Fate Norton and Mary J. Norton, eds., New York: Oxford University Press, 2007.

David J. Chalmers, "The combination problem for panpsychism", in Godehard Brüntrup and Ludwig Jaskolla, eds., *Panpsychism: Contemporary Perspectives*, New York: Oxford University Press, 2017.

David J. Chalmers, "The puzzle of conscious experience", *Scientific American*, Vol. 273, No. 6, 1995.

Diego A. Reinero, Suzanne Dikker and Jay J. Van Bavel, "Inter-brain synchrony in teams predicts collective performance", *Social Cognitive and Affective Neuroscience*, Vol. 16, No. 1 - 2, 2020.

Duncan J. Watts and Steven H. Strogatz, "Collective dynamics of 'small-world' networks", *Nature*, Vol. 393, No. 6684, June 1998.

Edla D. P. Capelari, Carlos Uribe and Joaquim P. Brasil-Neto, "Feeling pain in the rubber hand: Integration of visual, proprioceptive, and painful stimuli", *Perception*, Vol. 38, No. 1, 2009.

Edmund Husserl, *Ideas Pertaining to a Pure Phenomenology and to a Phenomenological Philosophy: First Book: General Introduction to a Pure Phenomenology*, trans. F. Kersten, The Hague, Boston, Lancaster: Martinus Nijhoff Publishers, 1983.

Edmund Husserl, *Ideas Pertaining to a Pure Phenomenology and to a Phenomenological Philosophy: Second Book: Studies in the Phenomenology of Constitution*, trans. Richard Rojcewicz and André Schuwer, Dordrecht, Boston, London: Kluwer Academic Publishers, 1989.

Federico Zilio, Javier Gomez-Pilar, Shumei Cao, et al., "Are intrinsic neural timescales related to sensory processing? Evidence from abnormal behavioral states", *NeuroImage*, Vol. 226, 2021.

Fiona Lee, Mark Hallahan and Thaddeus Herzog, "Explaining real-life events: How culture and domain shape attributions", *Personality and Social Psychology Bulletin*, Vol. 22, No. 7, 1996.

Francisco J. Varela, "Organism: A meshwork of selfless selves", in Alfred I. Tauber, ed., *Organism and the Origins of Self*, Dordrecht, Netherlands: Kluwer Academic Publishers, 1991.

Galen Strawson, "The self and the SESMET", *Journal of Consciousness Studies*, Vol. 6, No. 4, 1999.

Gang Wang, Lihua Mao, Yina Ma, et al., "Neural representations of close others in collectivistic brains", *Social Cognitive and Affective Neuroscience*, Vol. 7, No. 2, 2012.

Ge Gao, "Self and other: A Chinese perspective on interpersonal relationships", in William B. Gudykunst, Stella Ting-Toomey, and Tsukasa Nishida, eds., *Communication in Personal Relationships Across Cultures*, California: Sage, 1996.

Georg Northoff, Alexander Heinzel, Moritz de Greck, et al., "Self-referential processing in our brain—A meta-analysis of imaging studies on the self", *NeuroImage*, Vol. 31, No. 1, 2006.

Georg Northoff and Alexander Heinzel, "The self in philosophy, neuroscience and psychiatry: An epistemic approach", in Tilo Kircher and Anthony David, eds., *The Self in Neuroscience and Psychiatry*, Cambridge: Cambridge University Press, 2003.

Georg Northoff and Federico Zilio, "Temporo-spatial Theory of Consciousness (TTC) —Bridging the gap of neuronal activity and phenomenal states", *Behavioural Brain Research*, Vol. 424, 2022.

Georg Northoff and Felix Bermpohl, "Cortical midline structures and the self", *Trends in Cognitive Sciences*, Vol. 8, No. 3, 2004.

Georg Northoff and Shankar Tumati, "'Average is good, extremes are bad' —Non-linear inverted U-shaped relationship between neural mechanisms and functionality of mental features", *Neuroscience and Biobehavioral Reviews*, Vol. 104, 2019.

Georg Northoff and Zirui Huang, "How do the brain's time and space mediate consciousness and its different dimensions? Temporo-spatial theory of consciousness (TTC)", *Neuroscience & Biobehavioral Reviews*, Vol. 80, 2017.

Georg Northoff, "Anxiety disorders and the brain's resting state networks: From altered spatiotemporal synchronization to psychopathological symptoms", in Yong-Ku Kim, ed., *Anxiety Disorders: Rethinking and Understanding Recent Discoveries*, Vol. 1191, Singapore: Springer Nature Singapore, 2020.

Georg Northoff, "Is schizophrenia a spatiotemporal disorder of the brain's resting state?", *World Psychiatry*, Vol. 14, No. 1, 2015.

Georg Northoff, "Is the self a higher-order or fundamental function of the brain? The 'basis model of self-specificity' and its encoding by the brain's spontaneous activity", *Cognitive Neuroscience*, Vol. 7, No. 1 – 4, 2016.

Georg Northoff, Pengmin Qin and Takashi Nakao, "Rest-stimulus interaction in the brain: A review", *Trends in Neurosciences*, Vol. 33, No. 6, 2010.

Georg Northoff, *The Spontaneous Brain: From the Mind-Body to the World-Brain Problem*, Cambridge, MA: The MIT Press, 2018.

Georg Northoff, *Unlocking the Brain: Volume 1: Coding*, New York: Oxford University Press, 2014.

Giulio Tononi, "An information integration theory of consciousness", *BMC Neuroscience*, Vol. 5, 2004.

Giulio Tononi, Melanie Boly, Marcello Massimini and Christof Koch, "Integrated information theory: From consciousness to its physical substrate", *Nature Reviews Neuroscience*, Vol. 17, No. 7, 2016.

Giulio Tononi, "Integrated information theory of consciousness: An updated account", *Archives Italiennes de Biologie*, Vol. 150, No. 4, 2012.

Glenn R. Carroll and J. Richard Harrison, "Organizational demography and culture: Insights from a formal model and simulation", *Administrative Science Quarterly*, Vol. 43, No. 3, 1998.

Gottlob Frege, "Sense and reference", *The Philosophical Review*, Vol. 57, No. 3, 1948.

György Buzsáki, *Rhythms of the Brain*, New York: Oxford University Press, 2006.

György Buzsáki, Nikos Logothetis, Wolf Singer, "Scaling brain size, keeping timing: Evolutionary preservation of brain rhythms", *Neuron*, Vol. 80, No. 3, 2013.

Hanshu Cai, Zhenqin Yuan, Yiwen Gao, et al., "MODMA dataset: A multi-model open dataset for mental-disorder analysis", *Scientific Data*, Vol. 9, 2022.

Han Z. Li, "Culture, gender and self-close-other(s) connectedness in Canadian and Chinese samples", *European Journal of Social Psychology, Vol. 32, No. 1, 2002.

Han Z. Li, Zhi Zhang, Gira Bhatt and Young-Ok Yum, "Rethinking culture and self-construal: China as a middle land", *The Journal of Social Psychology*, Vol. 146, No. 5, 2006.

Hazel Rose Markus and Shinobu Kitayama, "Culture and the self: Implications for cognition, emotion, and motivation", *Psychological Review*, Vol. 98, No. 2, 1991.

Hazel Rose Markus and Shinobu Kitayama, "Cultures and selves: A cycle of mutual constitution", *Perspectives on Psychological Science*, Vol. 5, No. 4, 2010.

Helen Tager-Flusberg, Rhea Paul and Catherine Lord, "Language and Communication in Autism", in Fred R. Volkmar, Rhea Paul, Ami Klin and Donald Cohen, eds., *Handbook of Autism and Pervasive Developmental Disorders, Volume 1: Diagnosis, Development, Neurobiology, and Behavior*, Hoboken, New Jersey: John Wiley & Sons Inc, 2005.

Hilary Putnam, *Mathematics, Matter and Method: Philosophical Papers, Volume I*, Cambridge, London, New York: Cambridge University Press, 1975.

Hilary Putnam, *Meaning and the Moral Sciences*, London: Routledge, 1978.

Hilary Putnam, "The meaning of 'meaning'", in Keith Gunderson, ed., *Minnesota Studies in the Philosophy of Science: Language, Mind, and Knowledge Volume VII*, Minneapolis: University of Minnesota Press, 1975.

Hirofumi Hashimoto and Toshio Yamagishi, "Two faces of interdependence: Harmony seeking and rejection avoidance", *Asian Journal of Social Psychology*, Vol. 16, No. 2, 2013.

Ian Hacking, *Representing and Intervening: Introductory Topics in the*

Philosophy of Natural Science, Cambridge: Cambridge University Press, 1983.

Ignacio Rebollo, Nicolai Wolpert and Catherine Tallon-Baudry, "Brain-stomach coupling: Anatomy, functions, and future avenues of research", *Current Opinion in Biomedical Engineering*, Vol. 18, 2021.

Immanuel Kant, *Kant's Prolegomena to Any Future Metaphysics*, ed. Paul Carus, Chicago: Open Court Publishing Company, 1902.

Ivan Dokmanic; Reza Parhizkar; Juri Ranieri and Martin Vetterli, "Euclidean distance matrices: Essential theory, algorithms, and applications", *IEEE Signal Processing Magazine*, Vol. 32, No. 6, 2015.

Ivar R. Kolvoort, Soren Wainio-Theberge, Annemarie Wolff and Georg Northoff, "Temporal integration as 'common currency' of brain and self-scale-free activity in resting-state EEG correlates with temporal delay effects on self-relatedness", *Human Brain Mapping*, Vol. 41, No. 15, 2020.

James Ladyman, "Structural Realism", E. N. Zalta, ed., *The Stanford Encyclopedia of Philosophy* (Winter 2020 Edition), URL = < https://plato.stanford.edu/archives/win2020/entries/structural-realism/ >.

James Ladyman, "What is structural realism?", *Studies in History & Philosophy of Science Part A*, Vol. 29, No. 3, 1998.

Jian-Bin Li, Elisa Delvecchio, Adriana Lis and Claudia Mazzeschi, "Family allocentrism and its relation to adjustment among Chinese and Italian adolescents", *Psychiatry Research*, Vol. 270, 2018.

Jiawei Xu, Soren Wainio-Theberge, Annemarie Wolff, et al., "Culture shapes spontaneous brain dynamics—Shared versus idiosyncratic neural features among Chinese versus Canadian subjects", *Social Neuroscience*, Vol. 18, No. 5, 2023.

Jiyoung Park, Yukiko Uchida and Shinobu Kitayama, "Cultural variation in implicit independence: An extension of Kitayama et al. (2009)",

International Journal of Psychology, Vol. 51, No. 4, 2016.

Johanna Sänger, Viktor Müller and Ulman Lindenberger, "Intra-and interbrain synchronization and network properties when playing guitar in duets", *Frontiers in Human Neuroscience*, Vol. 6, 2012.

John F. Cryan, Kenneth J. O'Riordan, Kiran Sandhu, et al., "The gut microbiome in neurological disorders", *The Lancet Neurology*, Vol. 19, No. 2, 2020.

John Searle, "Biological naturalism", in Susan Schneider, Max Velmans, eds., *The Blackwell Companion to Consciousness, Second Edition*, Malden, Ma, and Oxford: Wiley-Blackwell, 2017.

John Searle, "The self as a problem in philosophy and neurobiology", in Todd E. Feinberg and Julian Paul Keenan, eds., *The Lost Self: Pathologies of the Brain and Identity*, Oxford, New York: Oxford University Press.

John Worrall, "Structural realism: The best of both worlds?", *Dialectica*, Vol. 43, No. 1-2, 1989.

Julia Lechinger, Dominik Philip Johannes Heib, Walter Gruber, Manuel Schabus and Wolfgang Klimesch, "Heartbeat-related EEG amplitude and phase modulations from wakefulness to deep sleep: Interactions with sleep spindles and slow oscillations", *Psychophysiology*, Vol. 52, No. 11, 2015.

June A. Peters, Luba Djurdjinovic and Diane Baker, "The genetic self: The Human Genome Project, genetic counseling and family therapy", *Families, Systems, & Health*, Vol. 17, No. 1, 1999.

Karine A. Gibbs, Mark L. Urbanowski and E. Peter Greenberg, "Genetic determinants of self identity and social recognition in bacteria", *Science*, Vol. 321, No. 5886, 2008.

Karl Friston, "Does predictive coding have a future?", *Nature Neuroscience*, Vol. 21, No. 8, 2018.

Karl Friston, James Kilner and Lee Harrison, "A free energy principle for the brain", *Journal of Physiology-Paris*, Vol. 100, No. 1 – 3, 2006.

Karl Friston, "The free-energy principle: A unified brain theory?", *Nature Reviews Neuroscience*, Vol. 11, No. 2, 2010.

Kenneth J. Gergen, *Relational Being, Beyond Self and Community*, New York: Oxford University Press, 2009.

Kenneth J. Gergen, "The self as social construction", *Psychological Studies*, Vol. 56, 2011.

Kevin Gold, and Brian Scassellati, "A Bayesian robot that distinguishes 'self' from 'other'", *Proceedings of the Annual Meeting of the Cognitive Science Society*, Vol. 29, No. 29, 2007.

Kirill O. Thompson, "Relational self in classical Confucianism: Lessons from Confucius' Analects", *Philosophy East and West*, Vol. 67, No. 3, 2017.

Kristin D. Neff, Kullaya Pisitsungkagarn, and Ya-Ping Hsieh, "Self-compassion and self-construal in the United States, Thailand, and Taiwan", *Journal of Cross-Cultural Psychology*, Vol. 39, No. 3, 2008.

Kristoffer Jonsson and Anette Kjellgren, "Promising effects of treatment with flotation-REST (restricted environmental stimulation technique) as an intervention for generalized anxiety disorder (GAD): A randomized controlled pilot trial", *BMC Complementary and Alternative Medicine*, Vol. 16, 2016.

Lampros Perogamvros, Hyeong-Dong Park, Laurence Bayer, et al., "Increased heartbeat-evoked potential during REM sleep in nightmare disorder", *NeuroImage: Clinical*, Vol. 22, 2019.

Larry Laudan, "A confutation of convergent realism", *Philosophy of Science*, Vol. 48, No. 1, 1981.

Liberty Eaton and Johann Louw, "Culture and self in South Africa: Individualism-collectivism predictions", *The Journal of Social Psychology*, Vol. 140, No. 2, 2000.

Louis A. Sass and Elizabeth Pienkos, "Varieties of self-experience: A comparative phenomenology of melancholia, mania, and schizophrenia, part Ⅰ", *Journal of Consciousness Studies*, Vol. 20, No. 7 – 8, 2013.

Lucina Q. Uddin, Jonas T. Kaplan, Istvan Molnar-Szakacs, Eran Zaidel and Marco Iacoboni, "Self-face recognition activates a frontoparietal 'mirror' network in the right hemisphere: An event-related fMRI study", *NeuroImage*, Vol. 25, No. 3, 2005.

Mai Nguyen, Tamara Vanderwal and Uri Hasson, "Shared understanding of narratives is correlated with shared neural responses", *NeuroImage*, Vol. 184, 2019.

Majid D. Beni, *Structuring the Self*, Cham, Switzerland: Springer Nature Switzerland AG, 2019.

Majid D. Beni, "Structural realist account of the self", *Synthese*, Vol. 193, No. 12, 2016.

Marcus E. Raichle, Ann Mary MacLeod, Abraham Z. Snyder, et al., "A default mode of brain function", *Proceedings of the National Academy of Sciences*, Vol. 98, No. 2, 2001.

Marya Schechtman, "The narrative self", in Shaun Gallagher, ed., *The Oxford Handbook of the Self*, New York: Oxford University Press, 2011.

Matteo Martino, Paola Magioncalda, Zirui Huang, et al., "Contrasting variability patterns in the default mode and sensorimotor networks balance in bipolar depression and mania", *Proceedings of the National Academy of Sciences*, Vol. 113, No. 17, 2016.

Matthew A. J. Apps and Manos Tsakiris, "The free-energy self: A predictive coding account of self-recognition", *Neuroscience & Biobehavioral*

Reviews, Vol. 41, 2014.

Matthew Botvinick and Jonathan Cohen, "Rubber hands 'feel' touch that eyes see", *Nature*, Vol. 391, No. 6669, 1998.

Maurice Merleau-Ponty, *Phenomenology of Perception*, trans. Colin Smith, London, New York: Routledge, 2002.

Mauricio Suárez, "An inferential conception of scientific representation", *Philosophy of Science*, Vol. 71, No. 5, 2004.

Mauricio Suárez, "Scientific representation: Against similarity and isomorphism", *International Studies in the Philosophy of Science*, Vol. 17, No. 3, 2003.

Max Black, "The identity of indiscernibles", *Mind*, Vol. 61, No. 242, 1952.

M. Burnet, "Immunological Recognition of Self: Such recognition suggests a relationship with processes through which functional integrity is maintained", *Science*, Vol. 133, No. 3449, 1961.

Megumi Kuwabara and Linda B. Smith, "Cross-cultural differences in cognitive development: Attention to relations and objects", *Journal of Experimental Child Psychology*, Vol. 113, No. 1, 2012.

Melanie Strauss, Jacobo D. Sitt, Jean-Remi King, et al., "Disruption of hierarchical predictive coding during sleep", *Proceedings of the National Academy of Sciences*, Vol. 112, No. 11, 2015.

Mel Slater, Daniel Perez-Marcos, H. Henrik Ehrsson and Maria V. Sanchez-Vives, "Inducing illusory ownership of a virtual body", *Frontiers in Neuroscience*, Vol. 3, No. 2, 2009.

Mengyin Jiang, Shirley K. M. Wong, Harry K. S. Chung, et al., "Cultural orientation of self-bias in perceptual matching", *Frontiers in Psychology*, Vol. 10, 2019.

Michael Esfeld and Vincent Lam, "Moderate structural realism about space-time", *Synthese*, Vol. 160, 2008.

Michael E. W. Varnum, Zhenhao Shi, Antao Chen, Jiang Qiu and Shihui Han, "When 'your' reward is the same as 'my' reward: Self-construal priming shifts neural responses to own vs. friends' rewards", *NeuroImage*, Vol. 87, 2014.

Michael F. Scheier and Charles S. Carver, "The Self-Consciousness Scale: A revised version for use with general populations", *Journal of Applied Social Psychology*, Vol. 15, No. 8, 1985.

Michael Marmura, "Avicenna's 'Flying Man' in context", *The Monist*, Vol. 69, No. 3, 1986.

Miriam Kyselo, "The body social: An enactive approach to the self", *Frontiers in Psychology*, Vol. 5, 2014.

Moritz de Greck, Zhenhao Shi, Gang Wang, et al., "Culture modulates brain activity during empathy with anger", *NeuroImage*, Vol. 59, No. 3, 2012.

Motomi Toichi, Yoko Kamio, Takashi Okada, et al., "A lack of self-consciousness in autism", *The American Journal of Psychiatry*, Vol. 159, No. 8, 2002.

M. P. van den Heuvel, C. J. Stam, M. Boersma, and H. E. Hulshoff Pol, "Small-world and scale-free organization of voxel-based resting-state functional connectivity in the human brain", *NeuroImage*, Vol. 43, No. 3, 2008.

Nicholas D. Schiff, Tanya Nauvel, Jonathan D. Victor, "Large-scale brain dynamics in disorders of consciousness", *Current Opinion in Neurobiology*, Vol. 25, 2014.

Nienke van Atteveldt, Gabriella Musacchia, Elana Zion-Golumbic, et al., "Complementary fMRI and EEG evidence for more efficient neural processing of rhythmic vs. unpredictably timed sounds", *Frontiers in Psychology*, Vol. 6, 2015.

Niko A. Busch, Julien Dubois and Rufin VanRullen, "The phase of ongoing EEG oscillations predicts visual perception", *Journal of Neuroscience*, Vol. 29, No. 24, 2009.

Nir Lipsman, Takashi Nakao, Noriaki Kanayama, et al., "Neural overlap between resting state and self-relevant activity in human subcallosal cingulate cortex—Single unit recording in an intracranial study", *Cortex*, Vol. 60, 2014.

Northoff and Felix Bermpohl, "Cortical midline structures and the self", *Trends in Cognitive Sciences*, Vol. 8, No. 3, 2004.

Patricia Churchland, *Touching a Nerve: Our Brains, Our Selves*, New York: W. W. Norton & Company, 2013.

Patricia Churchland, "Self-representation in nervous systems", *Sciences*, Vol. 296, No. 5566, 2002.

Pengmin Qin, Simone Grimm, Niall W. Duncan, et al., "Spontaneous activity in default-mode network predicts ascription of self-relatedness to stimuli", *Social Cognitive and Affective Neuroscience*, Vol. 11, No. 4, 2016.

Peyman Adjamian, "The Application of Electro-and Magneto-Encephalography in Tinnitus Research—Methods and Interpretations", *Frontiers in Neurology*, Vol. 5, No. 2, 2014.

Philippe Rochat, "The self as phenotype", *Consciousness and Cognition*, Vol. 20, No. 1, 2011.

Qi Wang, "The emergence of cultural self-constructs: Autobiographical memory and self-description in European American and Chinese children", *Developmental Psychology*, Vol. 40, No. 1, 2004.

Raphaël Millière, "The Varieties of Selflessness", *Philosophy and the Mind Sciences*, Vol. 1, No. I, 2020.

René Descartes, *The Passions of the Soul*, trans. Stephen Voss, Indianapolis: Hackett Publishing Company, 1989.

Richard Menary, "Embodied narratives", *Journal of Consciousness Stud-*

ies, Vol. 15, No. 6, 2008.

Robert A. Wilson, *Boundaries of the Mind: The Individual in the Fragile Sciences—Cognition*, Cambridge, New York: Cambridge University Press, 2004.

Robert N. McCauley, *Why Religion is Natural and Science is Not*, New York: Oxford University Press, 2011.

Roman Liepelt, Johanna C. Schneider, Désirée S. Aichert, et al., "Action blind: Disturbed self-other integration in schizophrenia", *Neuropsychologia*, Vol. 50, No. 14, 2012.

Ronald N. Giere, "How models are used to represent reality", *Philosophy of Science*, Vol. 71, No. 5, 2004.

Roy F. Baumeister, "Self and identity: A brief overview of what they are, what they do, and how they work", *Annals of the New York Academy of Sciences*, Vol. 1234, No. 1, 2011.

R. P. Clauss, W. M. Güldenpfennig, H. W. Nel, M. M. Sathekge and R. R. Venkannagari, "Extraordinary arousal from semi-comatose state on zolpidem. A case report", *South African Medical Journal*, Vol. 90, No. 1, 2000.

Saint Augustine, *Confessions*, trans. Henry Chadwick, New York: Oxford University Press, 1991.

Saint Augustine, *The City of God*, Books VIII-XVI, trans. Gerald. Walsh and Grace Monahan, Washington, DC: Catholic University of America Press, 1952.

Samantha Frost, "Hobbes and the matter of self-consciousness", *Political Theory*, Vol. 33, No. 4, 2005.

Samuel A. Nastase, Valeria Gazzola, Uri Hasson and Christian Keysers, "Measuring shared responses across subjects using intersubject correlation", *Social Cognitive and Affective Neuroscience*, Vol. 14, No. 6, 2019.

Samuel Sparks, Sheila J. Cunningham and Ada Kritikos, "Culture modulates implicit ownership-induced self-bias in memory", *Cognition*, Vol. 153, 2016.

Sandra C. Matz, Ryan Hyon, Elisa C. Baek, Carolyn Parkinson and Moran Cerf, "Personality similarity predicts synchronous neural responses in fMRI and EEG data", *Scientific Reports*, Vol. 12, No. 1, 2022.

Sarah McGrath, *Moral Knowledge*, New York: Oxford University Press, 2019.

Sean Duffy, Rie Toriyama, Shoji Itakura and Shinobu Kitayama, "Development of cultural strategies of attention in North American and Japanese children", *Journal of Experimental Child Psychology*, Vol. 102, No. 3, 2009.

Seth J. Gillihan and Martha J. Farah, "Is self special? A critical review of evidence from experimental psychology and cognitive neuroscience", *Psychological Bulletin*, Vol. 131, No. 1, 2005.

Shaun Gallagher, "Philosophical conceptions of the self: Implications for cognitive science", *Trends in Cognitive Sciences*, Vol. 4, No. 1, 2000.

Shinobu Kitayama and Asuka Murata, "Culture modulates perceptual atention: An event-related potential study", *Social Cognition*, Vol. 31, No. 6, 2013.

Shinobu Kitayama, Hyekyung Park, A. Timur Sevincer, Mayumi Karasawa and Ayse K. Uskul, "A cultural task analysis of implicit independence: Comparing North America, Western Europe, and East Asia", *Journal of Personality and Social Psychology*, Vol. 97, No. 2, 2009.

Sibo Zhu, Yanfeng Jiang, Kelin Xu, et al., "The progress of gut microbiome research related to brain disorders", *Journal of Neuroinflammation*, Vol. 17, No. 1, 2020.

Sik Hung Ng, Shihui Han, Lihua Mao and Julian C. L. Lai, "Dynamic bicultural brains: fMRI study of their flexible neural representation of self and significant others in response to culture primes", *Asian Journal of Social Psychology*, Vol. 13, No. 2, 2010.

Simon Baron-Cohen, Alan M. Leslie and Uta Frith, "Does the autistic child have a 'theory of mind'?", *Cognition*, Vol. 21, No. 1, 1985.

Stanley B. Klein, "The cognitive neuroscience of knowing one's self", in M. S. Gazzaniga, ed., *The Cognitive Neurosciences III*, Cambridge: The MIT Press, 2004.

Stathis Psillos, "Scientific Realism and the 'Pessimistic Induction'", *Philosophy of Science*, Vol. 63, No. S3, 1996.

Stefano Damiani, Laura Fusar-Poli, Natascia Brondino, et al., "World/self ambivalence: A shared mechanism in different subsets of psychotic experiences? Linking symptoms with resting-state fMRI", *Psychiatry Research: Neuroimaging*, Vol. 299, 2020.

Steven French, "Shifting to structures in physics and biology: A prophylactic for promiscuous realism", *Studies in History and Philosophy of Science Part C: Studies in History and Philosophy of Biological and Biomedical Sciences*, Vol. 42, No. 2, 2011.

Susan E. Cross, "Self-construals, coping, and stress in cross-cultural adaptation", *Journal of Cross-Cultural Psychology*, Vol. 26, No. 6, 1995.

Susan Whitfield-Gabrieli, Joseph M. Moran, Alfonso Nieto-Castañón, et al., "Associations and dissociations between default and self-reference networks in the human brain", *NeuroImage*, Vol. 55, No. 1, 2011.

Takahiko Masuda and Richard E. Nisbett, "Attending holistically versus analytically: Comparing the context sensitivity of Japanese and Americans", *Journal of Personality & Social Psychology*, Vol. 81, No. 5, 2001.

Theodore M. Singelis, Michael H. Bond, William F. Sharkey, and Chris

Siu Yiu Lai, "Unpackaging culture's influence on self-esteem and embarrassability: The role of self-construals", *Journal of Cross-Cultural Psychology*, Vol. 30, No. 3, 1999.

Theodore M. Singelis, "The measurement of independent and interdependent self-construals", *Personality and Social Psychology Bulletin*, Vol. 20, No. 5, 1994.

Thomas J. Bouchard, Jr., David T. Lykken, Matthew Mcgue, Nancy L. Segal and Auke Tellegen, "Sources of human psychological differences: The minnesota study of twins reared apart", *Science*, Vol. 250, No. 4978, 1990.

Thomas Metzinger, *Being No One: The Self-Model Theory of Subjectivity*, Cambridge: MIT Press, 2003.

Thomas Metzinger, "Why are identity disorders interesting for philosophers?", in Thomas Schramme and Johannes Thome, eds., *Philosophy and Psychiatry*, Berlin: Walter de Gruyter GmbH, 2004.

Tim Bayne, Jakob Hohwy, and Adrian M. Owen, "Are there levels of consciousness?", *Trends in Cognitive Sciences*, Vol. 20, No. 6, 2016.

Timothy R. Levine, Mary Jiang Bresnahan, Hee Sun Park, et al., "Self-construal scales lack validity", *Human Communication Research*, Vol. 29, No. 2, 2003.

Tobias Rees, Thomas Bosch, and Angela E. Douglas, "How the microbiome challenges our concept of self", *PLoS Biology*, Vol. 16, No. 2, 2018.

Ughetta Moscardino, Diana Miconi and Luciana Carraro, "Implicit and explicit self-construals in Chinese-heritage and Italian nonimmigrant early adolescents: Associations with self-esteem and prosocial behavior", *Developmental Psychology*, Vol. 56, No. 7, 2020.

Ulman Lindenberger, Shu-Chen Li, Walter Gruber and Viktor Müller,

"Brains swinging in concert: Cortical phase synchronization while playing guitar", *BMC Neuroscience*, Vol. 10, No. 7, 2009.

Uri Hasson, Asif A. Ghazanfar, Bruno Galantucci, Simon Garrod and Christian Keysers, "Brain-to-brain coupling: A mechanism for creating and sharing a social world", *Trends in Cognitive Sciences*, Vol. 16, No. 2, 2012.

Uri Hasson, Yuval Nir, Ifat Levy, Galit Fuhrmann and Rafael Malach, "Intersubject synchronization of cortical activity during natural vision", *Science*, Vol. 303, No. 5664, 2004.

Vinod Menon, "Large-scale brain networks and psychopathology: A unifying triple network model", *Trends in Cognitive Sciences*, Vol. 15, No. 10, 2011.

Virginia S. Y. Kwan, Michael Harris Bond and Theodore M. Singelis, "Pancultural explanations for life satisfaction: Adding relationship harmony to self-esteem", *Journal of Personality and Social Psychology*, Vol. 73, No. 5, 1997.

Vittorio Gallese, "Bodily selves in relation: Embodied simulation as second-person perspective on intersubjectivity", *Philosophical Transactions of the Royal Society B*, Vol. 369, No. 1644, 2014.

Wei Liu, Nils Kohn and Guillén Fernández, "Intersubject similarity of personality is associated with intersubject similarity of brain connectivity patterns", *NeuroImage*, Vol. 186, 2019.

Wendi L. Gardner, Shira Gabriel and Angela Y. Lee, " 'I' value freedom, but 'we' value relationships: Self-construal priming mirrors cultural differences in judgment", *Psychological Science*, Vol. 10, No. 4, 1999.

William James, *The Principles of Psychology*, Vol. 1, New York: Dover, 1950.

Yaara Yeshurun, Mai Nguyen and Uri Hasson, "The default mode network: Where the idiosyncratic self meets the shared social world", *Nature Reviews*, *Neuroscience*, Vol. 22, No. 3, 2021.

Yingying Hou, Bei Song, Yinying Hu, Yafeng Pan and Yi Hu, "The averaged inter-brain coherence between the audience and a violinist predicts the popularity of violin performance", *NeuroImage*, Vol. 211, 2020.

Ying Zhu, Li Zhang, Jin Fan and Shihui Han, "Neural basis of cultural influence on self-representation", *NeuroImage*, Vol. 34, No. 3, 2007.

Yu Bai, Takashi Nakao, Jiameng Xu, et al., "Resting state glutamate predicts elevated pre-stimulus alpha during self-relatedness: A combined EEG-MRS study on 'rest-self overlap'", *Social Neuroscience*, Vol. 11, No. 3, 2016.

Zhicheng Lin, Yan Lin and Shihui Han, "Self-construal priming modulates visual activity underlying global/local perception", *Biological Psychology*, Vol. 77, No. 1, 2008.

Zirui Huang, Natsuho Obara, Henry (Hap) Davis Ⅳ, et al., "The temporal structure of resting-state brain activity in the medial prefrontal cortex predicts self-consciousness", *Neuropsychologia*, Vol. 82, 2016.

Zirui Huang, Rui Dai, Xuehai Wu, et al., "The self and its resting state in consciousness: An investigation of the vegetative state", *Human Brain Mapping*, Vol. 35, No. 5, 2014.

索 引

C

纯粹自我　　7,13,62—74,76,78,108

D

道德责任归属　　58,66,89,130,185,211,216—221,223,227

道德主体　　26,51,62—66,92,217

第一人称被给予性　　11,73—76,78,100—102,107,135,148,149,152,153,161,162,177

第一人称视角　　4,11,12,14,15,19,23,24,34,41,67,73—78,80,81,84—86,89,92,93,97,100,101,103,107,108,149,159,177,179,182,184,186,187,210,224,227

独立自我模型　　17,26,27,29,37,63,66,71,81,106,108,112,162,174,181,183,188

独立自我预设　　16,17,19,21,24—26,28—30,40,52,58,68,80,86,89,102—105,107,116,117,129,131,132,153,224—226

对准　　5,22—24,26,27,29,30,109,110,125,132,137,139—148,152—162,173—175,184—190,195,202—207,209,210,215,216,219,224—229

G

功能网络　　22,45,137,138,145,181,182

关系存在者　　105,109,117,120

关系实在论　　21,22,24,26,29,30,102,169,171,173—175,183,224,225,228

关系自我论证　　26,29,160,162,205

H

核心自我　　11,13—15,66,74,95,107,108,133,135,161,180

J

基础的自我　17,23,29,31,51,91,104,105,110,130—132,140,149,152,153,158,162,173,184,186—188,224,225

结构实在论　22,26,29,30,108,133,134,165,166,168—172,175,176,178,181,183—187,228

经验实在性　61,69,73,74

经验自我　7,8,12,13,15—17,21,23,27,29,62—66,69,73,79,81,82,99,102—105,110,118,122,130—133,149—158,161,162,173,181,183,184,186,187,190,209,210,224,225,227,228

经验自我变体　14,17,23,26,27,29,97,100,101,103,129—131,148,153,154,156,158,159,162,173,184,185,187,188,203,205,224—228

精神分裂症　3,5,23,96—98,100—102,128—130,149,153,155,177,181,209,215

静息状态活动　22,124,134—140,143,146—149,151—153,155,161,176—178,183—185,189,192,195,203,208,214,225,227

静息—自我重叠　134,184,203

具身模拟理论　106,184,225

具身自我　8,29,31,79,80,95,98,99,106,107,126—128,132,133,142,148,152,157,177,181,184,187,218,219,223,225

K

科塔尔综合征　5,96—99,129,157

科学表征　31,211—216

科学实体观　9,10,14,15,24,92,93,95—99,120—123,128,131,186

科学实在论　18,21,29,163—165,168—170,225,228

L

逻辑主体　10,13,15,59—66,69,70,73,102,149

N

脑—脑对准　30,189—191,207

脑—脑同步　191,206

P

皮质中线结构　6,133,134,137,159,177

频段　138,139,143,145,146,191—193,196—198,208,214

Q

前认知　5,21—25,27—30,81,103,122,123,125,126,128,132,142,146,148,152,153,155,158,161,173,174,182,184—191,203,

205—207,215,216,219,224—228
前认知的大脑—环境关系　27,29,
　31,140,142,147—149,152,154,
　159,160,162,173—175,184,185,
　204,224,225,229

S

社会建构观　12—14,24,65,66,
　82,83,85,86,91,92,106,110,186
身体错觉　126—128,157,219
生物自我　117—123,126,132,
　142,148,152,160,186,225
施动感　4,12,81,96,99—101,
　126,127,129,130,133,149,156,
　159,187
时空对准　22,140—142,144—
　149,152—158,160—162,173,177,
　185,187,190,203,209,215,225,
　228
时空结构　22,26,29,137,139—
　141,144,147,148,152,154,157,
　161,175,178,181,185,189,206,
　209,210,228
实体实在论　9,15,18,19,21,24,
　25,28,41,68,80,86,102,104,
　106—108,117,168,169,171,174,
　176,183,224
受试者间距离　30,193,196—198,
　200,202
受试者间相关性　30,192,196,
　198,202

受试者间一致程度　192,193,195,
　196,198,200,204,205
双层关系自我模型　23,26,27,
　29—31,153,154,156—159,162,
　173,174,187—190,192,195,203,
　204,208,215,219,224,227,228

W

我们体验　85,86
我属性　11,12,73,74,76,77,81,
　89,100—103,129,130,136,149,
　151,159,162,174,183,225,226

X

现象自我　5,10,96,97,128,129,
　132,144,148,152,156,184,187
现象自我模型观　12,92,96
心理自我　105,132,133
虚构观　5,12,13,32,42,56,63,
　64,212,213
叙事自我观　5,86

Y

延展自我理论　121
抑郁症　119,150,151,153,156,
　157,195,224,229
意识时空理论　22,23,29,137,
　140,143,148,152
拥有感　4,12,81,96,99—101,
　126,127,129,130,133,135,149,
　151,156,159,160,162,179,187

有方向耦合　140,186

预测编码　123—125,128,131,148,182,225

Z

躁狂症　150,151,153,156,224

主体间交互　19,27,52,67,68,103,226

主体间性　80,92,106,107,126,226

主体性　4,11,14,19,52,57,65,67,73—78,80,81,84,89,90,100,102,106—108,126,129,182,226

自我—非我区分　12,23,26,27,78,97,98,100—103,111,117—120,132,149,152,153,159—162

自我概念　6,13,14,16,17,21,24,26,29,34,65,66,84,85,87,88,91,103,111,114,116,117,132,159,160,173,186,190,205,210

自我构念　16,17,20,30,112,113,115,116,188—190,203—205

自我关系实在论　19,21,22,24—31,123,163,173,174,176,183—187,208—211,215,219,222,224,226—229

自我过程实在论　24

自我连续性　2,161,208

自我实体观　5,9,10,13,34,46,52,53,64

自我同一性　26,31,49,52—54,56,89,102,208,210

自我文化变体　16,17,23,29,115,117,157,189,203—205,228

自我问题　1—9,25,27,28,32,34,37,57,63,93,108,117,130,224,228

自我信息结构实在论　25,30,175,179,180,187

自我意识　2,4,28,39,40,47,51,57,59,60,78,82—85,90,98,104,129,131—133,135,136,144,148,156,160,161,179,189—195,200—202,204,208

自由能　123—125,128,145,146,148,176,178,183,184,225

最小自我观　9,11,13—15,19,24,28,41,52,65,74,78,81,82,86,89—92,98,100,102—104,129,130,132,134,149,162,174,181,186,187,226

后　　记

本书的初稿是我的博士学位论文，本书得以最终完成和出版，需要感谢国家社会科学基金优秀博士论文出版项目（22FYB012）的资助。

本书的写作与出版离不开许多人的帮助。首先，很感谢我本硕博的导师朱菁教授，没有朱老师一直以来孜孜不倦的教导以及对我跨学科研究能力的培养，本书根本不可能完成。同时，很感谢我访学时的合作导师格奥尔格·诺瑟夫教授，他在我访学时与回国后都给予了我很多的学习机会和指导，本书最初的思路也是受他的理论启发、在与他合作撰写小论文时萌生的。另外，很感谢我的一众师友：感谢李平教授、黄敏教授，在我求学期间他们给我提供了许多建议和指导，还要感谢郑伟平教授、伍素博士、陈向群副教授、张剑锋博士、王雨程博士、黄俊维副教授、龚君老师、何栩隽、Soren Wainio-Theberge、Dr. Annemarie Wolff、Dr. Federico Zilio、Dr. Andrea Scalabrini、Dr. Shankar Tumati 等，他们分别在我撰写博士学位论文、进行相关实证研究、申请项目或修改书稿时给予我很大的帮助。特别感谢黄子瑶博士，本书的许多论证和观点都是在与他讨论的过程中形成的。还要感谢家人一直以来的支持。最后，感谢中山大学哲学系与厦门大学哲学系的支持和培养。

最后的最后,感谢中国社会科学出版社出版这本书,感谢李立编辑对本书的辛勤付出。

徐嘉玮

福建,厦门

2023 年 8 月 25 日